Série
Direito Ibmec/RJ

DIREITO CONSTITUCIONAL NO TERCEIRO MILÊNIO

CONSELHO EDITORIAL

Luís Alberto Warat (UNB)
Gisele Guimarães Cittadino (PUC/RJ)
Sérgio Urquhart de Cademartori (UFSC)
Rosangela Lunardelli Cavallazzi (Ibmec-RJ)
José Ribas Vieira (Ibmec-RJ)
Maria Guadalupe Piragibe da Fonseca (Ibmec-RJ)
Celso Martins Azar Filho (Ibmec-RJ)
Fábio Corrêa Souza de Oliveira (Ibmec-RJ)

Série
Direito Ibmec/RJ

DIREITO CONSTITUCIONAL NO TERCEIRO MILÊNIO

Celso Martins Azar Filho
Fábio Corrêa Souza de Oliveira
Maria Guadalupe Piragibe da Fonseca

Copyright© 2010 by Celso Martins Azar Filho, Fábio Corrêa Souza de Oliveira e
Maria Guadalupe Piragibe da Fonseca

Todos os direitos desta edição reservados à Qualitymark Editora Ltda.
É proibida a duplicação ou reprodução deste volume, ou parte do mesmo,
sob qualquer meio, sem autorização expressa da Editora.

Direção Editorial SAIDUL RAHMAN MAHOMED editor@qualitymark.com.br	Produção Editorial EQUIPE QUALITYMARK
Capa RENATO MARTINS Artes & Artistas	Editoração Eletrônica ARAUJO EDITORAÇÃO

CIP-Brasil. Catalogação-na-fonte
Sindicato Nacional dos Editores de Livros, RJ

C775

Direito constitucional no terceiro milênio / [organizadores] Celso Martins Azar Filho, Fábio Corrêa Souza de Oliveira – Rio de Janeiro : Qualitymark Editora, 2010.
(Série Direito / Ibmec-RJ ; 3)

Apêndice

Inclui bibliografia

ISBN 978-85-7303-976-4

1. Direito constitucional – Brasil. I. Azar Filho, Celso Martins II. Oliveira, Fábio Corrêa Souza de. III. Série.

10-5362 CDU: 342

2011
IMPRESSO NO BRASIL

Qualitymark Editora Ltda.
Rua Teixeira Júnior, 441
São Cristóvão
20921-405 – Rio de Janeiro – RJ
Tels.: (0XX21) 3860-8422/3295-9800

Fax: (0XX21) 3295-9824
www.qualitymark.com.br
E-mail: quality@qualitymark.com.br
QualityPhone: 0800-0263311

Prefácio

A Constituição é um estatuto jurídico do político, destinando-se às questões dos limites e exercício do poder estatal, à estrutura do Estado e do Governo e à consagração dos direitos humanos e fundamentais. Face a esse caráter eminentemente político, a construção das normas constitucionais sofre uma forte influência das ideologias que dominam determinada sociedade, as quais acabam sempre refletidas na formação e atuação do poder constituinte.

Inspirada no movimento neoconstitucionalista da europa pós-guerra, aos cinco dias do mês de outubro do ano de 1988, foi promulgada a Constituição da República Federativa do Brasil, que, superando os autoritarismos do Estado Liberal e do Estado Social, instituiu o Estado Democrático de Direito.

Enquanto legado político de algumas gerações que, por mais de duas décadas, lutaram pelo restabelecimento do regime democrático em nosso país, esta carta política significou o retorno do Brasil ao rol das democracias ocidentais e, apesar dos percalços, nunca uma constituição avançou tanto no Brasil.

Muito se tem dito sobre a nossa Constituição, e talvez o seu principal mérito tenha sido o fortalecimento da cidadania, em uma tentativa de permitir a participação no processo político de setores sociais até então excluídos.

Em uma democracia material, todos devem gozar de uma oportunidade justa de acesso, voz e influência política, independentemente de diferenças em relação à riqueza, posição ou classe social, uma vez que dois são os valores fundamentais em uma democracia: liberdade e igualdade.

Não obstante, a despeito dos avanços que assistimos nos últimos anos, grande parte da população brasileira ainda se encontra excluída dessas garantias e direitos básicos, pois o sistema judicial brasileiro, via de regra, é elitista, dogmático e conservador.

Para Marcelo Neves, o Brasil padece do que ele denomina de "constitucionalismo simbólico", onde os preceitos fundamentais são postos na Constituição, não para serem realizados, mas apenas para forjar uma intenção política de concretização, ao mesmo tempo em que imunizam a estrutura política contra propostas de mudança. Desse modo, para manter as tradicionais relações sociais, o sistema político hipertrofia a dimensão simbólica do direito em detrimento da realização jurídico-instrumental das normas constitucionais.

Outro grande problema da Constituição de 1988 é seu sistema político-eleitoral, e isso se deve, certamente, ao fato de ela não ter sido elaborada por uma assembleia constituinte exclusiva, que permitisse inclusive a participação de candidatos independentes dos partidos políticos.

Como consequência, essa confusão entre poder constituinte originário e derivado, fez com que o legislativo, que deveria ser o poder mais próximo da sociedade, tenha se tornado justamente aquele que dela mais se encontra distanciado, com repetidos exemplos de corrupção e perpetuação de privilégios.

Decerto que esse déficit entre a vontade popular e a representação política tem sido mitigado, ao menos em parte, pela jurisdicionalização da política (jurisdição constitucional), que confere um papel de destaque ao Poder Judiciário na mediação dos conflitos entre os demais poderes, uma vez que no Estado Democrático de Direito o "direito" assume uma dimensão transformadora.

A força normativa da Constituição, todavia, somente decorrerá de uma adequada interpretação do seu conteúdo material, ancorada na faticidade e na historicidade da sociedade, de modo que o intérprete não se separe da realidade, examinando as normas constitucionais de forma multidimensional.

Os operadores jurídicos, por ocuparem uma posição privilegiada nesta estrutura, devem sempre ter em mente que toda interpretação da Constituição opera a historicização das suas normas, adaptando suas fontes a circunstâncias novas, descobrindo possibilidades inéditas e deixando de lado o que está ultrapassado e o que é caduco.

Ocorre que a interpretação da lei nunca é um ato solitário de um juiz que procura produzir uma aplicação fiel da regra (Gadamer) ou da lógica dedutiva (Motulsky). Para Bourdieu, ela é, antes de tudo, o resultado de uma luta simbólica entre profissionais dotados de competências técnicas e sociais desiguais, capazes de mobilizar os meios ou recursos jurídicos disponíveis, quer pela exploração das "regras possíveis" quer pela utilização eficaz de armas simbólicas que lhes permitam fazer triunfar a sua causa.

Seja como for, o trabalho de racionalização interpretativa pretende fazer com que uma decisão judicial, baseada muito mais na ética do agente do que nas normas puras do Direito, aceda ao estatuto de veredicto, conferindo-lhe uma eficácia simbólica que lhe permita ser reconhecida como legítima a abstração feita de sua arbitrariedade.

A história, no entanto, tem demonstrado que a efetividade de uma constituição somente é possível através da luta política, onde os grupos sociais, utilizando os mecanismos políticos que as normas constitucionais lhes facultam, reivindicam o reconhecimento dos direitos e garantias de que são titulares, mesmo porque é na proteção dos direitos fundamentais das minorias contra as maiorias eventuais que se pode medir o sucesso de uma democracia constitucional.

Assim, dado que os juristas são os principais responsáveis pela força normativa da Constituição, este livro, organizado pelos professores Celso Azar e Fábio Corrêa Souza Oliveira – e que traz em seu bojo estudos avançados sobre os 20 anos da Constituição Brasileira, escritos por renomados autores e jovens talentos brasileiros – vem preencher uma importante lacuna em nossa doutrina constitucional, buscando novos caminhos para a efetivação da nossa Constituição.

É o que segue.

Heron José de Santana Gordilho
White Plains, NY, em 24 de janeiro de 2011

Apresentação

Celebrar a partir de estudos acadêmicos, em suas dimensões política, econômica, filosófica e jurídica, 20 anos de Constituição Democrática, é, sem sombra de dúvidas, um desafio de envergadura teórica considerável em um país com uma trajetória histórica e conjuntural como a do Brasil. Com efeito, desde sua promulgação, a Constituição de 1988 – rompendo um longo hiato de ditadura militar, dentre tantos sobressaltos golpistas perpetuados ao longo da sua história republicana – tornou-se objeto de inúmeras tentativas de supressão dos seus avanços sociais plasmados nos direitos fundamentais, bem como críticas quanto ao seu suposto detalhismo normativo. Somando-se a isto, não faltaram questionamentos oriundos de ambas as direções ideológicas, como sendo demasiado conservadora, por alguns setores da esquerda, ou excessivamente socializante, por parte de setores liberais ortodoxos de direita, na sua versão nacional. Enfim, economicamente, interventiva, de um lado, ou protetora da livre iniciativa em amplo espectro, por outro, segundo as análises de uma ou outra corrente de pensamento, a nossa Constituição prevaleceu ao longo destas duas décadas como o referencial institucional, por excelência, a orientar toda a nossa trajetória de lutas e avanços sociais.

Por essas, dentre outras razões, é de se destacar e saudar a iniciativa de organizar uma obra coletiva a partir de dois relevantes eventos acadêmicos, como os que foram levados a cabo pelo Ibmec/RJ no ano de 2008, precisamente quando se completavam 20 anos da nossa Constituição Cidadã. E como decorrência necessária dessas constatações, é uma imensa satisfação apresentar esta obra, destacando sucintamente os aportes teóricos advindos de pesquisadores de várias instituições brasileiras, que são o produto de suas participações nos dois seminários patrocinados pela Faculdade de Direito do Ibmec/RJ durante os dois semestres do ano de 2008.

Assim é que, ao longo da obra, podem ser apreciados textos como os de Ana Lucia de Lyra Tavares, destacando, no seu estudo, a relevância, para um entendimento contextual e de suas implicações na preservação dos ditames constitucionais, do processo de consecução de uma Constituição e que tem como modelo de análise, precisamente, o processo de elaboração da Constituição brasileira de 1988. Nas reflexões de Carla Marshall, a autora aborda a relação traçada pela Constituição dos novos papéis institucionais e socioeconômicos entre a empresa e o Estado, o que pressupõe um estudo da ordem econômica a partir da nova realidade baseada na inovadora separação entre Ordem Social e Ordem Econômica, de um lado, e a inclusão da Ordem Financeira na Ordem Econômica, por outro, promovidas pela Constituição de 1988. Também são trazidos ao debate os questionamentos de Mariana Pinto sobre a participação do CADE perante os atos de recuperação judicial, levando a uma problematização do princípio constitucional da livre iniciativa no âmbito da ordem econômica traçada pela Constituição, bem como da análise da legislação infraconstitucional sobre o tema. De outra parte, Karine Cunha de Souza e Celso Martins Azar Filho abordam a dimensão histórica dos direitos fundamentais, porém, sob uma matriz teórica advinda da filosofia do direito de cunho kantiano, o que confere à análise da consolidação histórica desses direitos em suas várias "gerações" um caráter constantemente inovador. Vale dizer, não estratificados em conquistas históricas datadas, ao longo da trajetória de lutas por novos direitos no âmbito do Estado Liberal, mas sim articulados em uma lógica perenemente atual. Daniel Braga Lourenço soma aportes ecológicos ao debate constitucional, chamando a atenção para os urgentes problemas da degradação ambiental, conjugados com uma reflexão crítica do antropocentrismo a partir de uma defesa do estatuto moral e jurídico dos animais não humanos. José Carlos Vasconcellos dos Reis, a partir da matriz teórica do neoconstitucionalismo, questiona os parâmetros axiologicamente abertos desta teoria no que se refere à segurança jurídica das decisões judiciais e sua dependência de uma teoria da argumentação visando dar conta da legitimidade das decisões do intérprete julgador. O desfecho desta problemática deságua, nos termos traçados pelo artigo, no âmbito interpretativo dos precedentes vinculantes do Supremo Tribunal Federal. A contribuição de Alexandre Garrido da Silva; Bernardo Abreu de Medeiros; Daniella dos Santos Pessanha; Jorge Gomes de Souza Chaloub e José Ribas Vieira discute a manipulação de células-tronco embrionárias e do amianto a partir de um enfoque baseado no fenômeno da mutação constitucional como desencadeador dos processos de judicialização da política e ativismo judicial. Ricardo Lobo Torres cuida de uma análise jurídico-financeira da Constituição, a partir do tratamento do seu capítulo dedicado a Tributação e Orçamento, apontando que, embora muito se tenha avançado em termos de justiça tributária para o contribuinte, graves problemas ainda aguardam um melhor equacionamento, no contexto tributário nacional e no sistema de partilha federativa. Sergio Cademartori e Daniela Mesquita Leutchuk de Cademartori investigam o desenvolvimento histórico e político da cidadania no Brasil, a partir do marco teórico de análise de Thomas Humphrey Marshall, tendo dentro de seus desdobramentos um estudo dos problemas conceituais da categoria "cidadania" bem como das suas dimensões civil, política e social. E ainda, Fabio Corrêa Souza de Oliveira, Thiago Corrêa Souza de Oliveira; Larissa Pinha de Oliveira; Eduardo Baker Valls Pereira e Pablo Almada de Oliveira, a partir de um estudo jurídico-administrativo do instituto da Responsabilidade Extracontratual do Estado, retomam sob um viés crítico a análise do aspecto objetivo da responsabilidade por omissão do Poder Público. Em outros termos, os autores questionam a suposta certeza dos benefícios sociais da extensão da responsabilidade objetiva por atos omissivos da Administração Pública que, ao romper com a sistemática da responsabilidade subjetiva para tais casos, o faz sob o argumento da incapacidade deste modelo em dar conta dos variados casos de omissão estatal. Por certo, todo o estudo deste tema é perpassado pela convergência entre o Direito Administrativo e o Direito Constitucional.

Por tudo o que foi dito, é de se esperar uma ampla repercussão não só acadêmica – no campo do direito e de áreas afins – mas também na seara dos operadores jurídicos, de reflexões críticas, instrumentais e de estímulo a um debate ainda maior sobre temas tão relevantes aqui tratados. De minha parte, tenho certeza dessa aceitação geral e desde já me somo a essas discussões.

Luiz Henrique Urquhart Cademartori
Doutor em Direito Público – Professor dos cursos de graduação e pós-graduação da Universidade Federal de Santa Catarina – UFSC

Sumário

1. Responsabilidade Civil por Omissão:
   Objetiva ou Subjetiva?... 5
   *Fábio Corrêa Souza de Oliveira, Thiago Corrêa Souza de
   Oliveira, Larissa Pinho de Oliveira, Eduardo Baker Valls
   Pereira, Pablo Almada de Oliveira*

2. Reflexos do Processo de Feitura
   da Constituição de 1988 39
   Ana Lucia de Lyra Tavares

3. Desafios da Empresa na Constituição de 1988 53
   Carla Marshall

4. A Dispensável Submissão à Apreciação do CADE
   dos Atos de Concentração Previstos nos Planos de
   Recuperação Judicial 77
   Mariana Pinto

5. Sobre a Relação entre Filosofia do Direito e
   Filosofia da História em Kant 101
   Karine Cunha de Souza, Celso Martins Azar Filho

6. O Estado Constitucional Ecológico e o Estatuto
   Moral e Jurídico dos Animais Não-humanos 125
   Daniel Braga Lourenço

7. A Segurança Jurídica nos Tempos do
   Neoconstitucionalismo 155
   José Carlos Vasconcellos dos Reis

8. Os Vinte Anos de Vigência da Constituição Federal
   de 1988 no Marco do Ativismo Judicial 187
   *Alexandre Garrido da Silva, Bernardo Abreu de Medeiros,
   Daniella dos Santos Pessanha, Jorge Gomes de Souza
   Chaloub, José Ribas Vieira*

9. A Constituição Financeira nos seus 20 Anos 233
   Ricardo Lobo Torres

10. Cidadania e Participação Democrática:
    O Caso Brasileiro 251
    *Sérgio Cademartori, Daniela Mesquita Leutchuk
    de Cademartori*

Direito Constitucional no Terceiro Milênio

Série Direito Ibmec 3

Nota dos Organizadores

A iniciativa desta obra coletiva teve origem em dois seminários acontecidos no auditório do Ibmec/RJ ao longo do ano de 2008, quando a Constituição da República Federativa do Brasil completava vinte anos.

Em razão da data simbólica, inúmeros eventos tiveram ocasião pelo país, bem como publicações alusivas ao vigésimo aniversário da Lei Fundamental. A propósito, a Faculdade de Direito do Ibmec/RJ patrocinou, como dito, dois seminários. Um no primeiro e outro no segundo semestre de 2008, intitulados Direito Constitucional no Terceiro Milênio: 20 Anos de Constituição. Naturalmente, as temáticas das exposições versaram sobre temas do Direito Constitucional, ainda quando vistos sob o ângulo de outras cadeiras do Direito.

Os seminários contaram com a presença de Professores de outras instituições, em proveito do diálogo acadêmico e interinstitucional, tais como a UERJ, a UFSC, a USP e a PUC/RJ. Seja pela participação de Docentes externos, seja pelos múltiplos enfoques, a partir de diferentes ramos do Direito, houve uma rica reflexão e um profícuo debate.

Algumas destas comunicações, de acordo com a disponibilidade de cada palestrante, se desdobraram nos textos reunidos neste livro, vindo, portanto, agora a público. A tais análises somam-se estudos produzidos no âmbito de Núcleos de Pesquisa do Ibmec/RJ.

Os organizadores manifestam o agradecimento à Direção da Faculdade de Direito do Ibmec/RJ pelo apoio aos seminários e pelo empenho para esta publicação: Professoras Maria Guadalupe Piragibe da Fonseca, Adriana Ramos Costa, Simone Cuber Araújo Pinto e Liane Maria Maia Simoni.

No mais, é assinalar que, se completar vinte anos traduz para o homem já gozar há dois anos do *status* da maioridade (conforme a legislação brasileira), estar no início da vida adulta, na contagem de tempo de uma Constituição, duas décadas não possuem, ao menos necessariamente, o mesmo significado. Não é tanta idade assim: os dias (e noites) da Constituição são mais longos.

Apesar de a história revelar que muitas Constituições nem chegaram a completar tal aniversário – e a experiência nacional é bem emblemática disto –, para que se desenvolva o sentimento constitucional (Verdú), ainda mais em um povo sem esta vivência, para que a Constituição Jurídica passe à Constituição Real, conquanto desconforme com os fatores reais de poder (Lassalle), pode-se ter a sensação de que vinte anos passam rápido, em um relance. Com vinte anos, uma Constituição pode ser considerada na sua infância, apesar de não apresentar o mesmo corpo com que nasceu.

Já tendo sido dito que a presente Constituição não é a da nossa maturidade e sim a das nossas circunstâncias (Barroso), passadas agora mais de duas dezenas de anos de vigência, a questão, a saber, é se estamos, enquanto indivíduo e sociedade, amadurecendo com ela. Se esta é a nossa circunstância, se há um encontro de tempos: o nosso e o da (nossa) Constituição. O alvorecer também é longo e, para as noites (que se espera cada vez mais breves), existem as candeias.

Celso Martins Azar Filho
Fábio Corrêa Souza de Oliveira
Maria Guadalupe Piragibe da Fonseca

1 RESPONSABILIDADE CIVIL POR OMISSÃO: OBJETIVA OU SUBJETIVA?*

Fábio Corrêa Souza de Oliveira
Thiago Corrêa Souza de Oliveira
Larissa Pinha de Oliveira
Eduardo Baker Valls Pereira
Pablo Almada de Oliveira

> Fábio de Oliveira é Ex-coordenador do Núcleo de Direito Constitucional do Ibmec-RJ, Professor de Direito Administrativo da Universidade Federal do Rio de Janeiro (FND/UFRJ), de Direito Constitucional da Universidade Federal do Estado do Rio de Janeiro (ECJ/UNIRIO) e do Mestrado/Doutorado em Direito da Universidade Estácio de Sá (UNESÁ).
>
> Thiago de Oliveira é Bacharel em Direito pela Pontifícia Universidade Católica do Rio de Janeiro (PUC/RJ). Advogado.
>
> Larissa de Oliveira é Bacharel em Direito e Mestranda em Direito pela Pontifícia Universidade Católica do Rio de Janeiro. Advogada.
>
> Eduardo Baker é Bacharelando em Direito pelo Ibmec/RJ e ex-integrante do Núcleo de Direito Constitucional do Ibmec/RJ.
>
> Pablo Almada é Bacharelando em Direito pelo Ibmec/RJ e ex-integrante do Núcleo de Direito Constitucional do Ibmec/RJ.

Sumário

1. Introdução. 2. A Teoria Tradicional: A Omissão Explicada pela Responsabilidade Subjetiva. 3. A Teoria que se Propõe Nova: Responsabilidade Objetiva na Omissão. 4. A Comparação entre Ambas as Teses: Tradicional ou Novo? 5. Estudo de Casos. 6. Conclusão.

---

* Este texto foi aprovado/selecionado para apresentação no XIX Encontro Nacional do Conselho Nacional de Pesquisa e Pós-Graduação em Direito (CONPEDI), junho de 2010, na Universidade Federal do Ceará.

1. Introdução

Este texto é produto da continuidade da investigação, que teve lugar no Núcleo de Direito Constitucional do IBMEC/RJ, acerca da pretensa novidade doutrinária trazida pela tese que sustenta a incidência da responsabilidade objetiva no âmbito dos atos omissivos, nomeadamente, aqui, os estatais, embora, pelos seus próprios referenciais, mais abrangente, dado que passível de englobar a omissão genericamente, como um todo. O desenvolvimento da pesquisa que deu ocasião ao presente estudo se fez ao tempo de um ano, entre o segundo semestre de 2008 e o primeiro de 2009, conquanto tenha tido origem no primeiro semestre de 2008, quando o Núcleo de Direito Constitucional apresentou outra composição discente, mais numerosa.

A investigação contou com a participação dos alunos Eduardo Baker Valls Pereira e Pablo Almada de Oliveira, ambos da Faculdade de Direito do IBMEC/RJ, vocacionados para a pesquisa, participantes do Núcleo de Direito Constitucional de 2008 até o término do primeiro semestre de 2009. O estudo se beneficia da colaboração de Thiago Corrêa Souza de Oliveira, advogado, bacharel em Direito pela PUC/RJ, que defendeu, como conclusão da graduação, a monografia intitulada Responsabilidade do Estado por Omissão. Larissa Pinha de Oliveira, advogada, bacharel e mestranda em Direito pela PUC/RJ, incrementou as reflexões e fez a revisão final do texto.

Por vezes, e não é tão raro quanto se poderia supor, a Ciência Jurídica se depara com a notícia de novidades na sua constituição, inclusive nos seus fundamentos, pilares. Como é cabível imaginar, existem aquelas que merecem realmente o título de inovações, são, mesmo que não completamente, novidades, isto é, veiculam algo de inédito que propicia efeito diferente daqueles até então, operam diversamente, ou burilam, aprimoram um estado de pensar o qual, ainda que não enseje resultado prático distinto, melhor traduz ou explica o fenômeno, a ação, o processo, a conclusão. Em outras tantas oportunidades, o que se alardeia como novel é falsa propaganda, miragem, repetição do mesmo com outras palavras, o velho maquiado, um outro arranjo sem qualquer mudança, prática/teórica, significativa, sediado em preferências terminológicas irrelevantes, sem nada trazer (de importante) além do já posto, isto ainda com o risco de acarretar confusão.

Neste cenário, a pergunta que motivou o trabalho que ora se apresenta foi: o que representa, qual o sentido da tese que advoga a aplicação da responsabilidade objetiva no campo da omissão? Diante da teoria tradicional e quiçá majoritária que compreende que a responsabilidade por omissão é responsabilidade subjetiva, qual espaço intenta ocupar a postulação de que a responsabilidade por atos omissivos pode ser regulada pela teoria objetiva? Há novidade nesta formulação? Quais impactos ela gera? O que se ganha, se é que há vantagem, com esta proposição que se anuncia revolucionária?

O entendimento de que a responsabilidade objetiva é aplicável às condutas omissivas, apesar de parecer minoritário, contabiliza adesões, tanto na doutrina quanto no Judiciário, e vem causando frisson. Desta feita, embalado pelo slogan de ser progressista, permissivo de uma maior responsabilização, ou seja, de oportunizar a responsabilidade onde antes, segundo esta leitura, não seria viável.

Em síntese, tal propagado benefício é que justifica o rompimento com a teoria da responsabilidade subjetiva, vista como incapaz de dar conta das inúmeras hipóteses de omissão.

Será efetivamente assim ou se trata de um mito, de uma sistematização recebida sem a devida reflexão? É este o tema, analisado notadamente no que respeita às omissões do Estado, na interseção entre o Direito Administrativo e o Direito Constitucional.

2. A Teoria Tradicional: A Omissão Explicada pela Responsabilidade Subjetiva

Antes de individualizar o objeto em específico deste exame, a responsabilidade nos casos de omissão estatal, é importante pontuar no que consiste a própria noção de responsabilidade do Estado, ou seja, em linhas gerais, o que significa e quando surge a obrigação do Poder Público de indenizar.

Pode-se definir a responsabilidade patrimonial extracontratual do Estado como a obrigação de reparar o dano, indenizar o prejuízo gerado lícita ou ilicitamente por sua ação ou omissão. Convém, desde logo, marcar a diferença entre as causas ou razões que constituem responsabilidade, dever de indenizar. Se o caso é de ação, um agir da Administração Pública[1], a responsabilidade pode advir de uma conduta ilícita, por dolo ou culpa, e também por um comportamento lícito, quando então a responsabilidade é denominada de objetiva. Na responsabilidade objetiva não é imprescindível a comprovação da culpa ou do dolo, pode até haver o elemento subjetivo, isto é, a culpa *lato sensu* (dolo e culpa *stricto sensu*), mas não é necessário provar. Isto porque o ordenamento jurídico estabelece ser bastante a existência dos três outros fatores componentes da responsabilidade civil: agente, nexo de causalidade e dano. Dito de outra forma: na modalidade objetiva, o atuar do Estado (também do particular) é conforme o direito positivo, não há ilegalidade, ato nulo ou anulável, porém, nada obstante, nasce a obrigação de indenizar.

Já no tipo subjetivo, a responsabilidade é decorrente de uma postura, ativa ou omissiva, que afronta a legislação, há ilicitude e daí, pois, a imprescindibilidade da culpa (negligência, imprudência ou imperícia) ou do dolo (vontade deliberada de se posicionar de certo modo). Caso não seja comprovada a culpa em sentido amplo, que é precisamente a atitude violadora do sistema jurídico, não há a formação de qualquer responsabilidade.

A doutrina clássica, de há muito assentada, leciona que, frente à omissão, a responsabilização somente se dá se provada a culpa *lato sensu*, o que importa em perceber a omissão como omissão ilícita. Ou seja: a lei determinava um agir, uma obrigação comissiva, mas o sujeito do dever, na hipótese aqui destacada o Estado, permaneceu inerte, não praticou a ação imposta, incidindo, por conseguinte, em ilicitude. Se não cometeu a conduta normativamente devida, é porque não quis (decisão de se comportar em vulneração ao comando jurídico – dolo) ou porque incorreu em negligência, imprudência ou imperícia (culpa).

Cumpre, neste momento, fazer uma nota e um esclarecimento. A apreciação desenvolvida pelo corrente ensaio está circunscrita aos atos administrativos, com o que deixa de fora as configurações das responsabilidades atinentes aos julgamentos judiciais e às leis. É que há longo debate sobre os critérios, se comunicantes ou não, de responsabilização em cada uma das três funções, sendo certo que é no Direito Administrativo que a responsabilidade do Estado é normalmente mais

---

[1] Não se adota, neste escrito, distinção entre as expressões Estado, Poder Público e Administração Pública, concebida esta última, portanto, em sentido amplo.

admitida (ou conta com mais atenção ou está mais evoluída) tanto por ação quanto por omissão. Tal indica reconhecer a timidez reinante no que tange à aceitação da responsabilidade, estatal e pessoal, na esfera legislativa e judicial, em que pese a evolução tida mais recentemente.

Marque-se bem o conceito de omissão adotado. A teoria, ao menos parte dos teóricos, separa o que se pode chamar de omissão lícita (ou, como expressam alguns, irrelevante para o Direito) – diz-se traduzir exclusivamente conceito natural, simplesmente o não atuar, enquanto alheio ao Direito – e a omissão ilícita. Isto quer dizer que, seguindo esta qualificação, nem toda omissão caracteriza fato gerador da responsabilidade civil do Estado. Tão apenas aquela que significa a inobservância do cumprimento de um mandamento legal de agir. E é nesta acepção que a palavra omissão é aqui usada: a Administração fica inerte, omissa, a despeito de uma ordem normativa de atuação. Não se toma o vocábulo em relevo, portanto, para significar a omissão de fazer ou dar algo que era mera faculdade ou que não se tinha a obrigação. Cabe salientar, por outro lado, que a omissão pode restar presente mesmo que o Poder Público tenha assumido atitude, porquanto a omissão não se reduz a toda a inatividade e sim espelha a inércia daquilo que era devido acontecer (o que não afasta a possibilidade de juízo discricionário)[2]. Ademais, como sabido, a omissão pode ser total ou parcial e esta última também ocasiona responsabilidade patrimonial.

Um policial que, ao presenciar uma tentativa de estupro, domina o delinquente, mas não efetua a prisão em flagrante e se resume a repreender o criminoso, incorre em omissão frente ao seu dever de agir. Se o Poder Público não remove construções em região de risco, em encostas ou em área de proteção ambiental, edificações ilegais, se limitando a admoestar os habitantes a deixar o local, poderá ser responsabilizado pelos danos à natureza (ecossistema) e inclusive, na dependência da situação, pelos efeitos suportados pelos próprios ocupantes do lugar (pessoas carentes) ou por terceiros.

Visto isto, o aspecto crucial desta investigação reside em compreender a reformulação propugnada por aqueles que defendem a regulação

---

[2] Acerca da problemática da discricionariedade, vejam-se, na doutrina mais recente: OLIVEIRA, Fábio Corrêa Souza de. *Morte e Vida da Constituição Dirigente*. Rio de Janeiro: Lumen Juris, 2010, p. 354-369; *Por uma Teoria dos Princípios: O Princípio Constitucional da Razoabilidade*. 2ª ed. Rio de Janeiro: Lumen Juris, 2007, p. 127-173; STRECK, Lenio. *Verdade e Consenso*. 3ª ed. Rio de Janeiro: Lumen Juris, 2009, p. 146-157, 172-189.

da omissão pela responsabilidade objetiva, isto é, sem culpa, sem ilicitude. O que, ao cabo, importa em asseverar: sem descumprimento de qualquer obrigação jurídica.

A responsabilidade subjetiva, não custa reprisar, é aquela na qual não basta a produção de um dano ligado (nexo causal) a uma ação ou a uma inação estatal, pois o comportamento do Estado, seja comissivo ou omissivo, deve decorrer de culpa ou dolo (componentes subjetivos). Enquanto na conduta dolosa há consciência da ilegalidade, vontade de assim se portar, na conduta culposa, conquanto não que se queira o resultado, há violação de dever de cuidado. Logo, nas duas hipóteses, está-se diante de ilegalidade.

Repita-se: para que se configure omissão estatal deve-se ter um agente que, frente a um dever de agir, não pratica a conduta exigida, seja porque conscientemente resolveu não fazê-lo (dolo), seja por simplesmente ter incorrido em negligência, imprudência ou imperícia (culpa). Pelo exposto, a concepção tradicional, a qual se afigura predominante (ao menos) na academia, é clara: se há omissão é porque houve ilicitude (não importa, para esta conclusão, se derivada de dolo ou culpa): a inércia posto que o ordenamento positivo estipulava uma atuação.

Vejam-se agora três casos propositadamente problemáticos, que servem já para introduzir a compreensão da polêmica impulsionadora deste opúsculo. Um acidente de automóvel motivado por um buraco em uma via pública. A tendência é responsabilizar o Estado perante a obrigação de zelar pela boa conservação das vias públicas. Mas, refletida atentamente, a hipótese pode não propiciar responsabilização do Estado: se o buraco é decorrência de força maior, uma grande tempestade, ou mesmo de ato de um vândalo, sem que o Poder Público tenha tido tempo de conhecer do problema ou tempo hábil para realizar o conserto.

Segundo exemplo: um automóvel que vem a ser furtado quando estacionado em uma via pública. Ora, o Estado não tem o dever de garantir a segurança dos cidadãos e dos seus patrimônios? Sim. Então, quanto menos a princípio, a Administração Pública pode ser responsabilizada. Todavia, posição que parece ganhar cada vez mais corpo, adeptos – e advirta-se, desde logo, que independe da teoria abraçada: se responsabilidade subjetiva ou objetiva –, advoga que não é razoável receber indenização do Estado sempre que um veículo venha a ser furtado (ou roubado), em qualquer lugar a qualquer hora, seja qual for a circunstância, pois que exagerado cobrar do Poder Público um dever de segurança assim tão alargado.

Última hipótese, semelhante à anterior. Pessoa atingida por bala perdida. Qual a responsabilidade estatal? A tese que vem prevalecendo sustenta que é preciso apurar as contingências. Seria, para alguns, diferente se o tiro é proferido durante uma incursão policial com confronto e se o disparo é feito em meio a uma briga passional, entre cônjuges, no interior da residência e, ao cruzar a janela, alcança transeunte. Ou, para ficar mais pacífica a responsabilização, se a polícia, apesar de alertada, nada faz para impedir um anunciado enfrentamento entre torcidas e, no curso deste, alguém que passava pelo local é mortalmente ferido.

Interessa deixar patente que é imperioso inquirir sobre a extensão da obrigação estatal de agir, exame em específico, caso a caso, sob pena de travestir simplória e equivocadamente uma responsabilização genérica, o que não obsta o estabelecimento de *standarts*. Assim, reiterando, se o seu carro é danificado, após estacioná-lo em uma via pública, não é consequência imediata a responsabilização do Estado pelo dano sofrido – em que pese poder considerar que, no limite, o Poder Público tinha o dever geral de guarda, mas falhou na sua obrigação de proteção –, sendo necessário ter em mira as especialidades da hipótese concreta (como, por ilustração, a hora do evento, o local da parada do veículo – o que parece revelar a incorporação de um risco pela própria vítima, o qual, em última instância, pode ser capaz de isentar totalmente o Estado) além da própria circunstância macro da sociedade.

Ora, é preciso não ignorar, o ambiente social possui influência decisiva na marcação da fronteira, maior ou menor, da responsabilidade do Estado, ambiente desenhado também pela cultura, pela tradição. Daí a explanação do motivo pelo qual o dever público de segurança pode variar de um país para outro. E o que se averba para a segurança vale para inúmeras (ou todas as) outras obrigações. A noção de responsabilidade é volúvel. A mais da normatividade, a capacidade mesma de operação (infraestrutura etc.) do Poder Público influencia na formação da responsabilidade. Um mesmo fato que se entende não gerar responsabilidade em um país, incluso pela tolerância com a ilegalidade, com o descumprimento pelo Estado do seu dever, em outro ocasiona.

Enfim, cumpre indagar se a responsabilização do Estado é advinda de uma obrigação razoável, que ele pode atender, ou se o dever que se pretende atribuído é excessivo, ultrapassa o terreno do possível. Isto partindo da ideia de que existe um (nível de) risco diluído, assumido pela comunidade, por cada integrante. Daí uma pergunta: o proprietário de uma casa que tem a parede pichada por grafiteiros poderia responsabilizar o Estado? Daí outra pergunta: os proprietários de apartamentos que, com o passar do tempo, conheceram vertiginosa desvalorização pelo aparecimento de uma favela no morro, área pública, de preservação ambiental, situado atrás do prédio poderiam exigir da Administração Pública precisamente a diferença correspondente à perda de valor econômico dos imóveis?

O problema que, neste passo, se coloca é: como se põe o ônus probatório das circunstâncias que singularizam a hipótese? E esta é a resposta perfilhada: frente a um dever *in genere* de ação do Estado, a presunção (relativa) milita, em favor da vítima, pela responsabilidade. Por outros termos: cabe ao Poder Público fazer prova de alguma contingência, razão bastante, que ilida a sua obrigação de reparação. O princípio da presunção de legalidade dos atos (comissivos ou omissivos) do Poder Público é, nesta esteira, invertido: o ônus da prova é do Estado. Igual para o princípio da presunção de veracidade. A Administração Pública suporta o ônus de comprovar que não incorreu em culpa.[3]

Como se vê, a presunção de culpa não se confunde com a responsabilidade objetiva. Ora bem: na presunção, a culpa é suposta e não dispensada; na responsabilidade objetiva, a existência de culpa é indiferente (não é imprescindível provar). Por óbvio, a presunção de culpa (ilicitude) não desconsidera a culpa (ilicitude), somente acarreta ao Estado o ônus de provar que a omissão não é proveniente de postura culposa. Reitere-se: caso a Administração logre vencer a presunção que vai contra ela, não haverá responsabilidade pelo motivo capital de inexistir culpa, o que traduz não haver ilegalidade. Se a responsabilidade fosse objetiva de nada adiantaria demonstrar ter se comportado diligentemente, com perícia e prudência, porquanto a responsabilidade estaria constituída de qualquer maneira.

Ao Estado, por sua vez, é interditado afastar a sua responsabilidade pela transferência desta para o seu agente. Não pode o Estado ale-

---

[3] Escreve Celso Antônio Bandeira de Mello: "Nos casos de falta de serviço é de admitir-se uma presunção de culpa do Poder Público, sem o quê o administrado ficaria em posição extremamente frágil ou até mesmo desprotegido ante a dificuldade ou até mesmo impossibilidade de demonstrar que o serviço não se desempenhou como deveria". MELLO, Celso Antônio Bandeira de. *Curso de Direito Administrativo*. 27ª ed. São Paulo: Malheiros, 2010, p. 1.015.

gar que o agente estava avisado ou ciente de que deveria agir e como agir; afirmar que ele, Estado, tomou todas as precauções cabíveis de sorte a não ser responsabilizado. Tal raciocínio não prospera, pois o agente é, para estes efeitos, concebido como o próprio Estado. O que o Poder Público pode fazer, como consabido, é buscar o ressarcimento perante o agente que, pela sua inércia (violando seu dever funcional), deu ocasião ao dano e, assim, à responsabilização, prejuízo, da Administração (ação de regresso).

É de notar como a exclusão do nexo de causalidade se apresenta na omissão. Por exemplo, o fato (ato) de terceiro: o Estado pode ser o terceiro ou não ter impedido a conduta do terceiro. Outro exemplo, a força maior, evento da natureza: para romper o nexo de causalidade deve ficar patente que o Estado não poderia ter evitado o prejuízo, isto é, haverá responsabilidade estatal se uma enchente é decorrência da omissão de limpar bueiros e galerias, a significar negligência. Diferente de uma tempestade torrencial, onde, em que pese a capacidade razoável de escoamento e a limpeza regular, a rede coletora, drenagem, não suporta o volume pluviométrico muito elevado em pouco tempo (evento extremo, o que não quer dizer, necessariamente, raro).

Para finalizar, o julgado do Supremo Tribunal Federal a seguir, bem representativo da responsabilidade subjetiva a disciplinar a omissão, em hipótese posteriormente retomada em análise comparativa e problematizada:

> Responsabilidade civil do Estado. Ato omissivo do Poder Público. Detento ferido por outro detento. Responsabilidade subjetiva: culpa publicizada. Falta do serviço. CF, art. 37, § 6º. I. Tratando-se de ato omissivo do poder público, a responsabilidade civil por esse ato é subjetiva, pelo que exige dolo ou culpa, em sentido estrito, esta numa de suas três vertentes – a negligência, a imperícia ou a imprudência – não sendo, entretanto, necessário individualizá-la, dado que pode ser atribuída ao serviço público, de forma genérica, a falta do serviço. II. A falta do serviço – *faute du service* dos franceses – não dispensa o requisito da causalidade, vale dizer, do nexo de causalidade entre ação omissiva atribuída ao poder público e o dano causado a terceiro. III. Detento ferido por outro detento: responsabilidade civil do Estado: ocorrência da falta do serviço, com a culpa genérica do serviço público, por isso que o Estado deve zelar pela integridade física do preso. IV. RE conhecido e provido.[4]

---

[4] Recurso Extraordinário nº 382.054/RJ. DJ 1/10/2004. Data do julgamento: 3/8/2004. Relator Min. Carlos Velloso.

3. A Teoria que se Propõe Nova: Responsabilidade Objetiva na Omissão

Como sublinhado anteriormente, há uma alegada novidade na dogmática da responsabilidade estatal por omissão: a adoção da responsabilidade objetiva também nesta seara, o que importaria no rompimento com toda a fundamentação consolidada que embasa a responsabilidade subjetiva.[5] Por esta visão, a responsabilidade estatal por omissão não depende, em alguns casos, da demonstração/existência de culpa.

A tese da responsabilidade objetiva na omissão, no intuito da coerência, se socorre da criação de uma tipologia nodal que divide a omissão em genérica e específica. À omissão genérica corresponde uma obrigação jurídica igualmente genérica de agir. A omissão específica é condizente com o descumprimento de um dever legal específico de atuar.

Nesta sequência, a primeira modalidade de omissão, a denominada genérica, seria caracterizada pela existência de um dever genérico e abstrato de agir ao qual o Estado não satisfez. Uma obrigação não individualizada. Exemplifique-se. Se o Estado do Rio de Janeiro deixa de promover concursos públicos para recompor o efetivo da Polícia Militar ou de adquirir equipamentos adequados ao seu funcionamento, capitula à omissão genérica, vez que viola o dever (genérico e abstrato) de garantir a segurança pública.

O mesmo se o Poder Público deixa de realizar o recapeamento do asfalto das vias automotivas: cai em omissão genérica, a obrigação de cuidar dos logradouros públicos a bem da eficiência e segurança do trânsito.

É evidente que para configurar a responsabilidade é preciso haver um dano. A comprovação de que o Corpo de Bombeiros não pôde controlar um incêndio e efetuar resgates por ausência ou precariedade de meios para tanto (veículos, escadas, roupas) dada a falta de investimento. Um acidente proporcionado por sinalização insuficiente de trânsito. Nestas hipóteses, vez que omissão genérica, a culpa deve ser atestada, configurando, pois, responsabilidade subjetiva.

---

[5] Cf., por todos, CASTRO, Guilherme Couto de. *Responsabilidade Civil Objetiva no Direito Brasileiro*. 3ª ed. Rio de Janeiro: Forense, 2005.

De outra margem, a omissão específica é composta por uma circunstância concreta, particular, que impõe uma obrigação pontual de agir para o Estado. Afirma-se, então, e este seria o diferencial, que a inércia do Poder Público é a causa direta e imediata do dano.[6] Ao invés de uma obrigação de agir genérica e abstrata, um dever específico, densificado. Quatro exemplos para contribuir à compreensão.

Se o Poder Público não cumpre uma ordem judicial determinando a desocupação de uma fazenda por membros do Movimento dos Trabalhadores Rurais sem Terra (MST) e, desta feita, são contabilizados prejuízos para o proprietário da terra, desde instalações depredadas até danos à plantação ou aos animais, o Estado seria responsável objetivamente.

Se alguém para o seu carro em frente a uma delegacia de polícia e, ao retornar, descobre que o veículo foi furtado, está habilitado a responsabilizar o Estado sem necessidade de provar culpa, porque, se o Poder Público não pode garantir a segurança patrimonial de todos a todo tempo em todo lugar, se ele não é responsável por qualquer roubo ou furto de automóvel (dever genérico de ação), é, certamente, no que toca a um veículo situado diante de uma delegacia, porque se entende que a obrigação de atuar (patrulhar) é tão forte, óbvia, que a confiança depositada pelo cidadão é tão natural, razoável ou tributária de uma patente obrigação conexa (dever específico de ação), que, por conseguinte, o fator subjetivo, a culpa termina afastada, desprezada.

Se a Administração Pública é informada, se é notório que fazendeiros promovem desmatamento ilegal, com extração ilícita de madeiras e matança de animais silvestres, e, apesar de saber das infrações, nada faz, propugna-se retratar responsabilidade que prescinde de dolo, negligência, imprudência ou imperícia. O mesmo é concluído se o Poder Público permanece omisso conquanto tenha recebido várias reclamações, sucessivas solicitações de providências (as quais criam um dever individualizado de agir), em causa de reiterados roubos a motoristas em certo sinal de trânsito: fica objetivamente responsável por qualquer dano material, lesão corporal, morte. Última ilustração: se o Estado tem conhecimento da estrutura degradada de uma ponte que ameaça ruir e nada faz, qualquer indenização será apurada mediante responsabilidade objetiva.

---

[6] CAVALIERI FILHO, Sérgio. *Programa de Responsabilidade Civil*. 8ª ed. São Paulo: Atlas, 2008, p. 247.

Apregoa-se, nesta linha, que o dever específico (dever específico e concreto)[7] de agir ostenta pujança probatória apriorística, indiscutível, suficiente para desprezar a apuração da culpa, contentando-se com os demais elementos configuradores da responsabilidade: agente, dano e nexo de causalidade. Já o caráter genérico e abstrato presente no nomeado dever genérico (dever genérico e abstrato)[8] requer a demonstração da culpa para assinalar omissão com a consequente responsabilização.

Como anotado previamente, os defensores da tese da aplicação da responsabilidade objetiva nos atos omissivos pensam e professam que tal entendimento enseja um alargamento da responsabilidade estatal, em benefício de quem se apresenta como titular da indenização pelo dano sofrido, já que, desonerado de ter que constituir prova da culpa do Poder Público, possui a sua pretensão facilitada. Representaria um avanço comparado à teoria que reza que a omissão – e a indenização correspondente – não pode relegar a (demonstração da) culpa em nenhuma hipótese.

4. A Comparação entre Ambas as Teses: Tradicional ou Novo?

O que se reputa novo, notadamente no que tange à Ciência do Direito, carrega dois caracteres a demonstrar: 1) que é deveras uma novidade, uma mudança nevrálgica de paradigmas, isto é, uma inovação que simbolize uma consistente alteração compreensiva condizente com os fundamentos do saber; 2) que a novidade programa uma modificação para melhor, que há progresso com o novo, ou seja, que não há retrocesso com a novidade, vez que, nesta hipótese, preferível o que já existe, o anterior, o velho.

Pode acontecer que aquilo que se crê novel nem seja propriamente uma novidade, enquanto pilar de sustentação do raciocínio, e nem traga avanço. Por outras palavras, um jogo de palavras, uma outra arrumação de peças no tabuleiro sem representar outra jogada, nada de substancialmente diverso.

---

[7] A sutileza está em que, a rigor, o atributo da generalidade se contrapõe ao da especificidade, enquanto o atributo da abstração se antagoniza ao da concretude. Algo pode ser, simultaneamente, genérico e concreto, assim como pode ser particular e abstrato.

[8] Cf. nota de rodapé anterior.

A aspirada novidade da concepção que empunha o cabimento da regulação da omissão pela responsabilidade objetiva é o que se vai inspecionar agora.

Não é possível negar que, quando se afirma que o Estado responde objetivamente frente a uma omissão (específica), há embutido nesta assertiva um juízo de reprovação do comportamento estatal: o Poder Público não fez o que deveria. Tal juízo de reprovação é tão robusto, intenso, que, como exposto, diz-se que desdenha da existência/comprovação da culpa, haja vista que a alta gravidade da omissão já é bastante para configurar responsabilidade objetiva. Isto como se fosse autoevidente tanto a omissão específica quanto a responsabilidade objetiva. O problema é que, realmente, não é assim. Observe-se.

Em primeiro lugar, o juízo de reprovação subjacente à sentença de que a Administração Pública degringolou em omissão específica, não agiu apesar de obrigada, reflete, é manifesto, um ato ilícito por parte do Estado, o descumprimento do seu dever legal, e isto, só por si, espanta a responsabilidade objetiva, porque esta, como notório, é responsabilidade proveniente de conduta lícita.

Ora, para que se fale em omissão é indispensável, pois que compõe a base causal da vulneração do dever de agir, haver a intenção de se portar deste modo ou, ao menos, negligência, imprudência e/ou imperícia. O que corrobora, conforme já realçado, que a omissão que interessa para a questão é a omissão ilegal. É incontornável, não importa a ginástica que se empreenda a contorcer ou, melhor, distorcer: se há omissão apta a gerar responsabilidade é porque não houve o adimplemento de uma obrigação normativa e tal liga, necessariamente, com a responsabilidade subjetiva: é a própria responsabilidade subjetiva, compõe o seu conceito mesmo, responsabilização derivada de dolo ou culpa.

Em segundo lugar, mas doravante a espinha dorsal da tese da responsabilidade objetiva na omissão já se verifica contaminada – a não ser que se adotasse concepções não acolhidas pela aludida tese, como se mostra adiante –, a distinção entre omissão genérica e omissão específica não é nada nítida e, portanto, não pode ser lançada de antemão para resolver o caso. A classificação do que é dever genérico de agir e dever específico de agir é variante, não é firmada em balizas sólidas. O critério, nuvioso, vago, é a maior ou menor reprovação da omissão do Estado.

E, então, a interrogação: qual a escala confiável para pontuar a inércia estatal? Sem embargo de um padrão razoável, seguramente muitos casos se ressentiriam de incerteza.

Ademais, a tipologia pressupõe uma separação, genérico/abstrato, de um lado, e, de outro, específico/concreto, a qual a hermenêutica já revelou problemática ou carente de significado em si, a exemplo da dicotomia interpretação/aplicação.[9] É que a diferenciação entre omissão genérica e omissão específica é feita através de uma antecipação de sentido ou conteúdo, a pré-compreensão. Se o dispositivo legal, defronte a determinada facticidade, dá azo a um dever específico ou a um dever genérico, é dependente da leitura do texto jurídico (veículo redacional que enseja a construção da norma) sempre, em algum patamar, densificadora. Dito de outra maneira: o enquadramento da questão empírica como omissão genérica ou específica é produto da pré-compreensão concomitante, vez que indissociável, entre o fato e a norma (do contato entre eles), da qual extravasa um juízo de condenação da postura estatal.

Vale retomar as hipóteses listadas no item precedente, então consideradas como de responsabilidade objetiva. Parte-se da preliminar de que há omissão geradora de indenização. Se o Poder Público não executa uma decisão judicial, em ato que pode caracterizar o crime de desobediência, não executa por dolo ou não executa por culpa. A presença do elemento subjetivo é insofismável. Se um automóvel é furtado em frente a uma delegacia policial, surpreendendo o proprietário do veículo que supôs, com razão, se tratar de um perímetro de segurança, tendo em conta que, se o Estado não consegue garantir a idoneidade patrimonial em todos os lugares, ao menos em um raio próximo à delegacia a obrigação de guarda é esperada, é porque a inércia é fruto de dolo ou da falta de dever de cuidado, negligência por exemplo.

Ocorre que o erro de imaginar que tais casos são de responsabilidade objetiva é ainda reforçado pelo aspecto circunstancial, peculiar, de cada hipótese, o qual pode exatamente afugentar a responsabilização pela ausência do elemento subjetivo para tanto. E, assim, a tese da responsabilidade objetiva simplifica o que não é simples ou não percebe fator central ao cabimento ou não da responsabilidade da Administração Pública, com o que contribui para uma confusão totalmente desconectada, produto da artificialidade doutrinária.

---

[9] Consulte-se STRECK, Lenio. *Verdade e Consenso*, cit., por ex., p. 49-76.

É que, apesar de não ter cumprido uma ordem judicial, o Estado não é, só por isto, devedor de indenização pelo prejuízo proveniente da não execução do julgado. É que, apesar do carro ter sido roubado bem diante de uma delegacia de polícia, o Poder Público pode não ser responsabilizado pelo dano consequência do crime não impedido. E nada tem de estranho no que se afirma. Veja-se.

Além da possibilidade, admitida doutrinariamente, de o Poder Público negar aplicação a uma ordem judicial – quando flagrantemente arbitrária, agressora de direitos fundamentais, capaz de produzir severos prejuízos, sem a viabilidade de alternativa, como opção extrema –, o Estado pode não ter cumprido a sentença por falta de meios, recursos (reserva do possível), sem constituir comportamento culposo. Em sendo assim, não há responsabilidade. Se os policiais presentes na delegacia estavam todos envolvidos em controlar uma rebelião de presos entretanto o veículo foi roubado, se não houve falta de dever de cuidado, não há que responsabilizar o Estado.

Outrossim, calha notar o seguinte paradoxo: a definição de omissão específica está alicerçada em um juízo de reprovação (ilicitude, culpa) tão grande que passa a desconsiderar a própria culpa (ilicitude, reprovação), de molde à responsabilidade objetiva. Marque-se a distinção: se nos ditames da responsabilidade objetiva a culpa não é requisito embora possa existir e ser provada, porquanto se responsabiliza o Estado por atividade lícita, o que confere contorno à omissão específica é precisamente uma violação à lei, a qual, consoante já se repetiu, ou se dá por dolo ou por culpa. Se não há dolo e nem culpa, a conduta é lícita e aí não configura omissão (descumprimento do dever legal).

Pretender discernir a omissão genérica da omissão específica com esteio em ser ou não ser a inércia causa direta/imediata do dano é oferecer critério de prejudicada valia ou falsamente alentado. A relatividade da qualificação salta aos olhos. O que é causa direta e/ou imediata? A matéria é referente ao nexo de causalidade.

Cogite-se a hipótese seguinte: um motorista, a fim de evitar um abalroamento com um veículo que trafega na contramão, faz um desvio para a pista oposta e o seu automóvel cai em um buraco provocando avarias no carro e lesão corporal. Qual a causa direta/imediata? A direção ilegal do outro condutor ou o buraco na via? Quem responde pelos danos?

Segundo a vertente que advoga a responsabilidade objetiva na omissão, esta a associação: se a causa é direta/imediata, a omissão é específica. Porém, esta sentença não resolve o imbróglio, já que fica tudo por identificar. A assertiva comum, repetida por esta corrente doutrinária, de que, ao se manter inativo frente a um dever específico de ação, o Estado é o causador direto/imediato do prejuízo, enquanto, na omissão genérica, o lesado tem o ônus de comprovar que seria razoável uma conduta ativa da Administração, com a qual o dano não teria advindo, também não quer dizer, a rigor, nada, é mero jogo de palavras: todos os conjuntos aguardam preenchimento.

O cerne é o mesmo, reside em uma ideia tênue, relativa, passível de controvérsia. Ora, na omissão genérica, a causa é indireta/mediata? Mas, se a vítima fizer prova de que era razoavelmente esperado do Poder Público um agir, a causa não se transmuta em direta/imediata? A tormenta está no *razoavelmente*, dever razoável, tido, de pronto (indiscutível), como presente na obrigação específica e a ser comprovado (discutível) na obrigação genérica.

Verifique-se, no exemplo a seguir, utilizado por Guilherme Couto de Castro, um dos defensores do cabimento de se visualizar responsabilidade objetiva na omissão, a procedência de sustentar haver diferencial ou ganho pela adoção do conceito de obrigação específica. Se acontece falha em um sinal de trânsito, o qual passa a indicar ininterruptamente luz verde, e a Administração, alertada, providencia imediatamente o conserto, inclusive com o envio de guarda ao local, a ocorrência de um acidente neste meio tempo irá, a despeito da diligência do Poder Público, provocar responsabilidade estatal.[10]

Três notas:

1ª) Não é pacífica ou óbvia a conclusão de responsabilizar o Estado neste caso, que certamente parecerá a muitos um exagero, um despropósito estreito à teoria do risco integral.

2ª) Quem entende ser hipótese de responsabilidade estatal pode resolver o problema tendo por mira a prestação de um serviço público, ou seja, adota-se a responsabilidade objetiva visto se estar diante de uma conduta comissiva.

---

[10] Escreve o autor: "Não houve ilícito por parte da administração; foram adotadas as cautelas razoáveis e imediatas, mas o evento ocorreu, ainda assim. A responsabilidade é objetiva, pois há dever específico, isto é, individualizado de agir". Ob. cit., p. 62.

3ª) Pode-se buscar a responsabilidade do Estado a partir do risco administrativo, da solidariedade ou socialização dos prejuízos. Seja como for, nada põe em xeque a ideia de que a omissão é regida pela responsabilidade subjetiva, mesmo porque não há, no exemplo, comportamento omisso.

Se a Administração Pública, ao tomar ciência de uma árvore tombada em uma rua em decorrência de um raio, adota prontamente as providências para efetuar a remoção, mas se entretanto acontece um acidente de trânsito relacionado, não nasce obrigação estatal de indenizar. A diferença para a hipótese precedente é que, enquanto aquela é respeitante ao risco ou falha no serviço, esta é força maior. Nada há em qualquer dos casos, contudo, que infirme a teoria da responsabilidade subjetiva.

A ilustração seguinte é bem reveladora.[11] Se um motorista embriagado é parado por uma patrulha rodoviária que o deixa prosseguir viagem e, após, o condutor atropela e mata pedestre, o Estado responde pela indenização. Muito bem, todos de acordo. Mas a que título? Há quem veja na hipótese uma obrigação específica, "que se erige em causa adequada do não-impedimento do resultado",[12] para o desfecho de caracterizar responsabilidade objetiva. Será? Ora, se a polícia, a despeito do estado de embriaguez do motorista, permite que ele continue dirigindo, incorre em dolo ou culpa, negligência, isto é, responsabilidade subjetiva.

Repare: a comprovação da omissão não é dispensada. É preciso provar que o condutor estava embriagado, que a embriaguez era notável e que ele foi parado pela patrulha. Daí é que vem a censura à inércia do Poder Público. A reprovação do comportamento policial é a conclusão de fatores anteriores que demandam dados probatórios. Não importa se se diz que é preciso provar a culpa ou a existência de obrigação específica, pois o efeito é o mesmo. A confusão: a simples afirmativa de que o caso configura dever específico de agir não exonera da obrigação de provar que a hipótese é mesmo de dever específico, ou seja, de que a polícia não atuou quando deveria, ou, por outras palavras, não escusa comprovar a culpa.

---

[11] A hipótese é narrada por Sergio Cavalieri Filho, que entende ser caso de responsabilidade objetiva (obrigação específica). *Programa de Responsabilidade Civil*. 4ª ed. São Paulo: Atlas, 2003, p. 247.

[12] Idem.

Conclusão: a percepção de que a hipótese é de responsabilidade objetiva apenas aparentemente favorece o(s) prejudicado(s), vez que estaria (mas, na verdade, não está) desincumbido de provar a culpa, porquanto, conforme já averbado, o juízo de reprovação, onde se escora a obrigação específica, é tributário de uma atribuição de postura culposa.

Observe-se uma variação deste caso. Se o motorista, conquanto embriagado, não é parado em uma *blitz*, como entender a responsabilidade estatal? Seria novamente obrigação específica? A responsabilização estatal vai depender de elementos circunstanciais que demandam comprovação. O motorista poderia estar bêbado, mas sem demonstrar sinais da sua condição. Nesta situação, como a polícia não tem a obrigação de parar todos os automóveis e não fica imputado a ela qualquer comportamento culposo, não há dever de indenizar por parte do Estado. A concluir o contrário seria admitir a teoria do risco integral. Distinto é se o motorista andava em ziguezague, em alta velocidade, gritando ou com qualquer sintoma de embriaguez, se a polícia não intercepta o carro, surge a responsabilidade do Estado. Como registrado anteriormente, a questão do que é razoável esperar da conduta policial, diante da conjuntura (empírica), é fonte de discussão e está presente em qualquer classificação (se dever genérico ou específico).

Uma nuança. Se o policial utiliza o chamado bafômetro e o aparelho, por defeito, não acusa o alcoolismo, há responsabilidade estatal, a qual pode ser qualificada como falha no serviço, culpa anônima. A obrigação de indenizar pode ser tida por objetiva, mas aqui o ponto de referência é a ação do policial. Diferente é se, não obstante o não diagnóstico por parte do bafômetro, existiam indícios de embriaguez (conduta suspeita), os quais não foram levados em conta. Aí há responsabilidade do Estado, por omissão, dependente de culpa ou dolo.

A dissonância que tem sítio na academia também encontra eco da jurisprudência. É o que se passa a investigar.

5. Estudo de Casos

A análise de julgados contribui para a confirmação da tese que se vem a defender: a de que a responsabilidade por omissão é invariavelmente subjetiva. Confirme-se pelo elenco a seguir.

O primeiro vem do Tribunal de Justiça do Rio Grande do Sul. A ementa:

> Apelação cível. Responsabilidade civil do Estado. Ação de indenização por danos materiais e morais. Invasão de propriedade rural por membros do Movimento dos Sem Terra.
>
> 1. Omissão genérica em fornecer segurança pública. Responsabilidade subjetiva do Estado. Dever de indenizar.
>
> I. Comprovada a omissão do Poder Público em fornecer segurança adequada diante de invasão de integrantes do MST à propriedade rural. Incidência da teoria da *faute du service*, a configurar a responsabilidade subjetiva do Estado. II. Demonstrada a culpa, na modalidade negligência, diante da omissão do Poder Público no seu dever de prestar segurança pública.
>
> 2. Omissão específica do Estado. Descumprimento de ordem judicial determinando a presença da Brigada Militar durante o cumprimento de reintegração de posse. Omissão que se equipara à causação positiva do fato danoso. Responsabilidade objetiva do Estado. Dever de indenizar.
>
> I. A omissão específica ocorre quando o Estado, omitindo-se, deixa de evitar um resultado concreto, quando tinha o dever de agir. Assim, a não-evitação de um resultado concreto, quando tal era possível, equipara-se à causação positiva do mesmo, quando havia o dever de evitá-lo. (...) Assim, no caso dos autos, incide a teoria da *faute du service*, pela falha na prestação do serviço de segurança pública. (...) O Estado tem, como já referido, obrigação constitucional de prestar segurança pública, policiamento ostensivo e preventivo, mas é impossível esperar-se a ação preventiva em particular a cada cidadão em todos os locais e circunstância da vida, visto não ser onipresente, é dizer, segurador universal, não podendo seus agentes estar presentes em todos os lugares ao mesmo tempo. Caso fosse possível a responsabilização estatal nesta conjuntura, estar-se-ia adotando a Teoria do Risco Integral, que, em seus excessos, atribuía ao Estado o papel de "segurador universal", isto é, de garante absoluto e universal de todos os danos sofridos pela coletividade. A situação dos autos, contudo, é diversa. (...) Havia necessidade concreta, da presença da Polícia Militar no local, em face da existência de ação judicial contra os invasores, do aumento gradativo do número de integrantes do MST no local – aproximadamente 1.000 integrantes –, e do reiterado descumprimento de ordens judiciais, tudo a indicar a situação tensa que havia no local. Diante da situação de conflito na área, que perdurava há vários meses, era previsí-

vel a ocorrência da invasão à sede da propriedade e viável disponibilizar um aparato de segurança adequado ao local, com um efetivo maior, ainda que fosse necessário requisitá-los de municípios vizinhos, já que essa providência revela-se efetivamente necessária. Diante de todos esses elementos, não há dúvida quanto à omissão do Estado em prestar a segurança pública no local, diante de fatos de extrema gravidade. Daí a falta do serviço, a caracterizar a responsabilidade do Poder Público estadual. (...) Além da falta em prestar o serviço de segurança pública, consistente em adotar medidas preventivas e repressivas de caráter geral, diante da iminência de invasão à propriedade dos autores, também verifico a omissão específica do Estado. Explico. Dá-se a omissão genérica quando o Estado deixa de fazer algo que tem o dever genérico de fazer – como, por exemplo, prestar o serviço de segurança pública. Já a omissão específica ocorre quando o Estado, omitindo-se, deixa de evitar um resultado concreto, quando tinha o dever de agir. Assim, a não-evitação de um resultado concreto, quando tal era possível, equipara-se à causação positiva do mesmo, quando havia o dever de evitá-lo. (...) Ora, constatado que a Brigada Militar não compareceu ao local para auxiliar no cumprimento da reintegração de posse, a qual restou frustrada, criou o risco real da invasão. De igual modo, deixando de prestar auxílio imediato aos autores, durante a invasão, tem-se que a sua omissão equipara-se à comissão do resultado.[13]

O caso é especialmente interessante porque, além de enfrentar hipótese várias vezes citada na doutrina, no magistério, reúne considerações acerca da omissão genérica e específica. Para mais da complicação de separar a contingência da omissão genérica e da omissão específica, quando resulta claro que o traço distintivo se localiza na ordem judicial de reintegração, ambos os episódios são, manifestamente, de responsabilidade subjetiva. Note-se que a falta do serviço é o argumento para embasar um e outro. Não soma dizer que a omissão específica se constitui quando o Estado, ao ficar inativo, não impede a ocorrência de um dano concreto, quando em obrigação de agir, porquanto a esta mesma definição vale para a omissão genérica desde que provada a culpa, tendo em mente que o dano, considerado como até aqui foi, é sempre concreto. Se o Estado deixou de dar execução a uma ordem judicial, a sua responsabilidade não é por isto objetiva. Ao invés, é, exatamente por isto, subjetiva.

O próximo é acórdão do Tribunal de Justiça do Rio de Janeiro.

---

[13] TJRS. Apelação Cível nº 7002.346.103-1. DJ, 14/5/2008. Data do julgamento: 30/4/2008. Relator Des. Odone Sanguiné.

> Responsabilidade civil objetiva do Município. Queda de morador em bueiro. Constatação da omissão específica da atuação administrativa. Falha na conservação de via pública. Dano moral devido. Nexo causal demonstrado. Verba arbitrada corretamente, assente aos princípios da proporcionalidade e da razoabilidade. (...) Em sede de responsabilidade civil do Estado nos casos de omissão, deve-se analisar se o Estado não atuou em razão de intransponível dificuldade em fazê-lo (omissão genérica), ou se a sua inação foi causa direta e imediata do não impedimento do evento (omissão específica). Enquanto no primeiro caso não haveria responsabilização objetiva do Estado, havendo a necessidade de comprovação de culpa, o mesmo não se diz quando se está diante de uma omissão específica, caso em que a sua desídia leva à responsabilização independentemente de culpa da Municipalidade. No caso em tela, em consonância aos depoimentos prestados pelas testemunhas arroladas pela autora (fls. 82 e 84), bem como pelas fotografias acostadas (fls. 21/25) e os atendimentos hospitalares (fls. 18/20), sobressai de todo o exposto a violação do dever legal de manutenção das vias públicas que se consubstancia na causa direta do evento danoso. Com efeito, essa é a inteligência que exsurge do artigo 37, § 6º da Constituição da República Federativa do Brasil, cujo teor impõe a responsabilidade civil objetiva para as pessoas jurídicas de direito público.[14]

Analisando tão somente o fragmento transcrito não resta clara a filiação assumida pela decisão. É que asseverar que toda a falta de manutenção das vias públicas – ausência de grade em bueiro, buraco, carência ou defeito de sinalização – permite enxergar omissão específica não parece gozar de maior adesão nem mesmo entre os entusiastas da responsabilidade objetiva na omissão. Sem embargo desta impressão, parece ser uma tendência.[15]

---

[14] TJRJ. Apelação Cível nº 0067884-97.2007.8.19.0001 (2008.001.34303). Data do julgamento: 05/8/2008. Relator Des. Rogério de Oliveira Souza.

[15] Veja-se trecho da decisão, na Apelação Cível 7001.480.539-4, Tribunal do Rio Grande do Sul. Relator Des. Luís Augusto Coelho Braga. "A hipótese dos autos consiste em típica omissão de dever legal específico do Município de manter, conservar e fiscalizar as vias públicas. Tal qual referiu o douto juízo singular as 'estradas e ruas do Município são públicas e de necessário cuidado pela municipalidade. Pense-se em buracos abertos na via pública por causas naturais. Se o Estado se omite e não os conserta, torna-se responsável' (fl. 125). No caso, a falta de reparação do buraco representou para o Município a inobservância do dever legal específico de agir, qual seja: conduta positiva de consertar/tapar o buraco por sua conta; ou exigir que o responsável o fizesse, sinalizando a falha e promovendo a segurança do local. O buraco era extenso, tinha cerca de 8 metros, tal qual se verifica dos depoimentos testemunhais. Ademais, como bem registrou o douto Procurador de Justiça (fl. 257), não importa se o acidente ocorreu num dia em que não havia expediente na Prefeitura, pois o dever de zelar pela coisa pública é onipresente.

Para a constituição da omissão específica ou o Estado sabia e nada fez ou deveria saber, pois o desconhecimento não seria razoável. Seja como for e nos termos do julgamento, é evidente que a razão de decidir foi o comportamento culposo da Administração, cujo qual não resta descaracterizado por ser a causa direta/imediata do dano.

Fácil notar que o ponto fulcral está em qualificar a obrigação como genérica e específica e a identificação não se faz com a mera afirmação de ser uma ou outra. A jurisprudência recente é farta no emprego da expressão ou fórmula da omissão específica sem a devida explicação.

Qual a diferença entre o dever (genérico ou específico?) de manter em condições adequadas de uso as vias públicas e o dever (concebido normalmente como genérico) de segurança? O defeito na via pública é similar ao roubo, mesmo porque não se vem aceitando, como excludente da responsabilidade estatal, o *fato de terceiro*.[16]

No que diz respeito à tese do fato exclusivo de terceiro, tampouco merecem acolhimento as razões de apelação. Com efeito, mesmo que se reconheça que a vala existente no meio da via pública fora realmente aberta por um terceiro (particular), ainda assim, o dever do Município de São Borja de zelar pela conservação de suas vias e fiscalizá-las não se desfaz. Ocorre que, a despeito de a vala ter (ou não) sido aberta por um terceiro, a Constituição exige do Poder Público uma conduta proativa relativamente ao dever de zelar/conservar seus bens e patrimônio. Daí por que, ao lado destes deveres, também impõe ao Poder Público o dever específico de fiscalizar as vias públicas. No caso em exame, a via pública sinistrada não fora objeto de controle e fiscalização eficiente. A municipalidade deveria ter detectado o defeito existente na via pública sinistrada e exigido do particular responsável pela abertura da vala a recomposição do estado de trafegabilidade da rua." Tb. do TJRS, Apelação Cível nº 7002.102.568-9, DJ, 3/12/2007. Data do julgamento: 21/11/2007. Relator Des. Antônio Maria Rodrigues de Freitas Iserhard. Em trecho: "Insurge-se o Município apelante contra a sentença, alegando, inicialmente, que não pode ser responsabilizado pelo acidente, pois não tem o dever de fiscalizar as vias públicas em tempo integral. Todavia, o que se infere pela análise dos autos é que o buraco existente na via era de grande proporção (fls. 31/32), não havendo falar em mera ausência de fiscalização. Ademais, conforme os documentos das fls. 29/30, verifica-se que o problema era conhecido pela comunidade e pela prefeitura. (...) Portanto, tratando-se a presente espécie de omissão específica – ausência de sinalização do buraco existente na pista de rolamento –, aplicável ao caso a teoria da responsabilidade objetiva (teoria do risco administrativo). (...) Assim, a comprovação do nexo de causalidade existente entre a omissão específica do poder público e os danos experimentados pelo apelado, bem como a ausência de qualquer excludente da responsabilização, tais como culpa exclusiva da vítima, caso fortuito, força maior ou fato exclusivo de terceiro, configuram a responsabilidade objetiva".

[16] Poder-se-ia dizer que ao menos alguns furtos ou roubos são eventos que se dão em curto lapso temporal, assim episódicos, instantâneos, enquanto o buraco é algo que permanece, oportunizando uma maior possibilidade de intervenção do Estado, daí por que não responsabilizar o Estado por qualquer furto ou roubo e responsabilizá-lo pelos buracos nas vias públicas. Tal seria assumir como necessário um tempo mínimo para configurar omissão específica. Desta feita, se alguém faz, propositadamente ou não, um buraco em uma rua e logo após acontece um acidente, não há que responsabilizar o Estado. O mesmo raciocínio é aplicável à danificação de sinaleiras, à subtração de placas de trânsito, e.g. Reconduz-se, portanto, à culpa, além, é claro, ao nexo de causalidade.

Discute-se também na jurisprudência a admissão da responsabilidade estatal por danos à propriedade (depredação, saques), pela desvalorização de imóveis ou depreciação do comércio em razão da violência, bem como por furtos e roubos, quando o Poder Público é alertado, chamado a tomar medidas, mas se mantém inerte. Mais uma vez, o exame da fundamentação dos julgados, inclusive daqueles que explicitamente argumentam com afinco na responsabilidade objetiva, dever específico de agir, denota claramente um juízo de reprovação, isto é, de dolo ou culpa. Por exemplo, com base na desídia da polícia, forma-se um juízo de reprovação da omissão, que passa a ser tomada como omissão específica. Ora, desídia é culpa. A ausência ou ineficácia de providência por parte do Estado, conquanto ciente, por ilustração, da ocorrência de tráfico de drogas, estupros, arrastões ou outros crimes na área, a reprovação da inatividade ou da má atividade é condizente com o elemento culpa e não com o elemento nexo causal. Isto explica o motivo pelo qual a corrente da responsabilidade objetiva na omissão acaba por transferir a questão nuclear para o nexo de causalidade (pela suposta ausência do elemento culpa nesta modalidade).

Outra situação que vem despertando acentuada polêmica é a da responsabilidade estatal por bala perdida, já antes referida. Nesta seara, o risco, mais uma vez, da simplificação pela afirmativa simplória de que a responsabilidade do Estado é (sempre) objetiva. É indispensável separar os casos. Se alguém é atingido por disparo advindo de um tiroteio com a polícia, conquanto não seja viável determinar se o projétil veio da arma de policial, é cabível entender pela responsabilidade objetiva. Aqui, nada obstante, a responsabilidade é por ação, ou seja, a conduta ativa desenvolvida pela força pública de guarda.

Diverso se o disparo é consequência de briga entre infratores, bandidos. O Estado deve ser responsabilizado neste caso? Veja-se a decisão a seguir, que concluiu pela responsabilidade objetiva.

> Constitucional. Civil. Responsabilidade civil. Responsabilidade civil do Estado. Bala perdida. Linha Amarela. Ferimento causado a transeunte em tiroteio provocado por terceiros não identificados. Artigo 37, § 6º da Constituição Federal. Não se desconhece que é francamente majoritária a orientação jurisprudencial no sentido de que o Estado não tem responsabilidade civil por danos provocados em episódios de bala perdida, sendo invariável o argumento de que o Estado não pode ser responsabilizado por omissão genérica. Reclama revisão a jurisprudência que reconhe-

ce a não responsabilidade civil do Estado do Rio de Janeiro pelos frequentes danos causados por balas perdidas, que têm levado à morte e à incapacidade física milhares de cidadãos inocentes. O clima de insegurança chegou a tal ponto que os mais favorecidos têm trafegado pelas vias da cidade em carros blindados. Há uma guerra não declarada, mas as autoridades públicas, aparentemente, ainda não perceberam a extensão e a gravidade da situação. Pessoas são assassinadas por balas perdidas dentro de suas casas, enquanto dormem, em pontos de ônibus, em escolas, nas praias e em estádios de futebol. O Estado não se responsabiliza por esta criminosa falta de segurança, escudado por um verdadeiro *nonsense* teórico-jurídico, como se os projéteis que cruzam a cidade viessem do céu. Além disso, a tese tem servido como efetivo estímulo para que a Administração permaneça se omitindo genericamente, até porque aos eventos de balas perdidas tem-se dado o mesmo tratamento jurídico dispensado ao dano causado pelo chamado *Act of God*. A vetusta doutrina da responsabilidade subjetiva por atos omissivos da Administração Pública não tem mais lógica ou razão de ser em face do abandono em que se encontra a população da cidade do Rio de Janeiro. Ainda que se concordasse com o afastamento da responsabilidade objetiva, nestes casos, seria possível, sem muito esforço, verificar que no conceito de culpa *stricto sensu* cabe a manifesta inação do Estado e sua incapacidade de prover um mínimo de segurança para a população, sendo intuitivo o nexo causal. Não se trata, bem de ver, de episódios esporádicos ou de fortuitos. Tais eventos já fazem parte do dia a dia dos moradores da cidade. Pessoas são agredidas e mortas dentro de suas próprias casas. Autoridades são roubadas em vias expressas sob a mira de armamentos de guerra. Dizer que o Estado não é responsável equivale, na prática, a atribuir culpa à vítima. O dano sofrido é a sanção. Recurso provido por maioria.[17]

Sem macular o mérito do julgamento, vez que é mesmo cabível concluir pela responsabilidade estatal em eventos como os narrados, a presença do juízo de reprovação, atributivo de culpa à omissão do Estado pelo fato de meliantes portarem armas, implica responsabilidade subjetiva. O acórdão é notadamente emblemático porque, a despeito de procurar ancoradouro na responsabilidade objetiva, admite que a modalidade subjetiva é bastante a atender a demanda.

---

[17] TJRJ. Apelação Cível nº 2008.001.55126. Data do julgamento: 6/5/2009. Relator Des. Marco Antonio Ibrahim.

Vale repetir o fragmento: "Ainda que se concordasse com o afastamento da responsabilidade objetiva, nestes casos, seria possível, sem muito esforço, verificar que no conceito de culpa *stricto sensu* cabe a manifesta inação do Estado e sua incapacidade de prover um mínimo de segurança para a população, sendo intuitivo o nexo causal".

Ora, repare-se que não é afirmada a tese de que o Estado é responsável por qualquer *bala perdida*, como aquela decorrente de um disparo dado em legítima defesa ou como excesso de uma comemoração, ainda que armas ilegais, ainda que os autores não dispusessem de autorização para portar o armamento. A hipótese é recortada, conquanto as considerações de ordem genérica acerca do infortúnio da violência: bala perdida na Linha Amarela, local conhecido pela insegurança e episódios similares e rotineiros.

Não à toa é indagado no julgado: "Como se pode considerar genérico um tipo de omissão que se repete a cada dia muito especialmente em pontos conhecidos da cidade como é o caso da Linha Amarela e da Linha Vermelha?" O problema argumentativo de conjugar as teorias é manifesto.[18]

Será que a opção por classificar a responsabilidade como objetiva, em razão da suposta omissão específica, gera realmente vantagem para a vítima, a qual, de outra forma, não conseguiria obter indenização pelo prejuízo ou, por outras palavras, fazer frente ao ônus de comprovar a culpa do Estado? Vale recordar a pertinência de conceber o ônus probatório a ser suportado pelo Estado, conforme averbado anteriormente, o que minimiza ou neutraliza o entrave.

---

[18] A junção de conceitos que se estranham é bem ilustrativa da tensão teórica. Em outros trechos: "Mesmo que se admita que o Estado não tenha culpa pela ocorrência de tais eventos (mas tem) o ordenamento jurídico tem solução pronta. Basta ler o § 6º do artigo 37 da Constituição Federal. A responsabilidade é objetiva. O argumento de que não há nexo causal entre a omissão do Estado e o dano propriamente dito tem menos fundamento teórico do que de política judiciária. A mais tosca das estatísticas pode revelar, por exemplo, que em vários pontos da cidade a falta de policiamento é causa direta da ocorrência de furtos e roubos. (...) Dir-se-á que a violência parte de grupos armados que se proliferam nos morros e favelas, mas se esquece de que a ocupação ilegal, irregular e desordenada dos terrenos da cidade, se dá por culpa exclusiva dos poderes públicos que por décadas consentiram na favelização da cidade. Evidente que há problemas sociais e educacionais que dão e deram causa ao aumento da criminalidade, mas ainda aqui é exclusiva a culpa das sucessivas administrações pela incompetência e desgoverno com que se houveram no trato da segurança pública. Discursos inflamados, teses de doutorado e passeatas não vão dar fim às diárias ocorrências de mortes e ferimentos por balas perdidas. Reconhecer a responsabilidade objetiva do Estado, sim. Quando se multiplicarem as indenizações e os governos ficarem sem caixa para realizar obras e projetos que rendem votos, a situação se transformará drasticamente".

Ainda sobre a desventura das *balas perdidas*, no mesmo sentido, a sentença acerca de evento que veio a ocupar largo espaço nos meios de comunicação, alta repercussão:

> "Alegam os autores que em razão de tiroteio ocorrido no dia 28/12/2006, a Sra. Suely Maria Lima de Sousa, mãe do 1º Autor e companheira do 2º Autor, teria falecido por disparo de arma de fogo de uso restrito das forças armadas. Alegam ainda que a falecida, no momento do tiroteio, este ocorrido em movimentado espaço público, na Praia de Botafogo, deitou-se para proteger seu filho quando foi fatalmente ferida por uma bala, tendo sido ferido ainda, de raspão, o 1º Autor, por força do escudo humano que lhe provera sua mãe. Aduzem que o Réu tinha notícia de que ocorreria o lastimável evento, conforme noticiado à época na mídia, e contudo, nada fez, deixando assim de evitar a tragédia. (...) Inicialmente impõe-se salientar que responderá o Estado do Rio de Janeiro de forma objetiva pelos danos que seus agentes nesta qualidade causarem a terceiros. Assim, incumbirá aos Autores apenas a demonstração de ocorrência do dano e do nexo de causalidade entre o mesmo e o ato perpetrado pelos agentes. Por outro giro, o Réu somente estará livre do dever de indenizar caso demonstre a ocorrência de uma das excludentes de ilicitude quais sejam a existência de caso fortuito, força maior ou ainda que o fato ocorreu por culpa exclusiva da vítima ou de terceiro. No que concerne à comprovação de ocorrência do dano, verifica-se que os documentos juntados aos autos pela parte Autora não deixam dúvida de sua ocorrência. É fato que nossa legislação adotou a teoria do risco administrativo e não do risco integral não podendo o Estado ser responsabilizado por todos os atos que causarem danos aos cidadãos, ainda que perpetrados por terceiros, não se enquadrando na figura de um segurador universal. Por esta razão, sustenta o Réu a excludente de sua responsabilidade, aduzindo que a culpa pelo fato ocorrido com a mãe do 1º Autor foi decorrente de atos perpetrados por terceiros, já que os disparos que a teriam atingido foram realizados por traficantes e não por agentes do Estado. Contudo, entende este Juízo que esta não merece ser acolhida. Isto porque é fato notório que no dia 28/12/2006 ocorreu uma série de ações criminosas em nossa cidade que tanto alarmaram a população, haja vista que diversas pessoas foram atingidas, dentre elas a mãe do 1º Autor. De igual forma, é também cediço que o Governo deste Estado representado à época pela Governadora Rosinha e o Sr. Secretário de Administração Penitenciária teriam sido previamente avisados e não tomaram quaisquer providências no intuito de evi-

tar as ações criminosas. Assim, entende este Juízo que ao contrário do sustentado pelo Réu, existiu sim uma omissão específica, ou seja, o Estado não agiu de forma esperada, o que veio a causar a lamentável morte da mãe do 1º Autor. Em consequência, não é possível que se acolha a excludente de responsabilidade aduzida na contestação".[19]

A decisão assevera ser caso de omissão específica, limitando-se a explicar tal veredicto a partir do juízo de que "o Estado não agiu de forma esperada". Isto porque as autoridades públicas teriam sido avisadas sobre as investidas delinquentes sem adotar qualquer medida de precaução. Ainda outra vez, evidente o elemento subjetivo, a culpa. Ressalte-se a complexidade da avaliação expressada pela sentença. A morte aconteceu em "movimentado espaço público", na Praia de Botafogo. E se tivesse ocorrido em outro lugar? A circunstância de o homicídio ter se dado no aludido local teve indubitavelmente determinante influência na formação da convicção do magistrado. Quais lugares teriam ou não o mesmo peso? Se fosse sítio menos movimentado, acostumado à violência, tradicionalmente com ausência ou fraco policiamento, teria igual ou similar impacto? O que esperar do Estado? Cogitando que o Poder Público tivesse tomado alguma providência, nem só por isto estaria a salvo da responsabilização, pois se poderia entender que a providência foi insuficiente, ineficiente, configurando, por exemplo, imperícia. Como empreender a aferição? Estas e outras considerações não podem restar encobertas pela mera afirmação de que se trata de omissão específica, pois a chave está precisamente na culpa, a qual a tese da responsabilidade objetiva pretende espantar ou dar como previamente ou cabalmente demonstrada. Qual conduta estatal ostentaria a potencialidade de evitar o assassinato? Se policiais estivessem na área, mas, quando da ação criminosa, não tivessem logrado responder e impedir a tragédia, haveria responsabilidade do Estado? E, além, o risco de terminar por retratar o Estado como garantidor universal. O que está em jogo são os parâmetros da culpa. Quer-se demonstrar com tais ponderações que o ônus argumentativo, probatório, não fica diminuído, aliviado, pela simples utilização de uma fórmula mágica: omissão específica-responsabilidade objetiva.

Outra hipótese bem representativa da confusão doutrinária, semelhante àquela antes citada do veículo furtado/roubado em frente à delegacia de polícia, é dada pela decisão a seguir:

---

[19] TJRJ. Processo nº 2007.001.044623-3. 10ª Vara de Fazenda Pública.

Responsabilidade civil do Estado. Autora ferida em chacina praticada por meliantes que, descendo de veículo parado diante do estabelecimento público onde ela se achava, abriram fogo contra as pessoas nele presentes. Tese de omissão do Estado no dever de garantir a segurança pública, já que haveria delegacia próxima ao local do crime. Sentença que julga procedente o pedido. Apelos. Necessidade de aferição da culpa do Estado, o que depende da avaliação de suas possibilidades de ter evitado o dano. Impossibilidade. Inexistência de policiais envolvidos na chacina. Ação criminosa praticada de modo instantâneo, com a pronta descida dos marginais, atirando. Ainda que houvesse um batalhão no interior da delegacia, seria fisicamente impossível evitar os danos, pois a reação policial levaria pelo menos três minutos, o que não evitaria o resultado danoso e dificilmente poderia minimizá-lo. Por mais que estejamos chocados e revoltados com a onda de crimes que nos tomou de assalto, não é possível se concluir pela responsabilidade do Estado pela existência de crimes, tampouco que tenha ele a capacidade de antever suas ocorrências, antecipando-se à ação dos criminosos, mormente em lugares públicos, de livre acesso. Embora se possa reconhecer que, se a polícia fluminense não estivesse tão desmoralizada, talvez os bandidos não ousassem tanto, mas estas seriam cogitações sociológicas, de impossível mensuração. O Judiciário não pode se deixar levar por argumentos de causas gerais, cuja contribuição para o resultado do caso concreto não pode ser objetivamente aferido. Provimento do recurso do Estado, para julgar improcedente o pedido.[20]

O acórdão é deveras sintomático a fim da desmistificação de que a prática infracional quando executada nas imediações de delegacia policial leva à responsabilidade objetiva, pois que, consoante a vertente que se combate, omissão específica.

Ora bem: nos termos da decisão, o Estado não é responsável exatamente porque não incorreu em culpa, ilegalidade: não houve omissão. Não é condizente atribuir culpa *a priori* ao Estado, censurá-lo preliminarmente, assim em uma pré-compreensão que não aceita discussão, como algo evidente por si mesmo. Não é acertado estabelecer a associação: se veículo furtado/roubado ou pessoa agredida/baleada diante de delegacia policial, responsabilidade estatal objetiva. É um tremendo erro!

---

[20] TJRJ. Apelação Cível nº 2003.001.15103. Data do julgamento: 5/5/2004. Relator Des. José Pimentel Marques.

Sustentar que o Estado possui dever de segurança em certo raio territorial (qual distância?) da delegacia de polícia, que a omissão é apenas por esta circunstância patente, incontroversa, independentemente de culpa, é, no fundo, entender que o Poder Público passa a ser *garante universal* dentro daquele perímetro (fixado por quem, de que maneira?). Ao invés de uma *culpa específica* (apurada em função da particularidade do acontecimento), atribui-se ao Estado uma *culpa genérica* (pressuposta, ampliada, mal considerada objetiva). Como já dito antes, e se os policiais estivessem todos ocupados em conter uma rebelião dentro da delegacia? Considerou-se acertadamente que o simples fato da chacina ter ocorrido em frente a uma repartição policial não é suficiente para gerar a responsabilização do Estado, vez que indispensável comprovar a culpa estatal. A circunstância de a ação criminosa ter sido realizada rapidamente, sem possibilidade de reação por parte dos policiais, afasta o juízo de ilicitude, não tendo os agentes públicos se portado dolosamente e nem com negligência, imprudência ou imperícia.[21]

Para finalizar, retoma-se a decisão, anteriormente citada, do Supremo Tribunal Federal sobre a morte de detento em penitenciária. No referido caso, afirmou-se que a responsabilidade por omissão é subjetiva, exigindo dolo ou culpa. Embora o ato tenha sido praticado por agente estranho ao Estado (detento ferido por outro detento), acolheu-se a *faute du service* (falta do serviço), eis que a Administração Pública não cumpriu com o seu dever de zelar pela integridade física/vida do preso.

O interesse pela hipótese, crimes praticados no interior de presídio, está em que há o entendimento, doutrinário e jurisdicional, de que a responsabilidade do Estado é por omissão e objetiva. Observe-se de perto. Discriminemos as situações. Caso se queira entender que a responsabilidade estatal pelos atos dos presidiários, no interior da cadeia, é objetiva, o referencial não é, como único, a omissão. Ou seja, não é preciso

---

[21] A análise deste julgado serve igualmente para perceber a complexidade da decisão imediatamente precedente, a responsabilidade estatal pela morte e lesão corporal ocorrentes na Praia de Botafogo. A ligeireza do ato criminoso, isto é, a capacidade de reação da polícia, poderia/deveria ou foi levada em conta na conferência da responsabilidade do Estado? A distinção pode estar em que a conjectura acerca da eficácia da resposta policial nem mesmo se coloca tendo em vista a ausência de policiamento no lugar. Todavia, retornaria a pergunta: o Estado estaria obrigado em prover policiamento em todos os locais? Claramente ninguém defenderia isto. A conclusão, portanto, é que a responsabilização do Estado foi assentada pelo fato de o Governo não ter tomado nenhuma iniciativa, ter permanecido completamente inerte apesar de ciente das ameaças e riscos.

concluir que a responsabilidade objetiva é concernente a uma inação. É correto afirmar que a responsabilidade objetiva é por conduta comissiva, por ação, qual seja, a de trancafiar aquelas pessoas, quando, então, o Estado se torna garante e incide a teoria do risco administrativo. A partir deste momento, o Poder Público passa a ser objetivamente responsável pelo que ocorra no interior da penitenciária (assume o dever de guarda).[22]

Porém, esta compreensão pode se afigurar excessiva para muitos. E, assim, inclui-se o elemento subjetivo como necessário para constituir a responsabilidade da Administração. Qualquer ato praticado por um detento contra outro, seja lesão corporal, estupro ou homicídio, dentro do sistema carcerário, dá azo à responsabilidade do Estado, notadamente perante a omissão em zelar pela integridade física e pela vida do preso? Caso se entenda que a responsabilidade é subjetiva, a Administração Pública pode ilidir a responsabilidade mediante a comprovação de que agiu com zelo, cuidado, sem dolo e culpa. Se um preso atenta contra a vida de outro com uma faca ou um revólver, a responsabilidade estatal fica evidenciada ou presumida, pois obviamente um detento não pode ter acesso a armas e, se tem, aventa-se a omissão do Estado, falha no seu dever de vigilância. De outra feita, se um preso mata outro com quem divide a cela, durante a madrugada, o Poder Público é responsável? É razoável exigir ou esperar que o Estado mantenha um policial, vinte e quatro horas por dia, vigiando cada preso ou cada cela? Outrossim, impossível pensar que seria viável que um agente penitenciário, por mais diligente e competente que fosse, pudesse evitar qualquer ato lesivo de um detento contra outro, eis que muitos se realizam de forma instantânea. Nesta esteira, faz-se necessário um exame apurado da conduta do Poder Público, se culposa ou não, tendo em mira a possibilidade de evitar o dano, consoante um padrão razoável.

Seja como for, ampliando-se ou não a responsabilidade do Estado, não é preciso capitular à tese de que a responsabilidade por omissão é objetiva para se alcançar as mesmas conclusões.

---

[22] Conquanto esta compreensão não seja (tão) explícita ou patentemente professada por Hely Lopes Meirelles, é passível de cogitar ou extrair de passagem dedicada precisamente à hipótese em comento. V. MEIRELLES, Hely Lopes. *Direito Administrativo Brasileiro*. 36ª ed. Atualização por Eurico Azevedo, Délcio Aleixo e José Emmanuel Burle Filho. São Paulo: Malheiros, 2010, p. 687.

Nesta celeuma, o voto vencido transcrito abaixo, na vertente de não responsabilizar o Estado por ausência de culpa. Em primeiro lugar, a ementa:

> Trata-se de ação de responsabilidade civil por morte de presidiário no interior do estabelecimento prisional, decorrente de agressões físicas perpetradas por outros companheiros do cárcere. A prova carreada nos autos evidencia que a agressão se deu porque o falecido admitiu ter matado um amigo de outro detento. Em tese, a responsabilização civil, no caso *sub judice*, funda-se na teoria objetiva, calcada na teoria do risco administrativo, que tem como base legal o § 6º do Art. 37 da Constituição Federal. Houve omissão por parte dos agentes do Estado, que tinham o dever de evitar o dano. Precedentes do STJ. A questão atinente à existência de responsabilização civil do Estado foi unânime, não havendo controvérsia quanto a esse ponto. (...) Evidencia-se que no caso concreto houve concorrência de causas no evento danoso (morte), uma vez que, agregado à omissão estatal, há o fato de terceiro, ou seja, a ação dos demais detentos que agrediram o pai do autor por vingança pessoal. Nesse ponto, importa ressaltar que a concorrência de causas não exclui a responsabilização civil do Estado, mas, por certo, a atenua.[23]

Como escrito, a responsabilidade objetiva do Estado pode ser tida a partir da ação de encarceramento, calcada na teoria do risco administrativo. Mas, depende, como advertido, do ângulo pelo qual se olhe. A chamada concorrência de causas não seria apenas outro termo para concorrência de culpas? Computou-se a conduta dos demais detentos (fato de terceiro, culpa de terceiro) para atenuar a responsabilidade do Estado. E no voto vencido:

> Ousei divergir da douta maioria por entender que inexiste responsabilidade estatal no caso dos autos. E o motivo é muito simples: o óbito ocorreu em virtude de conduta agressiva e inesperada de outros detentos, não havendo como imputar ao Estado o ônus da responsabilidade integral mesmo no interior de estabelecimentos prisionais. *In casu* não estamos diante de falha que permitiu o ingresso irregular de armas fatais dentro da prisão. Armas essas que teriam sido utilizadas para a prática do homicídio. Não. Aqui, como dito, a lamentável morte ocorreu em razão de agressões praticadas de forma rápida e fortuita pelos demais detentos acondicionado na mesma cela do pai do autor, o que seria impossível

---

[23] TJRJ. Embargos Infringentes nº 2003.001.15103. Data do julgamento: 12/1/2010. Relator Des. Roberto de Abreu e Silva.

de evitar mesmo se tivessem sido executadas todas as normas de segurança exigidas, posto que não é possível ao Estado estar presente 24 horas por dia no interior das celas para evitar o pior.[24]

Nota-se que o voto dissidente, em leitura oposta à do restante do colegiado, afirmou que a morte do detento ocorreu por causa "de conduta agressiva e inesperada de outros detentos", sendo irrazoável esperar que o Estado pudesse ter impedido o homicídio. Não há responsabilidade estatal, pois que não se pode pôr nos ombros do Estado a carga "da responsabilidade integral mesmo no interior de estabelecimentos prisionais".

Todos os casos enunciados denotam que é inafastável a averiguação da culpa do Estado para aferir a responsabilidade por omissão. E que o afastamento da culpa não ocorre pela mera assertiva de se tratar de responsabilidade objetiva, visto que o conceito de omissão específica embala, conquanto veladamente, um juízo subjetivo, de culpa.

6. Conclusão

Cabe ainda fazer uma anotação no que tange ao fundamento das teorias em disputa. A concepção mais consensual vê no Art. 37, § 6º, da Constituição,[25] a incorporação da responsabilidade objetiva para os atos comissivos, ressalvando a responsabilidade subjetiva para a omissão. É bem verdade, todavia, que o texto constitucional não obsta que se compreenda a responsabilidade objetiva igualmente a reger os atos omissivos, pois que a dicção da Carta Magna é aberta, não restringe, permite esta leitura. Adeptos da regência da omissão pela responsabilidade objetiva passaram a pretender fiar a tese no art. 43 do Código Civil,[26] o qual revogou o preceituado pelo Art. 15 do Código Civil de 1916.[27] Dá-se que as redações da Lei Fundamental e do Código Civil são bem similares.

---

[24] Desembargador Marco Aurélio dos Santos Fróes.

[25] Art. 37, § 6º: "As pessoas jurídicas de direito público e as de direito privado prestadoras de serviços públicos responderão pelos danos que seus agentes, nessa qualidade, causarem a terceiros, assegurado o direito de regresso contra o responsável nos casos de dolo ou culpa".

[26] Art. 43: "As pessoas de direito público interno são civilmente responsáveis por atos dos seus agentes que nessa qualidade causem danos a terceiros, ressalvado direito regressivo contra os causadores do dano, se houver, por parte destes, culpa ou dolo".

[27] Art. 15: "As pessoas jurídicas de direito público são civilmente responsáveis por atos dos seus representantes que nessa qualidade causem danos a terceiros, procedendo de modo contrário ao direito ou faltando ao dever prescrito por lei, salvo o direito regressivo contra os causadores do dano".

A tentativa de encontrar respaldo para a teoria objetiva na omissão na legislação, conforme os termos aduzidos, é vã. Por dois motivos: 1) os textos, como apontado antes, são abertos, se dão ensejo à corrente da responsabilidade objetiva, também dão à outra; 2) a fundamentação, ao fim, não está nas redações normativas e sim na razão mesma que sustenta a responsabilidade por omissão, é preliminarmente questão de lógica.

Na doutrina do Direito Administrativo, entre os professores brasileiros que entendem que a responsabilidade por omissão é subjetiva, contam-se: Oswaldo Aranha Bandeira de Mello, Celso Antônio Bandeira de Mello, Maria Sylvia Zanella Di Pietro, Celso Ribeiro Bastos, Lúcia Valle Figueiredo e Diogenes Gasparini.

Como apreciado, a tese de que a responsabilidade estatal por omissão, inércia diante de um dever específico de agir, é objetiva não angariaria benefício frente à doutrina que averba ser a responsabilidade por omissão subjetiva atrelada à culpa. Ao contrário, a noção da responsabilidade objetiva na omissão acaba por mascarar fundamentos (de culpa) e criar uma confusão de conceitos, que, somente sob pena da lógica, da coerência teórica, a muito e infrutífero custo, parte da doutrina e do Judiciário se esforça por conciliar.

2 REFLEXOS DO PROCESSO DE FEITURA DA CONSTITUIÇÃO DE 1988

Ana Lucia de Lyra Tavares

Professora de Direito Comparado e Direito Constitucional Comparado nos Programas de graduação e pós-graduação do Departamento de Direito da Pontifícia Universidade Católica do Rio de Janeiro. Procuradora da Fazenda (aposentada).

Sumário

1. Introdução. 2. A Teoria Tradicional: A Omissão Explicada pela Responsabilidade Subjetiva. 3. A Teoria que se Propõe Nova: Responsabilidade Objetiva na Omissão. 4. A Comparação entre Ambas as Teses: Tradicional ou Novo? 5. Estudo de Casos. 6. Conclusão.

1. Introdução

Expressamos, inicialmente, o nosso agradecimento aos professores Maria Guadalupe Piragibe da Fonseca, José Ribas Vieira e Adriana Ramos Costa, pelo convite para participar do *Seminário de Direito Constitucional no 3º milênio – 20 Anos de Constituição*, no Ibmec-Rio, bem como aos organizadores da presente publicação, Professores Celso Martins Azar Filho e Fábio de Oliveira.

A avaliação da Constituição de 88, a cada decurso temporal significativo – 10, 15, 20 anos – é, sem dúvida, fato novo na história constitucional pátria. As interrupções da normalidade democrática que ela registra levaram a que se valorizassem, periodicamente, as qualidades de um Texto Magno que, não obstante suas notórias imperfeições, resultou de um processo de construção plural, a partir da manifestação dos mais variados setores da sociedade brasileira. Na análise do Professor José Afonso da Silva (2009, p. 220), o grande diferencial desse processo, relativamente às Constituições anteriores, é o princípio popular. Evoca, o ilustre mestre paulista, a observação de José Gomes Canotilho segundo a qual "a justiça da Constituição depende do procedimento seguido em sua feitura" (*ibid*. p. 219).

Destarte, o conhecimento do processo de elaboração de uma Constituição é fundamental para a compreensão do contexto e das injunções que ditaram a sua confecção, bem como das condições que ainda se refletem em sua implementação. Cabe, nesse passo, destacar o estudo do Professor Afonso Arinos de Melo Franco sobre o tema (1984, p. 1), ele que foi uma das principais figuras das fases pré-constituinte e constituinte.[1]

Por óbvio, não se trata de estabelecer uma relação causal entre o processo de elaboração do Texto Maior e sua implementação, mas

---

[1] O referido estudo do Professor Afonso Arinos de Melo Franco decorreu de sua participação, na qualidade de representante do Brasil, no Seminário promovido, em 1983, em Washington, pelo *American Enterprise Institute*, que reuniu personalidades diretamente envolvidas na elaboração de Constituições (França, Grécia, Estados Unidos, Iugoslávia, Espanha, Egito, Venezuela e Nigéria). As conclusões do Seminário foram publicadas por Robert A. Goldwin e Art Kaufman, em *Constitution Makers on Constitution Making, The Experience of eight Nations*, Washington, American Enterprise Institute for Public Policy Research, 1988.

sim de reconhecer que certas características desse processo ainda repercutem em sua aplicação.

Na presente colaboração, buscamos destacar os elementos do processo de feitura da Constituição de 1988 que, a nosso ver, se refletiram e continuam a se refletir em sua implementação e nas condições de sua preservação.

2. Elementos Relevantes do Processo de Elaboração

2.1. Identificação de expectativas populares

Dentre as sondagens que precederam o processo constituinte, destacamos aquela que foi desenvolvida, entre maio de 1980 e julho de 1984, concebida e orientada pelo Professor Afonso Arinos de Melo Franco, na condição de Diretor do Instituto de Direito Público e Ciência Política (INDIPO), da Fundação Getulio Vargas.[2] Empreendida com escassos recursos financeiros, a pesquisa, além de estudos de textos, de natureza diversa, inclusive jornalística, baseou-se na análise das respostas ao questionário enviado a prefeitos, sindicatos, professores de Direito Constitucional e Teoria do Estado, personalidades do mundo jurídico, político e empresarial.[3]

Na conclusão geral do trabalho, acentuava o Professor Afonso Arinos:

> os propósitos do nosso Instituto (...) foram sempre, sem ceder a inclinações ideológicas, doutrinárias ou partidárias, oferecer aos Poderes do Estado, aos estudiosos do Direito Constitucional e da Ciência Política e aos diversos setores sociais interessados na restituição ao País ao pleno estado de direito, alguns subsídios representativos das expectativas nacionais relativas à indispensável e inevitável elaboração de uma nova Constituição para o Brasil (*ibid.* p. 290).

---

[2] Os resultados dessa pesquisa figuram no número especial da Revista de Ciência Política, do INDIPO, publicada em 1984, sob os auspícios do Senado Federal.

[3] Integraram a equipe, tendo à frente o próprio Professor Afonso Arinos, os seguintes pesquisadores do INDIPO: Nei Roberto da Silva Oliveira, Lídice Aparecida Pontes Maduro, Cornélio Octávio Pinheiro Pimenta e a signatária do presente texto. Dela participaram, igualmente: Carmen Valéria Soares Muniz, pesquisadora assistente, e as estagiárias: Maria do Socorro Durão e Silva, Patrícia Fernanda Toledo Rodrigues e Denise Adures da Silva Pinto.

E, arrematava:

> (...) avulta do exame da pesquisa a impressão consoladora da moderação e da objetividade com que os diversos setores consultados – em cujo conjunto sobressaem numericamente os sindicatos – externaram suas críticas e esperanças. Se se quiser fazer uma definição sucinta desta análise global, poder-se-ia afirmar que *a ausência de ideologia e a ausência de radicalismo* (sic) são os traços mais fortes que ficam no espírito do leitor (*ibid.* p. 293).

2.2. Formalização dessas expectativas

Como decorrência natural das múltiplas manifestações em prol da confecção de um novo Diploma Magno, foram elaborados vários anteprojetos de Constituição, em órbita privada. Destaquem-se: o Anteprojeto de Constituição apresentado pela Ordem dos Advogados do Brasil-Seção do Rio Grande do Sul, em 1981; o Anteprojeto de Constituição da Associação dos Magistrados Brasileiros, em 1982; o Projeto do Partido dos Trabalhadores, de autoria do Professor Fabio Konder Comparato e apresentado sob o título de Muda Brasil; o Projeto do Partido Comunista Brasileiro; *Uma Nova Organização Político-constitucional para o Brasil de Hoje* (obra coletiva editada pela Universidade Federal do Ceará, em 1982). Na órbita pública, o texto entregue ao governo pela Comissão dos Notáveis configurava um verdadeiro anteprojeto e, apesar de não ter sido oficialmente reconhecido como tal, ele o foi nas publicações especializadas.

2.3. Contexto de legitimidade democrática e de elaboração plural

As manifestações populares que caracterizaram as diversas etapas que antecederam a confecção da Constituição, bem como a participação efetiva, no processo de elaboração, de correntes partidárias e extrapartidárias de matizes ideologicamente distintos, revestiram-na de uma inegável legitimidade democrática. A ampla mobilização, fora e dentro do Parlamento, foi inédita na história constitucional do Brasil. A apresentação de 122 emendas populares, audiências públicas, grupos de pressão, acompanhamento diuturno do desenrolar dos trabalhos pelos meios de comunicação, constituíram, entre outros, elementos básicos para a adesão popular aos resultados finais do processo constituinte, apesar de não ter havido uma verdadeira Assembleia Constituinte e tampouco a submissão do Texto a um referendo popular.

3. Reflexos, Positivos e Negativos, do Processo de Feitura, no Texto Final

3.1. Na forma

As inúmeras imperfeições do Texto foram apontadas desde a primeira hora. Com efeito, ele se apresenta demasiado analítico, fruto que foi de negociações e pressões, as quais constituem o objeto de minuciosa análise empreendida pelo Professor Adriano Pilatti (2008). Note-se, porém, que outros Diplomas são igualmente extensos, como o da Índia, confeccionado em contexto difícil e tendo que dispor sobre realidade tão complexa.

Além disso, a frequente remissão, durante os trabalhos constituintes, de impasses sobre questões magnas, para a legislação infraconstitucional, bem como a constitucionalização excessiva, com a inclusão de matérias próprias da legislação infraconstitucional, como no caso de estipulação de juros ou no da previsão do direito de as presidiárias amamentarem seus filhos, tornaram-no passível de críticas, as mais veementes.

3.2. No fundo

O conteúdo do Texto, por sua vez, refletiu o descompasso entre as práticas governamentais de então e os ideais constituintes vencedores. O Presidente Sarney chegou a alertar a Nação para o risco de ingovernabilidade, caso determinados dispositivos fossem aprovados, contra o que reagiu o Deputado Ulysses Guimarães, destacando que "a governabilidade está no social. A fome, a miséria, a ignorância e a doença inassistida são ingovernáveis" (Bonavides e Andrade, 1989, p. 916-917).

Todavia, na avaliação final, preponderaram os aspectos positivos, entre os quais: a primazia conferida ao tratamento, já no pórtico da Constituição, aos direitos fundamentais (Afonso da Silva, p. 226), bem como ser o retrato das aspirações populares, na observação de Afonso Arinos (1988):

> é a face sofrida (...) [do nosso povo] (...) pela repressão, pelos levantes ideológicos, pelas ditaduras militares. Mas é também a face gloriosa do nosso povo (...). A penetração dos problemas sociais no seio das elucubrações jurídicas (...) é uma realidade do que está acontecendo no Brasil.

Em análise contemporânea, assim se manifesta o Professor Luís Roberto Barroso (2007, p. 225):

> (...) É a Constituição das nossas circunstâncias. Por vício e por virtude, seu texto final expressa uma heterogênea mistura de interesses legítimos de trabalhadores, classes econômicas e categorias funcionais, cumulados com paternalismos, reservas de mercado e privilégios corporativos. A euforia constituinte – saudável e inevitável após tantos anos de exclusão da sociedade civil – levou a uma Carta que, mais do que analítica, é prolixa e corporativa.

Registre-se, por igual, como um dos ângulos positivos, a incorporação da vanguarda do conteúdo constitucional e dos mecanismos processuais para viabilizar a sua implementação (Lyra Tavares, 1991) e que foram inseridos na nova Constituição sem descaracterizar os seus traços brasileiros. O legislador constituinte hauriu, clara e predominantemente, das fontes constitucionais portuguesas e espanholas, bem como de Convenções Internacionais.

Em termos gerais, parece-nos que é possível conferir maior peso aos reflexos positivos do contexto e da forma de feitura da nova Constituição no tocante ao que ela representou como consagração das expectativas da nossa sociedade.

4. Reflexos do Processo de Feitura na Implementação da CF de 88

Examinaremos, a seguir, dois aspectos do processo de elaboração que, em nosso entender, geraram consequências no modo pelo qual o Texto vigente vem sendo aplicado: de um lado, a preocupação de dotá-lo com instrumentos processuais aptos a permitir uma efetividade de seus dispositivos, notadamente aqueles relativos aos direitos fundamentais, visando ao exercício real da cidadania, política, sociocultural e econômica; de outro, o fortalecimento dos papéis dos poderes Executivo e Judiciário, dada a gigantesca tarefa de resolução dos impasses constitucionais deixados ao Legislativo (Ministério da Justiça, 1989).

4.1. A ativação da cidadania

A Constituição-Cidadã, como a denominou o Deputado Ulysses Guimarães, trouxe consigo uma série de mecanismos necessários à implementação dos direitos nela consagrados, na busca de superar o tradicional distanciamento, na história da normalidade democrática constitucional brasileira, entre o proclamado e o realizado. A conjugação de uma ampla mobilização popular para a feitura do texto e a inserção, em seu bojo, de tais mecanismos, aliada a um processo de conscientização crescente dos direitos do cidadão, intensificaram os reclamos judiciais e concorreram para uma ativação da cidadania, malgrado as notórias insuficiências do quadro de inclusão social. Sobre este aspecto, saliente-se a análise de Marcelo Neves quanto à insatisfação dos subintegrados e a situação dos sobreintegrados (Neves, 250).

De uma parte, pois, cresceram os movimentos de recurso aos órgãos estatais para a implementação do conteúdo constitucional, e, de outra, notou-se a dificuldade do Legislativo de agilizar a elaboração de leis complementares e ordinárias para a execução do "munus" constitucional. O efeito previsível foi o preenchimento do espaço pelos dois outros poderes, o Executivo e o Judiciário.

4.2. A atividade legislativa do Executivo

Como não se ignora, a supressão do decreto-lei era reivindicação frequente do período pré-constituinte, associado que estava aos dois períodos autoritários de nossa história constitucional republicana, o da Era Vargas e o dos governos militares pós-64. Para legislar em situações urgentes e relevantes, como é igualmente sabido, acolheu o Texto de 88 o instituto das medidas provisórias, provindo do direito italiano, como também o fora o decreto-lei. Com o espaço aberto pela lentidão da atuação peculiar ao Poder Legislativo, o Executivo passou a lançar mão, com bastante frequência, das referidas medidas, nem sempre preenchendo os requisitos da urgência e da relevância, para a sua edição. Esse procedimento, por seu turno, tem, muitas vezes, acarretado duas consequências: o bloqueio da pauta normal do Legislativo, uma vez que o exame de tais medidas é prioritário (Dantas, 2008) e o aumento significativo das ações de inconstitucionalidades perante o Judiciário.

4.3. A força dos intérpretes

Destarte, o do Judiciário, não apenas em decorrência da lentidão dos trabalhos legislativos, mas também em virtude do questionamento constante de certos atos do Executivo, bem como do crescimento das demandas dos cidadãos, estimulados pela extensa gama de instrumentos processuais acolhidos pelo novo Texto, teve o seu papel fortalecido. Observe-se que esse instrumental era, em grande parte, inspirado em outros ordenamentos jurídicos, na linha de nossa tradição de receptividade a aportes de direitos estrangeiros.

Realce-se, por outro lado, o trabalho exegético do Supremo Tribunal Federal relativamente aos princípios constitucionais visando à concreção dos direitos fundamentais e à identificação, com sólido embasamento doutrinário, de critérios para a resolução do problema de colisão de direitos (Entre outros: Siqueira Castro, 2003; Peixinho, Guerra e Nascimento Filho, 2006; Afonso da Silva, 2005).

Sem dúvida, no quadro presente, as atenções se voltam para as manifestações do que se convencionou chamar de ativismo judicial, objetivo de inúmeras pesquisas. A Emenda Constitucional nº 45, por seu turno, reforçou ainda mais a função do STF como guardião e uniformizador de jurisprudência, dotando-o de mecanismos para tal fim, como a súmula vinculante e a repercussão geral.

Nesse contexto de predominância das decisões judiciárias, vale destacar a observação de Marcelo Neves sobre a relevância da esfera pública pluralista na construção dos sentidos dos textos constitucionais e que, a seu ver, é insuficiente, no Brasil (Neves, 2006, pp. 213, 245).

5. Reflexos do Processo de Feitura na Preservação da CF de 88

O reconhecimento da importância de viabilização do Texto Constitucional, na riqueza dos dispositivos que alberga, tem inspirado estudos sobre a sua efetividade, bem como quanto à manutenção do seu perfil básico.

Constatam essas pesquisas que a inserção de inúmeros dispositivos de natureza circunstancial ensejou, por consequência, que mudadas as circunstâncias, eles fossem alterados, quando não suprimidos. Com efeito, uma análise das emendas revela que muitas decorrem de interesses conjunturais, concorrendo para uma profunda alteração da forma original do Texto.

Por ocasião de evento comemorativo da primeira década da CF88, tivemos a oportunidade de notar que aquele período, repleto de acontecimentos que poderiam, como outrora, levar a colapsos constitucionais (como o falecimento de um Presidente, o impedimento de outro, a sucessão de planos econômicos, os conflitos entre normas constitucionais estatizantes e o processo governamental de privatização), propiciou, ao contrário dar um balanço positivo quanto ao seu grau de resistência àqueles impactos. Ao final desta segunda década, a observação, pode, sem dificuldade, ser mantida.

6. Considerações Finais

Ao final dessas linhas, externamos nossa esperança de que haja o fortalecimento do respeito à Constituição, não obstante a sua vulnerabilidade. O Professor Luís Roberto Barroso (2007, p. 249) alerta para os riscos de desrespeito ao Texto Maior em vista das dificuldades de seu conhecimento, por sua extensão, pelo número de emendas, bem como pela atividade criativa dos intérpretes. Ele ressalta a necessidade de haver um equilíbrio

Entre supremacia constitucional, interpretação judicial da Constituição e processo político majoritário. As circunstâncias brasileiras, na quadra atual, reforçam o papel do Supremo Tribunal Federal, inclusive em razão da crise de legitimidade por que passam o Legislativo e o Executivo, não apenas como fenômeno conjuntural, mas como uma crônica disfunção institucional.

Desnecessário ressaltar a importância do processo educacional para o conhecimento da Constituição e para a transmissão dos valores nela consagrados. Esse conhecimento é que permitirá identificar a improcedência de teses e de posturas hermenêuticas que conflitem com direitos por ela proclamados. Assim, o inevitável processo de mutação por que passam os textos constitucionais ocorrerá sem prejuízo da manutenção do que se convencionou chamar de bloco de constitucionalidade. O que se almeja é a preservação do que dispõe o Texto Maior. Trazendo, novamente, à colação o pensamento do Professor Marcelo Neves, cabe recordar a tradicional carência de cumprimento da lei em nosso país. Como acentua o ilustre professor, não seria necessário um direito alternativo, mas uma legalidade alternativa (2006, p. 258).

Note-se, por outra parte, os riscos de manipulação política dos instrumentos de democracia direta para a modificação do Texto ou mesmo para o seu descarte. Vale salientar a importância do pluralismo dos meios de comunicação para uma transmissão confiável, completa e, na medida do possível, isenta, dos fatos que fazem a dinâmica da vida política e jurídica. No tocante ao copioso material veiculado pela Internet, desnecessário acentuar a relevância do processo educativo para o amadurecimento da capacidade de seleção e de análise daqueles que, em maioria maciça, a ela recorrem.

Concluímos esta despretensiosa colaboração, congratulando-nos com os professores coordenadores do evento por esta louvável iniciativa. Ela nos permitiu partilhar algumas reflexões que visam a valorizar a importância do respeito ao Texto de 88 pelo que ele historicamente representa e por ter ele papel fundamental para a garantia da estabilidade democrática em bases plurais.

Referências Bibliográficas

AFONSO DA SILVA, José. *Um Pouco de Direito Constitucional Comparado*. São Paulo: Malheiros Editores, 2009, p. 220.

AFONSO DA SILVA, Virgílio (org.) *Interpretação Constitucional*. São Paulo: Malheiros Editores, 2005.

BARROSO, Luís Roberto. Neoconstitucionalismo e Constitucionalização do Direito (O Triunfo Tardio do Direito Constitucional no Brasil) *in:* PEREIRA DE SOUZA NETO, Cláudio e SARMENTO, Daniel. *A Constitucionalização do Direito: Fundamentos Teóricos e Aplicações Específicas*, Lúmen Júris Editora, 2007, p. 249.

BONAVIDES, Paulo; ANDRADE, Paes. A resposta de Ulysses à fala de Sarney contra a Constituinte, Discurso de 27 de julho de 1988, *História Constitucional do Brasil*. Brasília: Editora Paz e Terra, 1989, p. 916-917.

DANTAS, Ivo. Medida Provisória: Uma manifestação de vontade imperial do Poder Executivo à luz de uma análise crítica da EC nº 32, *in:* VIEIRA, José Ribas (org.) *20 Anos da Constituição Cidadã de 1988: Efetivação ou Impasse Institucional?* Rio de Janeiro, Forense, 2008, pp. 155-174.

LYRA TAVARES, Ana Lucia de. A Constituição Brasileira de 1988: Subsídios para os Comparatistas, *Revista de Informação Legislativa*, Brasília, Senado Federal, a.28, nº 109, jan./mar. 1991.

MELO FRANCO, Afonso Arinos de. Processos Contemporâneos de Elaboração das Constituições. *Revista de Ciência Política*. Rio de Janeiro: Ed. Fundação Getúlio Vargas, vol. 27, p. 1-32, abr. 1984.

MINISTÉRIO DA JUSTIÇA. *Leis a Elaborar: Constituição de 1988*. Secretaria de Estudos e Acompanhamento Legislativo (SEAL), Brasília, 1989.

NEVES, Marcelo. *Entre Têmis e o Leviatã: Uma Relação Difícil*. São Paulo: Martins Fontes, 2006.

PEIXINHO, Manoel Messias; FRANCO GUERRA, Isabella; NASCIMENTO FILHO, Firly (orgs.) *Os Princípios da Constituição de 1988*, 2ª Edição, Rio de Janeiro: Lúmen Júris Editora, 2006.

PILATTI, Adriano. *A Constituinte de 1987-1988 – Progressistas, Conservadores, Ordem Econômica e Regras do Jogo*. Rio de Janeiro: Lúmen Juris Editora, 2008.

REVISTA DE CIÊNCIA POLÍTICA. Afonso Arinos e Warren Burger. Rio de Janeiro: Ed. Fundação Getúlio Vargas, vol. 31, nº 2, abr./jun., 1988, p. 1-8.

REVISTA DE CIÊNCIA POLÍTICA. Por uma nova Constituição: as aspirações nacionais (Relatório de Pesquisa) Rio de Janeiro, Fundação Getúlio Vargas, set./dez. 1984, p. I/IV 5-485.

SIQUEIRA CASTRO, Carlos Roberto. *A Constituição Aberta e os Direitos Fundamentais*. Rio de Janeiro: Editora Forense, 2003.

3 DESAFIOS DA EMPRESA NA CONSTITUIÇÃO DE 1988

Carla Marshall

Doutora em Direito Econômico; Profa. Adjunta de Direito Empresarial, Coordenadora do Núcleo de Pesquisa em Direito Empresarial e do Laboratório de Negócios Empresariais do Ibmec - RJ; Membro das Comissões de Direito Comercial e de Direito Administrativo do IAB.

Sumário

1. Abordagem Geral. 2. Princípios Econômicos Traçados na CRF/88. 3. Atuação do Estado na Economia. 4. Considerações Finais. Referências Bibliográficas.

1. Abordagem Geral

Na Constituição de 1988 foram impostos inúmeros desafios, tanto para o Estado como para a empresa. Dentre os desafios a indicação de segmentos a serem explorados pela iniciativa privada e a consequente retirada do Estado como agente econômico, na condição de protagonista do desenvolvimento econômico.

Inarredável o fato de que não condizia com o momento então vivido pelo Brasil a retirada total do Estado da economia, nem a sua atuação de forma irrestrita, quer como monopolista e empresário. Considerou o legislador constituinte que o Estado deveria agir ora como subsidiário – Art. 173, ora como agente regulador e normativo – Art. 174, ora, ainda, atuando diretamente ou sob regime de concessão ou permissão – Art. 175.

Na verdade, os maiores desafios foram para a iniciativa privada que vê descortinar à sua frente um mercado dotado de regras, com vistas à captação de investimentos internacionais. Nesta perspectiva, importante papel desempenhou o governo no controle da inflação e na abertura do mercado, o que fez com que houvesse a ampliação do espaço negocial brasileiro.

Inegavelmente o empresariado nacional sofreu fortes pressões para se adaptar a essa nova realidade, tendo que, ao final, se render à busca por novas tecnologias e investimento pesado em inovação e ao implemento de processos de qualidade, com vistas a se tornar mais competitivo interna e internacionalmente.

O Estado brasileiro passou a atuar como agente indutor do desenvolvimento estabelecendo as bases para a economia e para o mercado. Diante deste quadro impõe-se, ainda que breve, uma análise dos postulados da Constituição Econômica da Carta de 1988.

2. Princípios Econômicos Traçados na CRFB/88

Os princípios econômicos inseridos no Art. 170 já representavam, por si sós, grande avanço, contudo a nova feição constitucional da EC 19/98 veio consolidar um novo campo de atuação tanto para o Estado como para os entes da iniciativa privada.

Não se pode dizer que a base econômica da CRFB tenha sido prematura, na verdade, os demais países capitalistas desenvolvidos e, até mesmo, os em desenvolvimento já haviam alterado os seus padrões econômicos. Na verdade, a Carta de 1988 nada mais fez do que desafiar os empresários – pessoas físicas e as sociedades empresárias – pessoas jurídicas a redimensionarem suas participações no mercado bem como sua forma de atuação.

> "Os princípios econômicos e sociais contidos no texto constitucional de 1988 são os fundamentos que norteiam e deverão nortear o conteúdo das normas que virão complementar e implementar aquilo que foi por eles traçado. Na verdade, os princípios representam o espírito do ordenamento jurídico que virá para complementar a carta constitucional."

A CRFB de 1988 inovou por vários motivos: o primeiro, que deu campo próprio à Ordem Social distintamente da Ordem Econômica e, o segundo, ao incluir a Ordem Financeira na Ordem Econômica. Tais inovações serviram para demonstrar a racionalidade da expressão contida nos textos e que só merece elogios.

O legislador constituinte da atual Carta inseriu no título "Da Ordem Econômica e Financeira" o capítulo referente aos "Princípios Gerais da Atividade Econômica". Todavia, ao indicar tais princípios, o fez tendo como fundamentos a valorização do trabalho humano e a livre iniciativa, visando a assegurar a todos existência digna, de acordo com os ditames da justiça social.

Inegavelmente, os fundamentos indicativos podem ser considerados as bases econômicas que nortearão a concretização dos princípios balizadores da ordem econômica.

É indiscutível o fato de que o fundamento da livre iniciativa, especialmente, é a tônica do Estado, pois, a partir da liberdade – não aquela absoluta, preconizada pelo Estado liberal, mas a identificada como expressão da possibilidade de escolha entre as diversas alternativas colocadas à disposição do particular no mercado –, terá o indivíduo um amplo espectro de opções de atividades econômicas para o alcance de sua valorização pessoal, inserido que se encontra na sociedade.

Tal pontificado nos leva a admitir que o constituinte considerou a assunção do sistema capitalista privado, que vem temperar a interferência estatal na órbita privada.

Segundo Sara Leite de Farias[1] "na atualidade fala-se em liberdade de iniciativa moldada e limitada pela intervenção em nome do interesse público e social". Donde se percebe que, a par de não ser liberdade absoluta de iniciativa, há, também, limites impostos à atuação do Estado, devendo o cerne de tal atuação estar em sintonia com os interesses públicos e sociais.

De acordo com Gastão Alves de Toledo:[2]

> O significado do princípio da livre iniciativa, inserido no *caput* do art. 170 (bem assim em relação aos desdobramentos que o mesmo propicia), não deve destoar de outras situações previstas na norma fundamental. Uma interpretação que nos levasse a conclusões diferenciadas da que ora se propõe seria incompatível com o princípio da harmonia, tendo em vista ainda os demais preceitos que informam a ordem econômica e financeira, e seu amplo espectro de ramificações.

Por óbvio, com vistas à manutenção do sistema do ordenamento jurídico, não seria possível consideração diversa, menos ainda no que concerne aos princípios da atividade econômica.

O Art. 170 do texto constitucional atual traça os Princípios Gerais da Atividade Econômica. Cada um deles merece comentários individuais muito embora alguns possam demonstrar certa interseção entre si, serão abordados os que estão mais intimamente ligados ao objeto do presente artigo.

Ressalte-se que há fundamentos traçados no próprio Art. 170 e que se constituem na valorização do trabalho humano e na livre iniciativa, mas que não são propriamente princípios e sim a base do sistema.

O princípio da propriedade privada vem limitar a propriedade plena, na medida em que a individualiza. O constituinte já havia garantido o direito de propriedade no Art. 5º, inc. XXII, ao tratar dos direitos e deveres individuais e coletivos.

---

[1] FARIAS, Sara Jane Leite de. *Evolução histórica dos princípios econômicos da Constituição*. *In:* SOUTO, Marcos Juruena Villela; MARSHALL, Carla C. (Coord.). *Direito empresarial público*. Rio de Janeiro: Lúmen Júris, 2002, v. 1, p. 115.

[2] TOLEDO, Gastão Alves de. *O Direito Constitucional Econômico e sua Eficácia*. Rio de Janeiro: Renovar, 2004, p. 177.

A propriedade privada é elemento consectário do regime capitalista, em que a produção é determinada por aquele que detém o poder de realizá-la e dela desfrutar como melhor lhe aprouver.

São muitas as diferenças existentes entre o regime capitalista e o socialista: quanto à produção, naquele destina-se à determinação do dono do poder econômico, e neste a produção se faz para todos, ou melhor, para que todos possam dela usufruir.

O princípio da propriedade privada, pode-se dizer, vem limitar e impor barreiras ao livre direito de propriedade; deverá ser reconhecido um fundo social em benefício de toda a sociedade.

Este princípio passou a integrar as nossas Cartas desde a Constituição de 1934. Na verdade, direciona-se contra o liberalismo, na medida em que cerceia a liberdade de propriedade e a sua utilização do modo que seu dono estabelecer.

O princípio da livre concorrência representa a adoção do regime da economia de mercado e demonstra a preocupação do constituinte com a questão mercadológica e de consumo, uma vez que os reflexos da desobediência ao mesmo terão conotações que implicam as relações de consumo e o poder de escolha do consumidor no momento de adquirir um bem ou serviço.

É óbvio que o princípio da livre concorrência traz implícito o outro lado da moeda, que consiste no fato de haver o abuso do poder econômico e, com isso, gerar um desequilíbrio, que poderia ser evitado, no mercado.

O princípio da livre concorrência embute também as leis de mercado, nas quais se deve garantir a entrada de empresas no mercado e a sua permanência no mesmo, mas de forma natural, ou seja, a partir da ausência de práticas desleais, que visam a expelir ou mesmo não deixar penetrar no mercado concorrentes reais ou potenciais.

Na verdade, este princípio vai interferir em outras questões, tais como: a prática do cartel, do monopólio e outras tantas que poderão levar o mercado de uma posição saudável à sua própria destruição.

A Lei nº 8.884/94 consiste na concretização e complementação legal deste princípio maior. Este princípio é fundante do Direito Econômico e gera uma série de discussões que terão por base as políticas públicas a serem adotadas pelo governo.

O princípio da defesa do consumidor, por sua vez, foi motivo de grande preocupação do constituinte, pois já havia mencionado o consumidor em outro momento, ou seja, no Art. 5º, XXXII, ao estabelecer para o Estado a promoção da defesa do consumidor em lei própria – Lei nº 8.078/90 – que passou a ser denominada Código de Defesa do Consumidor.

A sistemática do mercado foi profundamente alterada com o advento deste Código. O CDC é típico elemento jurídico de vanguarda, no qual estão expressas condutas, talvez jamais aventadas pelo próprio consumidor nacional, já que, até então, não havia uma cultura do consumo. Atualmente, pode-se dizer que se transmutou, irremediavelmente, de princípio para constituir-se em realidade.

Tanto o princípio de defesa do consumidor quanto o da defesa do meio ambiente vêm expressar a preocupação do constituinte com a vulnerabilidade destes dois elementos, pois só é defendido quem está desprotegido.

Há também outro aspecto que diz respeito à limitação do direito de propriedade, que irá esbarrar no interesse coletivo e difuso do meio ambiente.

Com a abertura dos mercados, os produtos tendem a baratear, ou seja, as indústrias, a cada minuto, inventam técnicas de produção com a finalidade de reduzir custos e colocar seus produtos no mercado a preços realmente competitivos e, assim, ocupar o devido espaço.

Desta forma, percebe-se claramente a indispensabilidade de abrir-se o leque de opções do empregado, ou seja, qualificá-lo de acordo com as exigências do mercado, o que equivale a dizer em consonância com a realidade econômica.

O princípio do tratamento favorecido para as empresas de pequeno porte está intimamente ligado ao princípio do pleno emprego. Ademais, o fomento às empresas de pequeno porte conduz à geração de empregos e ao desenvolvimento econômico. Daí advém a necessidade de alargar-se o rol produtor do mercado, conduzindo a novas alternativas.

Originariamente, a redação dada a esse inciso consistia em: "IX – tratamento favorecido para as empresas brasileiras de capital nacional de pequeno porte".

Com o advento da Emenda Constitucional nº 6, promulgada em 15/8/95, houve alteração na redação deste inciso, identificando as empresas de pequeno porte constituídas sob as leis brasileiras e que tenham sua sede e administração no país e não somente aquelas de capital nacional.

Este inciso, por sua vez, está intimamente ligado à previsão contida no Art. 179, que o complementa:

> Art. 179 – A União, os Estados, o Distrito Federal e os Municípios dispensarão às microempresas e às empresas de pequeno porte, assim definidas em lei, tratamento jurídico diferenciado, visando a incentivá-las pela simplificação de suas obrigações administrativas, tributárias, previdenciárias e creditícias, ou pela eliminação ou redução destas por meio de lei.

Não se fala em favorecimento desmedido de um determinado setor em detrimento dos demais, nem de políticas protecionistas que gerem desequilíbrio no mercado, mas da adoção de políticas que sejam geradoras de desenvolvimento econômico. Desempenha o Estado, dentro deste sistema, um papel marcante e definitivo, pois é ele que irá, após ouvir os segmentos produtivos da economia, conduzir e determinar as políticas públicas a serem adotadas.

Feitas estas considerações, importante adentrar-se na forma ou formas de atuação estatal no panorama do mercado.

3. Atuação do Estado na Economia

Em uma economia de mercado inserida em um contexto de cunho capitalista, o desenvolvimento econômico é a meta e, para que a mesma seja atingida, é imprescindível a implementação de alternativas de fomento pelo Estado, entendendo-se fomento como forma de incentivo estatal às atividades da iniciativa privada, que visam ao desenvolvimento do país.

A atuação do Estado no domínio econômico vem sendo a tônica das civilizações, a partir dos diversos regimes adotados pelos governos. Na verdade, a atuação do Estado é fator determinante nas políticas públicas implementadas, uma vez que dele partirá o modelo que deverá reger as relações econômicas na sociedade.

No caso brasileiro, o texto que consolida e legitima a ação do Estado atuando na economia, consiste na carta constitucional. O texto constitucional vigente prevê a intervenção/atuação do Estado no domínio econômico nacional por intermédio do planejamento, do fomento e do poder de polícia.

Como já apontado anteriormente, há limites impostos à atuação do Estado na ordem econômica e tais restrições estão consagradas na parte da Carta Política denominada Constituição Econômica, que se encontra insculpida a partir do Art. 170.

Assim sendo, dispõe o texto constitucional em seus Art. 173 e 174 que a atuação do Estado na economia divide-se em duas formas: a exploração direta da atividade econômica e a indireta. A direta diz respeito à atuação do Estado como agente econômico, agindo sob a forma de empresas, chamadas públicas, e sociedades de economia mista. Quanto à atuação do Estado, esta se faz, indiretamente, por intermédio da fiscalização, do incentivo ou do planejamento.

O fator histórico determinante da intervenção é de grande relevo para o entendimento do grau de envolvimento entre a livre iniciativa e o desenvolvimento econômico almejado, tendo em vista as diversas etapas de cunho econômico experimentadas pela sociedade, nos vários períodos históricos até os dias de hoje.

Sabendo-se que a função interventora estatal não está adstrita somente ao fomento mas, também, ao planejamento econômico e ao poder de fiscalização e imposição de sanções por parte do Estado, os mesmos serão referendados a seguir, no sentido de ilustrar a questão.

3.1. Modelos de Intervenção na Carta de 1988

Preliminarmente, é de destacar que os modelos de intervenção aqui listados podem e devem ser entendidos, em consonância com a atuação observada pelo Estado.

Legitimam-se as políticas econômicas, na qualidade de intervenção estatal na economia. Na verdade, admite-se a interferência do Estado no domínio econômico, por intermédio de atos que visam especificamente a proteção do todo em oposição ao benefício de alguns.

Diversos são os critérios que estabelecem a compreensão das modalidades de intervenção do Estado no domínio econômico. Serão elencados os de maior destaque e que irão contribuir para se delinear sua aplicabilidade.

Segundo Hely Lopes Meirelles,[3] com a intervenção:

> Na ordem econômica, o Estado atua para coibir os excessos da iniciativa privada e evitar que desatenda às suas finalidades, ou para realizar o desenvolvimento nacional e a justiça social, fazendo-o através da repressão ao abuso do poder econômico, do controle dos mercados e do tabelamento de preços.

As finalidades e justificativas para a intervenção são de natureza bastante nobre e não são feitas de modo arbitrário, muito pelo contrário; deverá existir o respeito a postulados mínimos, que evidenciem a observância aos direitos individuais e, também, ao interesse coletivo.

Com efeito, pode-se afirmar que a intervenção estatal na economia pode implicar limitação à atividade privada. Todavia, quando isso ocorrer, o Estado deve respeitar os direitos da sociedade, observando o interesse coletivo.

O instituto da intervenção, de modo geral, tem natureza de excepcionalidade e, exatamente em função disso, permite a atuação do Estado em certas circunstâncias de natureza conjuntural, agindo no sentido de proceder às reformas estruturais. Tal atuação estatal é de cunho político, daí a adoção de uma determinada política econômica, baseada em preceito cuja ideologia será por ele definida, visando incentivar determinado setor produtivo e/ou combater o abuso econômico, onde o mesmo se instaure.

Segundo Washington Peluso,[4] o conceito de intervenção está ligado a "fato político, enquanto traduz decisão do Poder Econômico pelo campo a que se aplica". A intervenção, portanto, como atuação estatal autorizada constitucionalmente, permitirá a interferência do Estado na órbita econômica dos agentes sociais e econômicos.

De acordo com os ensinamentos do Prof. Diogo de Figueiredo Moreira Neto:[5]

> A intervenção do Estado na ordem econômica é uma das cinco atividades administrativas finalísticas referidas nas modernas classificações (Poder de Polícia, Serviços Públicos, Ordenamento

---

[3] *Direito Administrativo Brasileiro*, São Paulo: RT, p. 42.
[4] SOUZA, Washington Peluso Albino de. *Primeiras Linhas de Direito Econômico*. São Paulo: RT, 1994, p. 4.
[5] *Direito de Participação Política*. Rio de Janeiro: Renovar, 1992.

Econômico, Ordenamento Social e Fomento), e atua com caráter disciplinativo, no campo da economia, isto é, alterando os relacionamentos espontâneos dos fenômenos de produção, transformação, circulação, distribuição e consumo das riquezas, para sujeitá-los a uma ordem que se presume mais justa ou mais eficiente.

A alteração dos relacionamentos espontâneos apontados pelo citado doutrinador diz respeito à condução e fiscalização pelo Estado das condutas havidas no seio das relações de agentes econômicos privados, cuja finalidade última é a adoção de políticas comprometidas com o interesse coletivo, com o equilíbrio das relações e, por que não dizer, com o desenvolvimento.

Na Constituição de 1967, a tônica da intervenção do Estado na economia teve como pano de fundo o desenvolvimento econômico[6]. Desta forma, ao Estado era atribuída a função de promoção do aludido desenvolvimento, e com fulcro neste fato poderia ele interferir na órbita privada. Ocorre que tal desenvolvimento econômico seria feito não através da atuação do Estado como agente regulador, fiscalizador e incentivador, mas como verdadeiro agente econômico; esta, a modalidade de intervenção direta na órbita econômica.

Obviamente, com o advento da Emenda Constitucional de 1969, o desenvolvimento econômico deu lugar ao desenvolvimento nacional, cabendo ao Estado impulsioná-lo com a adoção da chamada política desenvolvimentista,[7] que fez com que o Estado estivesse presente em setores que não lhe diziam respeito e nos quais já havia demonstrado ineficiência para gerir. Atualmente, percebe-se, no mundo todo, o enxugamento do Estado, diminuindo sua atuação direta através da

---

[6] Por não se estar elaborando uma tese de conteúdo especificamente econômico, não haverá aprofundamento e debate das diversas correntes acerca da nomenclatura desenvolvimento econômico. Ressalte-se, entretanto, que o tema destacou-se apenas no século XX, muito embora a relevância do crescimento econômico tenha se dado anteriormente na Europa. As teorias econômicas da atualidade aceitam, em sua maioria, os postulados elaborados por autores de tendência neoclássica, que consistem em medidas indispensáveis à realização do desenvolvimento econômico. Os aludidos postulados dizem respeito às estratégias de crescimento econômico, que são: incremento da taxa de poupança interna, aporte de capital estrangeiro e aumento das exportações. Desenvolvimento não quer dizer dimensão da economia. Os fatores do crescimento têm condições necessárias para o desenvolvimento. Tais condições serão alcançadas quando se vincularem à melhoria do nível de vida da população e à estabilidade econômica e política do Estado.

[7] SOUZA, Nali de Jesus de. *Desenvolvimento Econômico*. 3ª ed. São Paulo: Atlas, 1997, p. 215-235.

privatização, em busca de maior eficiência para o mercado e comprometimento, na mesma medida, com a atuação da iniciativa privada, que alcança novo patamar econômico.

Com o intuito de afastar o Estado de setores que não têm afinidade com as funções para as quais foi criado, o constituinte nacional apontou seu novo papel, não mais agindo diretamente, mas como idealizador, condutor e fiscalizador das políticas econômicas.

Segundo nos ensina o Prof. Eros Roberto Grau:[8] "no desempenho do seu novo papel, o Estado, ao atuar como agente de implementação de políticas públicas, enriquece suas funções de integração, de modernização e de legitimação capitalista".

Com a promulgação do texto constitucional em vigor, há a definição clara de atuação do Estado, no Art. 173 *caput*: "Ressalvados os casos previstos nesta Constituição, a exploração direta de atividade econômica pelo Estado só será permitida quando necessária aos imperativos da segurança nacional ou a relevante interesse coletivo, conforme definidos em Lei".

O constituinte veio evidenciar a dispensabilidade de atuação do Estado de modo direto na economia, só o fazendo quando autorizado por lei e, mesmo assim, desde que presentes os requisitos de imperatividade da segurança nacional, ou desde que relevantes para o interesse coletivo.

Elencar como requisitos necessários à atuação direta do Estado na economia, a segurança nacional e o relevante interesse coletivo, causa certa perplexidade. Embora possa coincidir com a boa intenção do constituinte, a primeira expressão já trouxe à sociedade brasileira inúmeros momentos de desconforto, pois se encontrava presente no modelo autoritário de Estado traçado na Carta de 1967, com a Emenda de 1969.

Desta forma, a doutrina de segurança nacional teve o seu momento e as justificativas de sua existência, mas que não se coadunam com uma Carta eminentemente democrática como é a Constituição de 1988. Por sua vez, o relevante interesse coletivo, embora seja bastante nobre, consiste em conceito jurídico indeterminado, tanto quanto o anterior, neste novo ambiente, de significado subjetivo.

---

[8] *A Ordem Econômica na Constituição de 1988*. São Paulo: Malheiros, 1997. p. 28.

Crê-se que tal autorização deveria ter sido mais bem elaborada pelo legislador constituinte que talvez tenha querido flexibilizar as condições de intervenção, mas que, ao mesmo tempo, deixou um amplo flanco para possíveis arbitrariedades. Cabe apenas o apelo ao legislador ordinário de maior reflexão na utilização de alternativas interventivas no panorama econômico nacional.

Resta ao Estado atuar de forma indireta na economia, o que já pode ser considerado suficiente, tendo em vista o panorama econômico mundial e a crise de investimentos e financiamentos do Estado brasileiro. Ressalte-se, todavia, que esta dificuldade não se encontra localizada exclusivamente no Brasil, mas faz parte de um contexto imensamente mais amplo e que atinge países ditos, contemporaneamente, periféricos ou em desenvolvimento.

O Professor Alberto Venâncio Filho,[9] por sua vez, adota a classificação de Chenot, que divide a atuação do Estado em dois grandes setores: regulamentar e institucional. No primeiro caso, está presente a interferência do Estado na economia de forma pontual, ou seja, em determinados setores e em certas circunstâncias; no segundo caso, o Estado age de forma direta, desempenhando o papel de agente econômico.

De modo geral, pode-se dizer que a intervenção estatal na economia pode ser feita de forma disciplinadora, coibindo práticas desleais, de fomento e de intervenção direta, como é o caso do monopólio e de sua atuação como Estado-empresário. No modelo de atuação direta, sob o formato de agente econômico o Estado assume a função de empresário, quer de um determinado segmento, quer de um setor produtivo.

O Decreto-lei nº 200/67, também conhecido como Reforma Administrativa, foi o diploma legal que estabeleceu o modelo de administração descentralizada, dividindo a Administração Pública em dois grandes grupos, quais sejam: a Direta e a Indireta. Apesar de, a princípio, parecer uma incoerência o Estado assumir a intervenção sob o modelo direto, ele o faz por intermédio da Administração Pública Indireta, cujos agentes de atuação serão a empresa pública e a sociedade de economia mista, muito embora ainda haja outros componentes deste modelo de Administração consistentes nas autarquias e nas fundações públicas.

---

[9] *A Intervenção do Estado no Domínio Econômico*. Rio de Janeiro: Fundação Getulio Vargas, 1968, p. 27.

O Art. 5º do aludido diploma legal aponta as características de todos os componentes da Administração Pública Indireta, mas só interessam aqui as empresas públicas e as sociedades de economia mista.

No primeiro caso, aponta o legislador ordinário para

> a entidade dotada de personalidade jurídica de direito privado, com patrimônio próprio e capital exclusivo da União, criada por lei para a exploração de atividade econômica que o governo seja levado a exercer por força de contingência ou de conveniência administrativa, podendo revestir-se de qualquer das formas admitidas em direito.

Portanto, segundo indica o artigo, apesar do capital ser exclusivo da União, sua natureza jurídica é de direito privado, ou seja, equipara-se a uma empresa.

No segundo caso, ou seja, sociedade de economia mista, dispõe o Art. 5º, do Decreto-lei nº 200, que consiste na:

> Entidade dotada de personalidade jurídica de direito privado, criada por lei para a exploração de atividade econômica, sob a forma de sociedade anônima, cujas ações com direito a voto pertençam em sua maioria à União ou a entidade da Administração Indireta.

Portanto, o controle acionário fica retido nas mãos da União e, ainda, trata-se de uma empresa, pois sua natureza jurídica é de direito privado.

Em ambos os casos a finalidade poderá ser a de prestar serviço público ou explorar atividade econômica.[10]

É importante destacar que a atuação do Estado na qualidade de empresário se deu em função da política, anteriormente apontada, como desenvolvimentista, pois sendo o Brasil um país tradicionalmente primário-exportador e querendo alterar sua condição para industrializado, carece de investimentos, de certo modo, ausentes no setor privado.

---

[10] Como muito bem destaca o Prof. Marcos Juruena Villela Souto, "a única exceção, cuja constitucionalidade alguns autores discutem, ficou por conta de que tais companhias não estão sujeitas a falência, mas os seus bens são penhoráveis e executáveis, e a pessoa jurídica que a controla responde, subsidiariamente, pelas suas obrigações". *Desestatização – Privatização, Concessões, Permissões, Terceirização e Regulação*. Rio de Janeiro: Lúmen Júris, 2001, p. 37.

Sendo assim, o Estado brasileiro assumiu esta condição exatamente para alçar novos horizontes. Não cabe aqui apontar as falhas ou acertos de tal política. Na verdade, estava-se diante de uma fatalidade: ou o Estado tomava as rédeas ou não iríamos nos desenvolver neste sentido. Obviamente, o modelo assumiu proporções apontadas, por muitos estudiosos nacionais, tais como Roberto Campos, como a "era de dinossauros", no sentido de empresas estatais gigantescas e inchadas.

Essas empresas são, dentre outras, objeto do Programa de Desestatização, por intermédio de diversos instrumentos, como, por exemplo, a privatização decorrente de alienação de participação ou controle acionário.[11]

No texto constitucional vigente encontram-se dispostas as condições de atuação das empresas estatais nos § § 1º, 2º, 3º e 5º do Art. 173.

Por sua vez, a intervenção indireta do Estado coincide com sua atuação de apontar políticas econômicas, cujos objetivos serão alcançados, por intermédio da adoção de medidas de natureza econômica. João Bosco Leopoldino da Fonseca[12] aponta em quais áreas as aludidas medidas deverão ser implementadas, ao afirmar:

> É evidente que nenhum governo tem condição de adotar simultaneamente e na mesma medida essas quatro políticas fundamentais a que os economistas denominam de "quadrado mágico" (crescimento, pleno emprego, estabilidade de preços e equilíbrio exterior), por isso as necessidades conjunturais é que determinarão o privilegiamento de uma ou outra dentre elas.

Desta forma, torna-se imprescindível a adoção de um planejamento econômico que poderá conduzir, de modo racional e coerente, à consecução da política adotada. No dizer do Prof. Marcos Juruena Villela Souto,[13] "o planejamento econômico é uma função regular do Estado contemporâneo (...) pode-se conceituá-lo como uma técnica social para a racionalização das escolhas públicas". Portanto, sem um planejamento comprometido com os aspectos sociais não se alcançarão os objetivos desejados.

---

[11] Ver mais profundamente sobre privatização em SOUTO, Marcos Juruena Villela, op. cit., p. 35 e ss.

[12] FONSECA, João Bosco Leopoldino da. *Direito Econômico*. Rio de Janeiro: Forense, 1995, p. 202.

[13] Op. cit., p. 1.

Pode o Estado, também, atuar de forma indireta, quando se vale da cooperação de entes da iniciativa privada, através do regime de concessão e permissão, sempre por licitação, na prestação de serviços públicos; é o que dispõe o Art. 175, *caput*, da CRFB/88.

O Art. 174, *caput*, do texto constitucional, por sua vez, estabelece ações para o Estado, na medida em que o compromete com a missão de assumir o papel de agente normativo e regulador da atividade econômica e, nestas condições, com as funções de fiscalização, incentivo e planejamento.

Imprescindível para a percepção desta forma de atuação do Estado é a conceituação do que consiste, para o Estado, atuar como agente normativo e como agente regulador da atividade econômica.

Segundo Paulo Henrique Roque Scott,[14]

> O papel de agente normativo, a princípio, seria aquele que estabelece ao seu destinatário uma ação específica, a ação de normatizar, consubstanciada na tarefa de estender a uma situação, encaminhamento ou solução a qualidade de norma, norma jurídica.

A atuação como agente normativo, na órbita econômica, portanto, mune o Estado de condições de desempenhar uma de suas funções básicas, a competência legislativa para expedir normas de conteúdo econômico. Ocorre que não se trata somente de atribuir ao Estado papel de agente normativo, mas também de agente regulador. Quanto a esta outra forma de atuação do Estado, foi-se buscar o auxílio de alguns doutrinadores que têm se dedicado mais profundamente à sua percepção.

Calixto Salomão Filho[15] informa:

> O Estado está ordenando ou regulando a atividade econômica tanto quando concede ao particular a prestação de serviços públicos e regula sua utilização – impondo preços, quantidade produzida etc. – como quando edita regras no exercício do poder de polícia administrativo. É, assim, incorreto formular uma teoria que não analise ou abarque ambas as formas de regulação.

---

[14] *Direito Constitucional Econômico. Estado e Normalização da Economia*. Porto Alegre: Sergio Antonio Fabris, 2000, p. 105.

[15] *Regulação da Atividade Econômica (Princípios e Fundamentos Jurídicos)*. São Paulo: Malheiros, 2001, p. 13.

A regulação consiste em um instituto que não é próprio da doutrina clássica, mas que foi inserida na Carta Magna em vigor, tendo em vista a demonstração da necessidade de abertura do mercado interno, do ambiente competitivo, da ausência de condições do Estado em continuar atuando em setores para os quais não possuía vocação, tudo isso sem perder de vista a indispensabilidade de agir por intermédio de seu poder de polícia, não somente com efeitos repressivos, mas, principalmente, a partir de sua atuação preventiva, por meio do Conselho Administrativo de Defesa Econômica (CADE), autarquia vinculada ao Ministério da Justiça, da Secretaria de Direito Econômico (SDE) e da Secretaria do Ministério da Justiça.

Esta última possui, dentre outras, a missão de monitorar o mercado e, mais recentemente, das Agências Reguladoras, autarquias independentes. Estas últimas, muito embora não tenham um histórico nacional, têm sido bastante utilizadas aqui no Brasil, e cujas missões consistem em regular, fiscalizar e controlar os setores sob a sua orientação, sem olvidar a perseguição de políticas econômicas definidas pelo Governo.

Embora o Brasil possua uma forte tendência de contornos liberais, este modelo já se esgotou e demonstrou a urgência da presença do Estado na atividade econômica, quer direta, quer indiretamente, e as Agências Reguladoras vêm atuar nesta segunda hipótese. É oportuno identificar que, anteriormente à sua existência, mesmo após o advento da Constituição de 1988, havia este gênero de atuação, que se fazia, como já apontado, por exemplo, através do CADE. É preciso situar a criação das Agências Reguladoras no Brasil e, para tanto, ressaltam-se os ensinamentos de Conrado Hübner Mendes:[16]

A criação de agências, porém, não ocorreu de forma aleatória. Insere-se – necessário recordar – num contexto histórico que alia alguns traços básicos: crise absoluta e depauperamento do modelo de Estado interventor, prestador de serviços; início de um processo de desestatização, conferindo a agentes econômicos particulares o direito de prestar serviços públicos, por meio de ato delegatório, até então prestados tão somente por empresas estatais; necessidade de se conferir segurança e independência aos investimentos estrangeiros.

---

[16] *Reforma do Estado e agências reguladoras: estabelecendo os parâmetros de discussão*. In: SUNDFELD, Carlos Ari (org.) Direito Administrativo Econômico. São Paulo: Malheiros, 2001, p. 123.

O que se demonstra neste quadro é a própria crise e esgotamento do Estado, crise de financiamento, pois não possuía mais condições de investir, daí a necessidade de transferência à iniciativa privada de algumas de suas atribuições, atribuições estas que não desempenhava a contento, fazendo com que o usuário ficasse excluído da prestação de serviço e fosse desatendido em suas necessidades básicas.

Segundo Marcos Juruena:[17]

> a regulação só passou a ser atribuída a entidades independentes a partir de 1997, com a criação das agências de regulação nos setores de energia, petróleo e telecomunicações; este setor, aliás, o único que teve previsão constitucional da existência de um órgão regulador (EC nº 8, de 15/8/1995, que deu nova redação ao Art. 21, XI, da Constituição Federal, flexibilizando o monopólio das telecomunicações).

Desta forma, demonstra-se que a regulação vem a ser um instituto bastante recente em nossa cultura. As Agências surgiram em um ambiente competitivo, sob o ponto de vista econômico. Não será aqui traçado um perfil das Agências, tal missão será desenvolvida no próximo capítulo.

O fomento público é mais uma das formas de intervenção do Estado no domínio econômico e segundo o Prof. Diogo de Figueiredo[18] consiste na:

> Atividade administrativa através da qual o Estado ou seus delegados estimulam ou incentivam a iniciativa dos administrados ou de outras entidades, públicas e privadas, para que desempenhem ou estimulem, por seu turno, atividades que a lei considere de interesse para o desenvolvimento integral e harmonioso da sociedade.

Deste modo, o fomento, como forma de atuação estatal, visa estimular e incentivar determinadas atividades, com o intuito de gerar desenvolvimento. Neste mesmo sentido aponta Marcos Juruena,[19] ao afirmar que:

---

[17] Op. cit., p. 42.
[18] Op. cit., p. 267.
[19] *Aspectos Jurídicos do Planejamento Econômico*. Rio de Janeiro: Lúmen Júris, 2000, p. 9.

Sabe-se (...) que o Estado está legitimado para intervir na atividade econômica e o faz, segundo a Constituição, através do planejamento (identificando setores e regiões para os quais serão carreados recursos e atividades estatais, com previsão nas leis orçamentárias), do fomento (incentivo estatal a atividades privadas voltadas para o desenvolvimento nacional) e do poder de polícia (fiscalização e sanção), além da criação de empresas estatais, em caso de relevante interesse coletivo e segurança nacional.

Esta modalidade, portanto, visa à condução do país ao desenvolvimento, adotando-se, neste sentido, políticas públicas de incentivo aos agentes econômicos e a determinados setores que carecem de ajuda.

O agente econômico privado que deverá merecer maior estímulo constitui-se na empresa. Tal agente recebeu do legislador constituinte papel de destaque, bem como proteção, obviamente dentro de opções feitas, como é o caso da empresa de pequeno porte, prevista no Art. 179, a qual deve ser "incentivada pela simplificação de suas obrigações administrativas, tributárias, previdenciárias e creditícias, ou pela eliminação ou redução destas por meio de lei".[20]

Na busca do desenvolvimento econômico, o Estado deverá adotar política econômica condizente com este fim, tendo como objetivo a ser alcançado o crescimento sustentado, o pleno emprego, estabilidade de preços e condições gerais, e equilíbrio da balança de pagamentos.

A definição de política econômica pode ser entendida como diz Peluso:[21] "o conjunto de medidas de natureza econômica destinado a atingir um determinado objetivo, quando este se apresenta como sendo o 'desenvolvimento'".

A política fiscal é uma das temáticas que merecem destaque na condução do desenvolvimento econômico. O Estado utiliza-se de tributos, ordenando as receitas e despesas, com o intuito de alcançar o tão almejado desenvolvimento, através de investimentos em infraestrutura e outras atividades afins, bem como adotando incentivos fiscais no mesmo sentido.

---

[20] Outras opções feitas pelo constituinte são: a forma cooperativa ou associativa empresarial, prevista no texto do Art. 174, § 2º: "a lei apoiará e estimulará o cooperativismo e outras formas de associativismo"; e ainda, no § 3º do mesmo artigo a previsão de estímulo à "organização da atividade garimpeira em cooperativas, levando em conta a proteção ao meio ambiente e a promoção econômico-social dos garimpeiros".

[21] *Primeiras Linhas de Direito Econômico*, p. 330.

Retornando ao fomento, vale ressaltar sua utilização como sinônimo de favorecimento, estímulo, facilitação, incitação, apoio ou promoção do desenvolvimento. No entanto, difere-se incentivo fiscal de incentivo financeiro, como demonstra o Prof. Ricardo Lobo Torres:[22]

> Os incentivos concedidos pelo Estado ou são financeiros, em sentido estrito, por atuarem na vertente da despesa pública, ou são fiscais, por se agregarem aos tributos no lado da receita pública. Entre os incentivos financeiros propriamente ditos estão as restituições, as subvenções e os subsídios; entre os incentivos fiscais – as isenções, as reduções de base de cálculo, as deduções e os créditos fiscais.

Não é nossa intenção dissecar cada um dos elementos que compõem o universo dos incentivos, mas, tão somente, demonstrar que os mesmos são necessários à condução de políticas a serem implementadas.

Na verdade, serão estimulados determinados segmentos produtivos da sociedade com base na política econômica adotada, condizente com o modelo traçado como diretriz condutora no texto constitucional, conforme os ditames do desenvolvimento econômico, cabendo aos órgãos do Governo utilizar a modalidade que melhor convier ao caso, como se dá, por exemplo, com o Estatuto da Microempresa – Lei nº 9.841/99, que veio incentivar a proliferação de microempresas, bem como a Lei nº 9.317/96, que estabeleceu o chamado SIMPLES, que veio facilitar a administração contábil e operacional das microempresas.

A experiência brasileira, até o advento do Plano Real – 31 de julho de 1994 – era de inflação galopante, com índices que alcançavam a marca de 200% ao ano. Tal situação não era privilégio do Brasil, pois os demais países da América Latina também eram devedores de imensas fortunas no plano internacional, em especial ao FMI. No âmbito interno, apesar dos planos econômicos gerarem certo equilíbrio inicial no descompasso inflacionário, o Brasil vivia mergulhado em crises recidivas.

Diante deste quadro, o setor privado promoveu o financiamento do Estado brasileiro, que se via profundamente endividado. O que se espera, daqui em diante, é que haja uma menor dependência da iniciativa privada em relação ao setor público.

---

[22] *Sistemas Constitucionais Tributários*. Rio de Janeiro: Forense, 1986. p. 713.

A tendência natural é a redução dos subsídios e incentivos concedidos ao setor privado; sem omitir que na fase primitiva da alavancagem rumo ao crescimento econômico sua implementação foi essencial.[23]

O protecionismo estatal em relação à iniciativa privada criou "mau hábito" nas empresas, mas é hora de crescer, pois segundo Brum:[24]

> [...], o setor privado tem uma oportunidade histórica privilegiada e desafiadora, na década de 90, para dar um salto qualitativo na sua participação no processo de desenvolvimento brasileiro. Precisa assumir o papel de agente econômico, com visão de globalidade. E preparar quadros competentes. Daqui para a frente o Brasil vai depender cada vez mais da iniciativa privada (e da poupança privada) para resolver seus estrangulamentos econômicos e viabilizar o desenvolvimento.

Com tal colocação, percebe-se que as perspectivas que estão surgindo para o setor privado, o tornam independente do Estado brasileiro; por outro lado, é importante destacar que é necessário se trilhar um caminho de amadurecimento, de forma ordenada, através de um projeto de desenvolvimento viável e que tenha conexão com a realidade vivenciada no Brasil e em todo o mundo.

Estudos têm sido produzidos no sentido de identificar as potencialidades destas empresas denominadas de menor porte, para a geração de trabalho e consequente distribuição de renda, sem descuidar da questão fiscal[25], que financia o Estado. Mais recentemente a Lei Complementar 123 veio trazer um novo patamar legal a este modelo, inaugurando o Super Simples.

4. Considerações Finais

Diante deste breve quadro traçado, a partir da Ordem Econômica indicada no texto constitucional de 1988, que veio inaugurar uma nova sistemática político-econômica em linha com as novas tendências mundiais, exsurge a demonstração clara das inúmeras faces do Estado

---

[23] SOUZA, Naili de Jesus de. *Desenvolvimento Econômico*. 3ª Ed. São Paulo: Atlas, 1997, p.330.
[24] BRUM, Argemiro J. *Desenvolvimento Econômico Brasileiro*. Petrópolis: Vozes, 1996.
[25] Ver mais profundamente em MARSHALL, Carla. *Direito Constitucional: Aspectos Constitucionais do Direito Econômico*. Rio de Janeiro: Forense Universitária, 2007, p. 144/167.

e da iniciativa privada, tanto atuando separadamente como conjuntamente, mas deixando bem evidente que não pode e não deve o Estado tomar conta do mercado, mas deve tutelá-lo, com vistas a tornar viável a meta central, que é o desenvolvimento econômico da nação.

Referências Bibliográficas

BRUM, Argemiro J. *Desenvolvimento Econômico Brasileiro*. Petrópolis: Vozes, 1996.

FARIAS, Sara Jane Leite de. *Evolução Histórica dos Princípios Econômicos da Constituição*. In: SOUTO, Marcos Juruena Villela; MARSHALL, Carla C. (Coord.). *Direito Empresarial Público*. Rio de Janeiro: Lúmen Júris, 2002, v. 1.

FONSECA, João Bosco Leopoldino da. *Direito Econômico*. Rio de Janeiro: Forense, 1995.

GRAU, Eros Roberto. *A Ordem Econômica na Constituição de 1988*. São Paulo: Malheiros, 1997.

MARSHALL, Carla. *Direito Constitucional: Aspectos Constitucionais do Direito Econômico*. Rio de Janeiro: Forense Universitária, 2007.

MEIRELLES, Hely Lopes. *Direito Administrativo Brasileiro*, São Paulo: RT.

MENDES, Conrado Hübner. *Reforma do Estado e Agências Reguladoras: Estabelecendo os Parâmetros de Discussão*. In: SUNDFELD, Carlos Ari (org.) *Direito Administrativo Econômico*. São Paulo: Malheiros, 2001.

MOREIRA NETO, Diogo de Figueiredo. *Direito de Participação Política*. Rio de Janeiro: Renovar, 1992.

SALOMÃO FILHO, Calixto. *Regulação da Atividade Econômica* (Princípios e Fundamentos Jurídicos). São Paulo: Malheiros, 2001.

SCOTT, Paulo Henrique Roque. *Direito Constitucional Econômico. Estado e Normalização da Economia*. Porto Alegre: Sergio Antonio Fabris, 2000.

SOUTO, Marcos Juruena Vilela. *Aspectos Jurídicos do Planejamento Econômico*. Rio de Janeiro: Lúmen Júris, 2000.

_____. *Desestatização – Privatização, Concessões, Permissões, Terceirização e Regulação*. Rio de Janeiro: Lúmen Júris, 2001.

SOUZA, Nali de Jesus de. *Desenvolvimento Econômico*. 3ª ed. São Paulo: Atlas, 1997.

SOUZA, Washington Peluso Albino de. *Primeiras Linhas de Direito Econômico*. São Paulo: RT, 1994.

TOLEDO, Gastão Alves de. *O Direito Constitucional Econômico e sua Eficácia*. Rio de Janeiro: Renovar, 2004.

TORRES, Ricardo Lobo. *Sistemas Constitucionais Tributários*. Rio de Janeiro: Forense, 1986.

VENÂNCIO FILHO, Alberto. *A Intervenção do Estado no Domínio Econômico*. Rio de Janeiro: Fundação Getulio Vargas, 1968.

4 A Dispensável Submissão à Apreciação do CADE dos Atos de Concentração Previstos nos Planos de Recuperação Judicial

Mariana Pinto

> Mestranda em Economia Empresarial pela Universidade Cândido Mendes (UCAM). Professora do Curso de Especialização em Direito Empresarial, nível de Pós-Graduação, na Faculdade de Direito – Centro da Universidade Cândido Mendes (UCAM). Professora do Curso de Especialização em Direito Público, nível de Pós-Graduação, na Faculdade de Direito – Centro da Universidade Cândido Mendes (UCAM). Professora convidada da cadeira de Direito Comercial, do Centro de Estudos e Pesquisas no Ensino do Direito (CEPED-UERJ). Integrante do Conselho Executivo da Revista Semestral de Direito Empresarial (RSDE-UERJ). Sócia do Escritório Campinho Advogados.

Resumo

O artigo tem o escopo central de responder à seguinte indagação: os atos de concentração constantes dos planos de recuperação judicial têm, necessariamente, que ser submetidos ao prévio crivo do CADE? No desenvolvimento do tema, preliminarmente, a autora procura fixar as notas essenciais relativas ao aludido Conselho, bem como à previsão de atos de concentração nos planos de recuperação judicial. Em seguida, dedica-se ao enfrentamento da questão posta.

Sumário

1. O Conselho Administrativo de Defesa Econômica – CADE. 2. A Previsão de Atos de Concentração nos Planos de Recuperação Judicial. 3. A Necessidade (ou não) de Prévia Aprovação pelo CADE dos Atos de Concentração Previstos nos Planos de Recuperação Judicial. 4. Conclusão. Referências Bibliográficas.

Palavras-chave

Recuperação Judicial. Atos de Concentração. Plano de Recuperação. CADE. Direito Econômico.

1. O Conselho Administrativo de Defesa Econômica – CADE

A livre iniciativa além de traduzir fundamento da República Federativa do Brasil,[1] consiste em verdadeiro pilar de sustentação da ordem econômica,[2] a qual, por seu turno, ampara-se nos princípios da soberania nacional, da propriedade privada, da função social da propriedade, da livre concorrência, da defesa do consumidor, da defesa do meio ambiente, da redução das desigualdades regionais e sociais, da busca do pleno emprego e do tratamento favorecido para as empresas de pequeno porte.

Com o fito de preservar a livre iniciativa, estabeleceu o legislador constituinte, no § 4º do artigo 173 da Constituição, que "o abuso do poder econômico que vise à dominação dos mercados, à eliminação da concorrência e ao aumento arbitrário dos lucros" será por lei reprimido.[3]

Atualmente, o aludido mister – não só de reprimir, como também de prevenir ações que possam prejudicar ou limitar a livre concorrência – fica a cargo do denominado Sistema Brasileiro de Defesa da Concorrência (SBDC), composto pela Secretaria de Direito Econômico (SDE), órgão vinculado ao Ministério da Justiça; pela Secretaria de Acompanhamento Econômico (SEAE), atrelada ao Ministério da Fazenda;[4] e, ainda, pelo Conselho Administrativo de Defesa Econômica (CADE), o

---

[1] De acordo com o artigo 1º, inciso IV, da Constituição.

[2] Confira-se o *caput* do artigo 170, da Constituição.

[3] Para José Afonso da Silva, "condenado é o abuso, não o poder em si, que é de fato. O abuso caracteriza-se pela dominação dos mercados, eliminação da concorrência e aumento arbitrário dos lucros. A Lei nº 8.884, de 11/6/1994, é que cumpre o mandamento constitucional da repressão ao abuso do poder econômico" (*Comentário Contextual à Constituição*, 3ª ed. São Paulo: Malheiros, 2007, p. 720). Ainda no que tange ao preceito em comento, Gesner Oliveira e João Grandino Rodas salientam que "embora não tenha havido nas Constituições brasileiras anteriores e não haja na atual o mandamento de criminalizar as infrações antitruste, o citado § 4º da Constituição Federal vigente é tido como permissivo para que a legislação ordinária chegue a tanto." Assim, em 27 de dezembro de 1990, foi promulgada a Lei nº 8.137/90, definidora de crimes contra a ordem tributária, econômica e contra as relações de consumo, que tipifica, em seus artigos 4º, 5º e 6º, crimes contra a ordem econômica, impondo penas de detenção e reclusão ou multa; possibilitando o artigo 9º a sua conversão em multa (*Direito e Economia da Concorrência*. Rio de Janeiro: Renovar, 2004, p. 21).

[4] A SDE é responsável por instruir a análise concorrencial dos indigitados atos de concentração e, ainda, por investigar as infrações à ordem econômica. Cumpre mencionar que, originalmente, quando de sua criação pela Lei nº 8.158/91, a SDE denominava-se Secretaria Nacional de Desenvolvimento Econômico (SNDE). A SEAE, por seu turno, emite pareceres de

qual fora criado pela Lei nº 4.137/62[5] e, posteriormente, transformado em autarquia vinculada ao Ministério da Justiça pela Lei nº 8.884/94.[6e7]

O CADE tem por finalidade orientar, fiscalizar, prevenir e apurar abusos de poder econômico, exercendo papel tutelador da prevenção e da repressão a tais abusos.[8] É o órgão do SBDC responsável pela decisão final, na esfera administrativa, em relação aos processos iniciados pela SDE ou pela SEAE.[9] Em outras palavras, as decisões proferidas pelo referenciado Conselho fazem coisa julgada administrativa – já que não comportam revisão no âmbito do Poder Executivo (artigo 50 da Lei nº 8.884/94) –, constituindo título executivo extrajudicial (Artigo 60). Funciona o CADE, pois, como um órgão técnico com função judicante administrativa.

Nesse passo, submetem-se à apreciação do CADE, de acordo com o artigo 54 da referenciada Lei nº 8.884/94, "os atos, sob qualquer forma manifestados, que possam limitar ou de qualquer forma prejudicar a livre concorrência, ou resultar na dominação de mercados relevantes de bens ou serviços".

O referido Conselho poderá autorizar a implementação dos indigitados atos, desde que estes atendam às seguintes condições: (i) tenham por objetivo, cumulada ou alternativamente: (a) aumentar a produtivi-

---

conteúdo econômico sobre os atos de concentração, investiga determinadas condutas (com o escopo de oferecer representação à SDE) e, facultativamente, elabora pareceres em investigações sobre condutas anticoncorrenciais (Confira-se http://www.mj.gov.br/data/Pages/MJ29715BC8ITEMIDCEF35B5AB2E84F6A8CA8858B129BB4EFPTBRIE.htm. Acesso em 23/9/2009). Armando Castelar Pinheiro e Jairo Saddi, em profícuo resumo, salientam que "a SEAE e a SDE funcionam como instâncias de investigação e instrução dos processos" (*Direito, Economia e Mercados*. Rio de Janeiro: Elsevier, 2005, p. 386).

[5] Este diploma legal fora expressamente revogado de acordo com o Artigo 92 da Lei nº 8.884/94.

[6] Confira-se o Artigo 3º da indigitada Lei nº 8.884/94.

[7] De acordo com Gesner Oliveira e João Grandino Rodas, "muito provavelmente a dificuldade proveniente da dualidade de regras de concorrência – a Lei nº 8.158/91 vigendo juntamente com dispositivos não revogados da Lei nº 4.137/62 – provocou o início da discussão, meses após a edição da lei de 1991, dos termos de uma nova lei concorrencial. Daí nasceu o Projeto-de-lei nº 3.712-E, de 1993, que desembocaria na aprovação da vigente Lei nº 8.884, de 11 de junho de 1994, que expressamente revogou as Leis nºs 4.137/62 e 8.158/91 (Art. 92)" (*Ob. cit.*, p. 22).

[8] Disponível em http://www.cade.gov.br/Default.aspx?3dfd3ec249c748e271. Acesso em 19/9/2009.

[9] Os pareceres elaborados pela SDE e pela SEAE não são, por óbvio, vinculativos. (Confira-se http://www.mj.gov.br/data/Pages MJ29715BC8ITEMIDCEF35B5AB2E84F6A8CA8858B129BB4 EFPTBRIE.htm. Acesso em 23/9/2009).

dade; (b) melhorar a qualidade de bens ou serviços; ou (c) propiciar a eficiência e o desenvolvimento tecnológico ou econômico; (ii) os benefícios decorrentes sejam distribuídos equitativamente entre os seus participantes, de um lado, e os consumidores ou usuários finais, de outro; (iii) não impliquem eliminação da concorrência de parte substancial de mercado relevante de bens e serviços; (iv) sejam observados os limites estritamente necessários para atingir os objetivos visados.[10] A operação que atender ao menos três das quatro condições anteriormente elencadas poderá ser considerada legítima pelo CADE, quando necessária por motivo preponderante da economia nacional e do bem comum, desde que não implique prejuízo ao consumidor ou ao usuário final.[11]

O § 3º do referido artigo 54 estabelece, com maior concretude, que deverão se submeter ao crivo do CADE os atos que visem a qualquer forma de concentração econômica, seja através de fusão ou incorporação, constituição de sociedade para exercer o controle de outras sociedades, ou qualquer forma de agrupamento societário, que implique participação de sociedade ou grupo de sociedades resultante em 20% (vinte por cento) de um mercado relevante, ou em que qualquer dos participantes tenha registrado faturamento bruto anual no último balanço equivalente a R$ 400.000.000,00 (quatrocentos milhões de reais).

2. A Previsão de Atos de Concentração nos Planos de Recuperação Judicial

Com o advento da Lei nº 11.101/2005 (Lei de Falência e Recuperação de Empresas) a antiga concordata[12] cedeu lugar à recuperação judicial que fora esculpida à luz do desiderato da novel legislação: a

---

[10] § 1º, do Artigo 54, da Lei nº 8.884/94.
[11] § 2º, do Artigo 54, da Lei nº 8.884/94.
[12] A concordata, que possuía natureza jurídica de favor legal, se revelava, em verdade, como um instituto um tanto quanto tímido, na medida em que possuía um caráter estritamente financeiro, fulcrado exclusivamente no crédito: o devedor oferecia ao juiz uma fórmula para o pagamento de seus credores. Cumpre aduzir que a concordata poderia ser remissória (com a redução do montante a ser pago), dilatória (atrelada à concessão de um maior prazo para o pagamento) ou mista (com a conjugação do desconto e da dilação de prazo). Waldemar Ferreira, ao cuidar da natureza jurídica da concordata regida pelo Decreto-lei nº 7.661/45, salientava que "para ser coerente consigo mesmo, o legislador ditatorial deveria ter, ao menos, mudado o nome do instituto, abstendo-se de nomeá-lo de concordata. Concordata, em que

preservação da empresa,[13] escopo[14] que pode ser vislumbrado claramente no corpo do próprio Artigo 47 do aludido diploma legal:

A recuperação judicial tem por objetivo viabilizar a superação da situação de crise econômico-financeira do devedor, a fim de permitir a manutenção da fonte produtora, do emprego dos trabalhadores e dos interesses dos credores, promovendo, assim, a preservação da empresa, sua função social e o estímulo à atividade econômica.

---

os credores, nem majoritária, nem minoritariamente, concordam, concordata não pode ser. Concordata não é. (...) Não há, porém, esquivança ao terminologismo legal. Desde que o Decreto-lei nº 7.661, de 21 de junho de 1945, alterando o instituto clássico em seus fundamentos e dando-lhe outra e assaz distinta fisionomia, inadequadamente lhe conservou o nome de concordata, não há senão empregá-lo. Há muita rua Direita que é torta" (*Instituições de Direito Comercial*: A Falência, 4º vol. São Paulo: Livraria Editora Freitas Bastos, 1946, p. 288/289).

[13] A exposição de motivos do projeto-de-lei que posteriormente passou a espelhar o novo diploma da insolvência empresarial, publicada, em 22/2/1994, no Diário do Congresso Nacional (Seção I), já acenava para o mencionado objetivo da preservação da empresa, ao prever, em seu item 11, que "adota-se a recuperação de empresa em substituição à concordata suspensiva, com a finalidade de proteger o interesse da economia nacional, e dos trabalhadores na manutenção dos seus empregos". Ao cuidar dos fundamentos do instituto da recuperação judicial, Sérgio Campinho salienta que vem ele "desenhado justamente com o objetivo de promover a viabilização da superação desse estado de crise, motivado por um interesse na preservação da empresa desenvolvida pelo devedor. Enfatize-se a figura da empresa sob a ótica de uma unidade econômica que interessa manter como um centro de equilíbrio econômico-social. É, reconhecidamente, fonte produtora de bens, serviços, empregos e tributos que garantem o desenvolvimento econômico e social de um país. A sua manutenção consiste em conservar o 'ativo social' por ela gerado. A empresa não interessa apenas a seu titular – o empresário –, mas a diversos outros atores do palco econômico como os trabalhadores, investidores, fornecedores, instituições de crédito, ao Estado, e, em suma, aos agentes econômicos em geral. Por isso é que a solução para a crise da empresa passa por um estágio de equilíbrio dos interesses públicos, coletivos e privados que nela convivem" (*Falência e Recuperação de Empresa: O Novo Regime da Insolvência Empresarial*, 4ª ed. Rio de Janeiro: Renovar, 2009, p. 122). Em capítulo dedicado à "nova lei falimentar", Armando Castelar Pinheiro e Jairo Saddi apontam como principal novidade do novel diploma a criação "do instituto da recuperação judicial da empresa, que procura garantir a manutenção dos postos de trabalho, mediante a substituição da atual concordata e a diminuição da importância da falência. Busca-se, assim, evitar a liquidação de empresas viáveis. O objetivo da nova lei é dar às empresas uma chance a mais de continuar no mercado, sempre que sua manutenção for economicamente viável." (*Ob. cit.*, p. 207).

[14] O Artigo 170, inciso III, da Constituição, que traz a função social da propriedade como princípio norteador da ordem econômica, engloba a função social da empresa. Nesse sentido, aduz José Afonso da Silva: "já estudamos a função social da propriedade, quando examinamos o conteúdo do disposto no Art. 5º, XXIII, segundo o qual 'a propriedade atenderá a sua função social'. Isso, aplicado à propriedade em geral, significa estender-se a todo e qualquer tipo de propriedade. O Art. 170, III, ao ter a função social da propriedade como um dos princípios da ordem econômica, reforça essa tese. Mas a principal importância disso está na sua compreensão como um dos instrumentos destinados à realização da existência digna de todos e da justiça social. Correlacionando essa compreensão com a valorização do trabalho humano (Art. 170, *caput*), a defesa do consumidor (Art. 170, V), a defesa do meio ambiente (Art. 170, VI), a redução das desigualdades regionais e sociais (Art. 170, VII) e a busca do pleno

Desse modo, faz-se claro que o novo instituto busca, nitidamente, possibilitar que o empresário, pessoa natural ou jurídica, combata da forma mais eficiente a situação de crise econômico-financeira na qual se encontra, tornando-o claro exemplo de que o Direito e a Economia caminham lado a lado.

Cabe aqui mencionar que o movimento que se convencionou chamar de Direito e Economia – inspirado no *Law & Economics* norte-americano – vem ganhando força no Brasil. Dentre os juristas que se dedicaram diretamente ao estudo da conjugação das duas ciências, podemos destacar Jairo Saddi e Rachel Sztajn, que publicaram, respectivamente, com os economistas Armando Castelar Pinheiro[15] e Decio Zylbersztajn[16] e, ainda, Arnoldo Wald.

Estritamente no campo do Direito Comercial, o espectro econômico da recuperação judicial foi enfatizado por Sérgio Campinho,[17] que propôs ao instituto o seguinte conceito:

---

emprego (Art. 170, VIII), tem-se configurada sua direta implicação com a propriedade dos bens de produção, especialmente imputada à empresa, pela qual se realiza e efetiva o poder econômico, o poder de dominação empresarial. Disso decorre que tanto vale falar de função social da propriedade dos bens de produção, como de função social da empresa, como de função social do poder econômico. Eros Grau é do mesmo sentir, quando escreve: 'O princípio da função social da propriedade, para logo se vê, ganha substancialidade precisamente quando aplicado à propriedade dos bens de produção, ou seja, na disciplina jurídica da propriedade de tais bens, implementada sob compromisso com a sua destinação. A propriedade sobre a qual em maior intensidade refletem os efeitos do princípio é justamente a propriedade dinâmica, dos bens de produção. Na verdade, ao nos referirmos à função social dos bens de produção em dinamismo, estamos a aludir à função social da empresa' (Cf. *Elementos de Direito Econômico*, p.128)" (*Ob. cit.*, pp. 712/713). A preservação da empresa, por seu turno, emerge como corolário lógico do princípio da função social da empresa. Também tem, portanto, conotação de princípio com assento constitucional, já que, sem a preservação da empresa, esta não pode exercer a sua função social.

[15] Na introdução à obra denominada *Direito, Economia e Mercados*, Armando Castelar Pinheiro e Jairo Saddi ressaltam que "lamentavelmente, quase não existe entre nós material sobre o tema." A maior parte da literatura sobre o assunto desconsidera as particularidades de um sistema legal como o brasileiro. Mesmo o movimento de *Law & Economics*, consagrado nos Estados Unidos e na Europa, sempre sofreu grande resistência no Brasil, em especial pela falta de compreensão de alguns paradigmas básicos (...) (*Ob. cit.*, p. XXV).

[16] Rachel e Decio, na apresentação da obra denominada *Direito & Economia: Análise Econômica do Direito e das Organizações*, pelos mesmos organizada, enfatizam que "o interesse na área interdisciplinar de Economia, Direito e Organizações tem origem no isolamento que caracteriza as tradições dos três campos do conhecimento e das respectivas instituições acadêmicas no Brasil. Cada um de nós que atua individualmente nas respectivas áreas tende a desconhecer as contribuições das demais. A sentida necessidade de promover mudanças institucionais de fundo nos leva a repensar o isolamento, buscando estabelecer pontes conceituais e criar, por consequência, mecanismos de comunicação entre as áreas de especialidade, retomando, de certa forma, a concepção de Universidade como universalidade de produção de conhecimento" (*Direito & Economia: Análise Econômica do Direito e das Organizações*. Rio de Janeiro: Elsevier, 2005, p. VI).

[17] *Ob. cit.*, p. 10.

A recuperação judicial, segundo o perfil que lhe reservou o ordenamento, apresenta-se como um somatório de providências de ordens econômico-financeiras, econômico-produtivas, organizacionais e jurídicas, por meio das quais a capacidade produtiva de uma empresa possa, da melhor forma, ser reestruturada e aproveitada, alcançando uma rentabilidade autossustentável, superando, com isso, a situação de crise econômico-financeira em que se encontra o seu titular – o empresário –, permitindo a manutenção da fonte produtora, do emprego e a composição dos interesses dos credores (cf. artigo 47). Nesta perspectiva, é um instituto de Direito Econômico.

De forma convergente, Jorge Lobo [18 e 19] foi categórico ao atestar o encontro do Direito com a Economia:

> Para mim, a recuperação judicial da empresa é um instituto de Direito Econômico, pois não se pauta pela ideia de Justiça, mas de eficácia técnica numa zona intermediária entre o Direito Privado e o Direito Público, "caracterizando-se por uma unidade tríplice: de espírito, de objeto e de método"[20 e 21].

---

[18] *Comentários à Lei de Recuperação de Empresas e Falência*, 2ª ed. Coordenadores: Paulo F. C. Salles de Toledo e Carlos Henrique Abrão. São Paulo: Saraiva, 2007, p. 121.

[19] Ao conceituar a recuperação judicial, o aludido comercialista também tangencia o comentado princípio da preservação da empresa. Eis as suas palavras: "Recuperação judicial é o instituto jurídico, fundado na ética da solidariedade, que visa sanear o estado de crise econômico-financeira do empresário e da sociedade empresária com a finalidade de preservar os negócios sociais e estimular a atividade empresarial, garantir a continuidade do emprego e fomentar o trabalho humano, assegurar a satisfação, ainda que parcial e em diferentes condições, dos direitos e interesses dos credores e impulsionar a economia creditícia, mediante a apresentação, nos autos da ação de recuperação judicial, de um plano de reestruturação e reerguimento, o qual, aprovado pelos credores, expressa ou tacitamente, e homologado pelo juízo, implica novação dos créditos anteriores ao ajuizamento da demanda e obriga a todos os credores a ela sujeitos, inclusive os ausentes, os dissidentes e os que se abstiveram de participar das deliberações da assembleia geral" (*Ob. cit.*, p. 120).

[20] Orlando Gomes, *O Ensino do Direito Econômico in Direito Econômico*. São Paulo: Saraiva, 1977, p. 4 apud Jorge Lobo in *Comentários à Lei de Recuperação de Empresas e Falência*, 2ª ed. Coordenadores: Paulo F. C. Salles de Toledo e Carlos Henrique Abrão. São Paulo: Saraiva, 2007, p. 121.

[21] Adiante, salienta Jorge Lobo filiar-se "à doutrina, liderada, no País, por Orlando Gomes, que sustenta: (a) estar o Direito Econômico situado numa zona intermediária entre o Direito Público e o Direito Privado; (b) possuir uma tríplice unidade: 'de espírito, de objeto e de método' e (c) não orientar-se a regra de direito pela ideia de justiça (princípio da igualdade), mas pela ideia de eficácia técnica devido à especial natureza da tutela jurídica que dela emerge, em que prevalecem os interesses gerais e coletivos, públicos e sociais, que ela colima preservar e atender prioritariamente, daí o caráter publicístico de suas normas, que se materializam através de 'fato do príncipe', 'proibições legais' e 'regras excepcionais'" (*Ob. cit.*, pp. 123/124).

Foi justamente por almejar viabilizar a recuperação da empresa (e, consequentemente, a implementação do desiderato de preservação da empresa) da forma mais eficiente possível que o legislador conferiu ao devedor[22] empresário ampla liberdade em relação aos meios de recuperação que poderão integrar o plano a ser submetido à aprovação dos credores.

Dentre a listagem constante do Artigo 50[23] da Lei nº 11.101/2005 encontram-se atos passíveis de ensejar concentração econômica como, por exemplo, as operações de incorporação e fusão, as cessões de quotas ou de ações, a alteração de controle societário e o trespasse de estabelecimento. Como a aludida listagem é meramente exemplificativa, o plano poderá contemplar não só esses, mas quaisquer outros atos que impliquem grupamento societário.

Destarte, cumpre-nos responder à seguinte questão: os atos passíveis de ensejar concentração – isto é, aqueles enquadrados nas hipóteses constantes do artigo 54 da Lei nº 8.884/94 – que fizerem parte do plano de recuperação apresentado pelo devedor aos seus credores têm que, necessariamente, ser submetidos à prévia aprovação pelo CADE? Ou, em outros termos: uma vez ponderados os princípios da preservação da empresa e da livre concorrência, qual dos dois deve prevalecer?

---

[22] O vocábulo "devedor" é usado, no presente trabalho, como sinônimo de empresário ou de sociedade empresária passíveis de submissão à recuperação judicial, à recuperação extrajudicial ou à falência, nos moldes do Artigo 1º da Lei nº 11.101/2005.

[23] Art. 50. Constituem meios de recuperação judicial, observada a legislação pertinente a cada caso, dentre outros: I – concessão de prazos e condições especiais para pagamento das obrigações vencidas ou vincendas; II – cisão, incorporação, fusão ou transformação de sociedade, constituição de subsidiária integral, ou cessão de cotas ou ações, respeitados os direitos dos sócios, nos termos da legislação vigente; III – alteração do controle societário; IV – substituição total ou parcial dos administradores do devedor ou modificação de seus órgãos administrativos; V – concessão aos credores de direito de eleição em separado de administradores e de poder de veto em relação às matérias que o plano especificar; VI – aumento de capital social; VII – trespasse ou arrendamento de estabelecimento, inclusive à sociedade constituída pelos próprios empregados; VIII – redução salarial, compensação de horários e redução da jornada, mediante acordo ou convenção coletiva; IX – dação em pagamento ou novação de dívidas do passivo, com ou sem constituição de garantia própria ou de terceiro; X – constituição de sociedade de credores; XI – venda parcial dos bens; XII – equalização de encargos financeiros relativos a débitos de qualquer natureza, tendo como termo inicial a data da distribuição do pedido de recuperação judicial, aplicando-se inclusive aos contratos de crédito rural, sem prejuízo do disposto em legislação específica; XIII – usufruto da empresa; XIV – administração compartilhada; XV – emissão de valores mobiliários; XVI – constituição de sociedade de propósito específico para adjudicar, em pagamento dos créditos, os ativos do devedor. § 1º Na alienação de bem objeto de garantia real, a supressão da garantia ou sua substituição somente serão admitidas mediante aprovação expressa do credor titular da respectiva garantia. § 2º Nos créditos em moeda estrangeira, a variação cambial será conservada como parâmetro de indexação da correspondente obrigação e só poderá ser afastada se o credor titular do respectivo crédito aprovar expressamente previsão diversa no plano de recuperação judicial.

A controvérsia vem bem enunciada por Vera Helena de Mello Franco e Rachel Sztajn,[24] que, contudo, transferem aos julgadores a missão de esclarecê-la:

> Outra questão que é preciso enfrentar refere-se a eventuais mudanças na estrutura do mercado em virtude da alienação do controle de uma sociedade.
>
> A legislação concorrencial – Lei n° 8.884/94 – no art. 54 prevê sejam submetidos ao CADE atos que possam prejudicar ou limitar a livre concorrência. No inciso I do § 1° desse artigo estão arroladas as ressalvas para que o CADE aceite eventuais concentrações e nenhuma delas inclui a crise empresarial de que possa resultar a quebra, e, portanto, a retirada da empresa do mercado.
>
> Assim, nos termos do art. 20 da legislação concorrencial, que considera infração à ordem econômica prejudicar a livre concorrência ou a livre iniciativa, sendo este o objetivo perseguido pela legislação, a concentração empresarial derivada da crise econômica de um concorrente que venha a ser absorvido por outro, ou, ainda que assim não seja, que acabe por sair do mercado, pode redundar em limitação da concorrência.[25]
>
> Qual dos dois valores – crise de empresa e funcionamento do mercado –, quando em oposição, deve prevalecer? Se a função social da empresa – preservação de postos de trabalho – predominar, então a concentração de mercado assumirá papel secundário; se, ao revés, sobretudo considerando os efeitos de médio e longo prazos, preponderar a noção de que a concorrência é o valor fundamental, a alienação do controle da concorrente ficará prejudicada.
>
> A ver como a jurisprudência encaminhará a solução.

---

[24] *Falência e Recuperação da Empresa em Crise*. Rio de Janeiro: Elsevier, 2008, p. 238.

[25] Neste trabalho, nos propomos, tão somente, a analisar a primeira hipótese levantada pelas autoras, a saber: "a concentração empresarial derivada da crise econômica de um concorrente que venha a ser absorvido por outro", ou, em termos mais elásticos, a possível limitação da concorrência derivada de ato de concentração previsto no plano de recuperação judicial. Não nos determos à hipótese de eventual acirramento da concorrência decorrente da saída de um empresário (aí compreendidos os conceitos de empresário individual e de sociedade empresária) do mercado, ante a decretação de sua falência, na medida em que entendemos que a falência – justamente por implicar, necessariamente, a liquidação judicial do patrimônio do empresário – traduz forma de saneamento do mercado ao provocar a eliminação daqueles cuja intensidade da insolvência não mais permita uma recuperação. Nesse passo, a falência, saneia – e, portanto, preserva – o mercado (Sérgio Campinho, *ob. cit.*, p. 7).

A despeito de recente,[26] indagação já despertou o debate da doutrina, como adiante se verificará.

3. A Necessidade (ou não) de Prévia Aprovação pelo CADE dos Atos de Concentração Previstos nos Planos de Recuperação Judicial

Passando a enfrentar diretamente a questão colocada ao final do item II, pensamos não ser necessário submeter ao crivo do CADE os atos de concentração contemplados em plano de recuperação judicial.

Como enfatizado no item I, as decisões proferidas pelo CADE fazem coisa julgada administrativa, justamente por não comportarem revisão no âmbito do Poder Executivo, de acordo com o artigo 50 da referenciada Lei nº 8.884/94. Tal fato, contudo, não impede a revisão dos aludidos julgados pelo Poder Judiciário.

O fato de o CADE apreciar, na esfera administrativa, as questões vinculadas à repressão ao abuso de poder econômico ou ao controle de condutas anticoncorrenciais[27] não afasta o acesso à Justiça, que, nos moldes do artigo 5º, inciso XXXV, da Constituição, traduz direito individual e garantia fundamental.

Nas precisas palavras de Sérgio Campinho:[28]

> O que é vedado no artigo 50, da Lei nº 8.884/94 é a revisão administrativa, na esfera do Poder Executivo, de suas decisões, mas não a sua reforma judicial, de competência da Justiça Federal, sob pena de incorrer-se em manifesta inconstitucionalidade. (...)

---

[26] Já que a Lei nº 11.101 foi publicada, no Diário Oficial da União, em 9/2/2005, e entrou em vigor, consoante se depreende de seu artigo 201, 120 (cento e vinte) dias após a sua publicação.

[27] De forma didática, Armando Castelar Pinheiro e Jairo Saddi esclarecem que "a política de competição opera por meio de dois tipos de instrumentos. O primeiro é o estabelecimento de estruturas competitivas de mercado, impedindo o surgimento de empresas grandes o suficiente para deter poder de mercado. Tipicamente, as agências de defesa da concorrência fazem isso controlando os *atos de concentração* entre empresas, impedindo o surgimento de monopólios ou *empresas dominantes*. Complementarmente, as autoridades também proíbem certas condutas empresariais, tanto para impedir que um grupo de empresas aja de forma concertada para manipular as condições de oferta, como ainda para impedir que uma empresa dominante abuse de sua posição para prejudicar concorrentes menores. Trata-se da repressão ao abuso de poder econômico ou do controle de condutas anticoncorrenciais" (*Ob. cit.*, p. 356).

[28] *Ob. cit.*, p. 161.

O prejudicado poderá sempre recorrer ao Poder Judiciário, que, portanto, estará autorizado a imiscuir-se na análise do mérito do tema controvertido, examinando a validade do julgamento administrativo. A palavra final é do Estado-Juiz.

Sendo assim, no âmbito do processo de recuperação judicial, caberá ao magistrado – Estado-Juiz –, como guardião da legalidade do plano de recuperação, avaliar se as condições legais, quando envolver fusão ou incorporação, por exemplo, encontram-se atendidas.[29]

Valter Shuenquener de Araujo,[30] por seu turno, defende posição diametralmente oposta, amparada, sobretudo, na alegação de ser o juiz da recuperação incompetente para apreciar a questão.[31] Eis as suas palavras:

> A decisão do Juiz de Direito que homologa o plano de recuperação extrajudicial ou que defere o processamento da recuperação judicial não é, segundo nos parece, suficiente para suprir a ausência de deliberação acerca do ato de concentração não submetido à deliberação do CADE. Embora o Juiz de Direito seja efetivamente o guardião da legalidade do plano de recuperação, ele não pode decidir questões afetas constitucionalmente à Justiça Federal.[32] (...)

---

[29] Prossegue o mencionado jurista salientando que "as condições legais aqui abordadas são tanto aquelas da lei societária para a validade formal e material da operação (Código Civil, Artigos 1.116 a 1.120, para as sociedades contratuais, e Lei nº 6.404/76, artigos 223 a 228, para as sociedades por ações), como as que repelem os atos de concentração incriminados por lei (Lei nº 8.884/94, artigo 54)" (Ob. cit., pp. 161/162).

[30] O (Indispensável) Papel do CADE nos Atos de Concentração Previstos em Planos de Recuperação in *Revista Semestral de Direito Empresarial – RSDE*, nº 2, janeiro/junho 2008. Rio de Janeiro: Renovar, 2007, pp. 81/82.

[31] Como argumento secundário, aduz o referido autor que "os consumidores não são, como regra geral e salvo se figurarem como credores, ouvidos no processo falimentar ou de recuperação judicial. Não nos parece razoável, portanto, aceitar que um único Juiz de Direito com competência na matéria de insolvência empresarial pudesse, sem qualquer manifestação dos órgãos federais técnicos com competência na matéria e sem qualquer intervenção dos consumidores, aprovar um ato de concentração" (Ob. cit., pp. 83/84). A intervenção dos consumidores, como regra, não se verifica no processo de recuperação, tampouco no âmbito do julgamento administrativo conduzido pelo CADE. No mais, o juiz da recuperação representa o Estado-Juiz tanto quanto o juiz federal.

[32] Refere-se, aqui, o autor ao disposto no artigo 109, inciso I, da Constituição que dispõe que "aos juízes federais compete processar e julgar: I – as causas em que a União, entidade autárquica ou empresa pública federal forem interessadas na condição de autoras, rés, assistentes ou oponentes, exceto as de falência, as de acidentes de trabalho e as sujeitas à Justiça Eleitoral e à Justiça do Trabalho; (...)".

Sob outro enfoque, a preocupação do Juiz de Direito ao conceder uma recuperação judicial ou homologar um plano em sede de recuperação extrajudicial é voltada primordialmente para a reorganização de quem exerce atividade de empresa. O Juiz Federal, por seu turno, apreciará a matéria relativa à concorrência, típica matéria de interesse nacional. A competência do primeiro para dirimir conflitos relacionados à recuperação de uma sociedade empresária não pode afastar a do outro de apreciar a legalidade e a constitucionalidade de um ato de concentração não submetido à apreciação do CADE ou por ele rejeitado.

Em conclusão, Valter Shuenquener de Araujo[33] sustenta que:

> 1) A atuação do CADE, da SDE/MJ e da SEAE/MF é imprescindível para a preservação de um ambiente competitivo salutar. Não existem razões jurídicas capazes de justificar a dispensa da prévia aprovação por essas instituições de atos de concentração previstos em planos de recuperação judicial ou extrajudicial.
>
> 2) A eficácia do ato de concentração previsto no plano de recuperação aprovado deve ficar condicionada à autorização do CADE quanto à operação ajustada. Inexistindo manifestação do CADE e dos órgãos do Sistema Brasileiro de Defesa da Concorrência (SDE/MJ e SEAE/MF), o ato de concentração que foi aceito pelos credores da recuperação deve ser considerado ineficaz, ainda que ele tenha sido aprovado pelo Juiz de Direito competente na matéria. O suprimento da ausência de manifestação do CADE depende, por sua vez, de decisão oriunda da Justiça Federal.
>
> 3) A preservação da sociedade empresária em crise é algo relevante, mas não é o único interesse que o Estado brasileiro deve proteger. Além disso, outros valores e princípios constitucionais precisam ser respeitados. Nesse contexto, a atuação do CADE será indispensável para, dentre outras funções, a tutela do princípio da livre concorrência, a proteção dos consumidores, a eliminação do abuso do poder econômico, a preservação da soberania nacional.

Contudo, não nos parece deva a indigitada linha de raciocínio prosperar.

Cuida o mencionado autor de duas situações distintas: a análise, pelo Poder Judiciário, de ato de concentração que fora anteriormente reprovado pelo CADE e, ainda, de operação que sequer fora submetida

---

[33] Ob. cit., pp. 91/92.

à prévia apreciação do indigitado órgão. Através da primeira hipótese busca-se a desconstituição de decisão administrativa proferida por um ente federal, sendo indubitável a competência da Justiça Federal para o seu processamento.

Totalmente distinta é a segunda situação enunciada, em que a análise da legalidade da operação – inclusive à luz do artigo 54 da Lei nº 8.884/94 – deve ser feita diretamente pelo juiz da recuperação judicial. Neste caso específico, como atesta Sérgio Campinho,[34] "não se estará revendo decisão de entidade administrativa federal, mas sim diretamente aplicando a lei federal ao caso concreto submetido ao seu exame, caso este de sua competência".

Tampouco nos afigura sustentável o argumento[35] consoante o qual:

> A decisão proferida no âmbito estadual, que concede uma recuperação judicial com base em plano que prevê um ato de concentração econômica cuja aprovação seria de competência do CADE, também reconhece simultaneamente que o CADE não tem competência nessa matéria, por não incidir a regra do art. 54, da Lei nº 8.884/94.

O entendimento de que o ato de concentração constante do plano de recuperação não precisa ser aprovado pelo CADE (se assim o fizer o juiz da recuperação) não implica o reconhecimento de que "o CADE não tem competência nessa matéria, por não incidir a regra do art. 54, da Lei nº 8.884/94".

É inconteste a competência do CADE no que tange à repressão ao abuso de poder econômico ou ao controle de condutas anticoncorrenciais. Ademais, a regra constante do Artigo 54 da referenciada Lei nº 8.884/94 sempre será observada.[36] Todavia, estamos, repita-se, diante de uma situação especial: o ato de concentração em comento integra um plano de recuperação que, uma vez aprovado pelos credores do devedor empresário, pode viabilizar a superação da crise econômico-financeira na qual se encontra o mesmo mergulhado. Esta é a hipótese que está sob análise.

---

[34] *Ob. cit.*, p. 161, em nota de pé de página.
[35] Confira-se: Valter Shuenquener de Araujo, *ob. cit.*, p. 81.
[36] Como dito alhures, o juiz da recuperação, na qualidade de "guardião da legalidade" do plano (na feliz definição lançada por Sérgio Campinho, *ob. cit.*, p.12), avaliará se a operação esbarra no aludido Artigo 54 da Lei nº 8.884/94.

Em verdade, pode-se enxergar um conflito entre as regras especiais constantes da Lei nº 11.101/2005 e da Lei nº 8.884/94 ou, ainda, a colisão entre os princípios da preservação da empresa e da livre concorrência,[37] este tradutor de uma "manifestação"[38] da liberdade de iniciativa.[39]

---

[37] N. Gregory Mankiw, professor de economia da Harvard University, salienta, com a sua habitual clareza, que o mercado competitivo, "por vezes chamado de mercado perfeitamente competitivo", é aquele "no qual muitos compradores e vendedores comercializam produtos idênticos, de modo que cada comprador e vendedor é um tomador de preços" (*Introdução à Economia: Princípios de Micro e Macro Economia*. Tradução da 2ª edição americana por Maria José Cyhlar Monteiro. Rio de Janeiro: Campus, 2001, p. 292). Adiante, aduz que "como uma empresa competitiva é tomadora de preços, a sua receita é proporcional à sua quantidade produzida. O preço do bem equivale tanto à sua receita média como à sua receita marginal. Para maximizar o lucro, a empresa opta por uma quantidade produzida tal que a receita marginal seja igual ao custo marginal. Uma vez que em uma empresa competitiva a receita marginal é igual ao preço de mercado, ela opta por uma quantidade em que o preço iguale o custo marginal. Assim a curva do custo marginal da empresa é a sua curva de oferta" (*Ob. cit.*, p. 312). Certamente amparado no aludido conceito de mercado perfeitamente competitivo, José Afonso da Silva assim se manifesta em relação à livre concorrência: "o que cumpre reconhecer, na verdade, é que não existe mais economia de mercado, nem livre concorrência, desde que o modo de produção capitalista evoluiu para as formas oligopolistas. Falar hoje, em economia descentralizada, como economia de mercado, é tentar encobrir uma realidade palpável de natureza diversa. A economia está centralizada nas grandes empresas e em seus agrupamentos. Daí por que se torna praticamente ineficaz a legislação tutelar da concorrência. É que a concentração capitalista não é um fenômeno patológico, mas uma realidade fundamental do novo Estado Industrial, como bem observa Gerard Farjat: 'A verdade é que não é preciso buscar, na regulamentação econômica da concorrência, o que não se encontra (ou jamais se encontrou). A concorrência não é (ou nunca foi) o que se acreditava que ela era, à época em que nasceram as legislações antitrustes. Os fenômenos, as combinações, as posições dominantes, as práticas restritivas, as concentrações não são, em si mesmas, fenômenos patológicos, mas constituem, ao contrário, uma realidade fundamental do novo Estado Industrial – a ordem provada econômica' [*Droit Économique*, p. 239. Cf. também Fábio Konder Comparato, *O Poder de Controle...*, p. 419]. É uma realidade que não se modificará com mera determinação legal formal, senão com a transformações de seus próprios fundamentos. Isso não significa que não se deva dar eficácia e aplicabilidade à norma condenatória do abuso do poder econômico mediante lei e mecanismos adequados" (*Ob. cit.*, p.713). Em linha convergente, Carla Marshall ressalta que "a elaboração dos contornos ligados à legislação antitruste está estreitamente ligada aos aspectos políticos. A análise para adoção desta ou daquela política deverá partir daquilo que se pretende coibir em termos de mercado, sendo, obviamente, baseada em teorias econômicas, definindo-se como os fatores condicionantes de práticas anticompetitivas alteram ou influenciam o mercado. (...) A ideia de mercado perfeitamente competitivo rarissimamente se aperfeiçoa, na verdade consiste em uma abstração. A regra, portanto, é um mercado carente de regras claras, em que o atingimento de um mercado competitivo seja o seu ideal" (*Direito Constitucional: Aspectos Constitucionais do Direito Econômico*. Rio de Janeiro: Forense Universitária, 2007, p. 201).

[38] José Afonso da Silva, *ob. cit.*, p. 713.

[39] Em matéria de exegese, precioso é o escólio de Humberto Ávila, o qual, ao cuidar do critério do "conflito normativo" como meio de distinção entre princípios e regras, assim ressalta: "Alexy afirma que os princípios jurídicos consistem apenas em uma espécie de norma jurídica por meio da qual são estabelecidos deveres de otimização, aplicáveis em vários graus, segundo as possibilidades normativas e fáticas. No caso de colisão entre os princípios a solução não se resolve com a determinação imediata de prevalência de um princípio sobre o outro,

Ambas as óticas[40] conduzem ao mesmo resultado prático: as peculiaridades do processo de recuperação não permitem a submissão do ato de concentração ao crivo do CADE, seja porque "na conjugação de regras especiais prevalece aquela de maior especialidade para o trato da questão específica: recuperação judicial da empresa";[41] seja pelo fato de a preservação da empresa merecer, justamente pelas aludidas particularidades, um *peso maior*[42] do que a livre concorrência.

Com efeito, a atribuição de um maior peso à preservação da empresa, não implica o afastamento do princípio da livre concorrência,[43] na medida em que o princípio com peso relativo maior se sobrepõe ao outro, sem que este perca sua validade.[44] Tanto assim o é que o próprio juiz da recuperação judicial, como guardião da legalidade,[45] deverá atestá-la não só em relação à validade formal e material da operação que se almeja implementar, como também no que tange à possível limitação à concorrência.

---

mas é estabelecida em função da ponderação entre os princípios colidentes, em função da qual um deles, em determinadas circunstâncias concretas, recebe a prevalência. Essa espécie de tensão e o modo como ela é resolvida é o que distingue os princípios das regras: enquanto no conflito entre regras é preciso verificar se a regra está dentro ou fora de determinada ordem jurídica, naquele entre princípios o conflito já se situa no interior dessa mesma ordem". Ao analisar criticamente o aludido critério do "conflito normativo", Humberto Ávila aduz que "(...) a ponderação não é método privativo de aplicação dos princípios. A ponderação ou balanceamento (*weighing and balancing, Abwägung*), enquanto sopesamento de razões e contrarrazões que culmina com a decisão de interpretação, também pode estar presente no caso de dispositivos hipoteticamente formulados, cuja aplicação é preliminarmente havida como automática (no caso de regras, consoante o critério aqui investigado) (...)" (*Teoria dos Princípios: da Definição à Aplicação dos Princípios Jurídicos*, 4ª ed. São Paulo: Malheiros, 2005, pp. 43/44).

[40] Conflito entre regras e colisão entre princípios.
[41] Sérgio Campinho, *ob. cit.*, p. 162.
[42] Humberto Ávila, *ob. cit.*, p. 28.
[43] Acreditamos, de fato, que "os mercados são geralmente uma boa maneira de organizar a atividade econômica", o que seria o sexto dos dez princípios de economia elencados por Mankiw (*Princípios de Microeconomia*. Tradução da 3ª edição americana por Allan Vidigal Hastings. São Paulo: Thomson Learning, 2007, p. 9). Ademais, compactuamos com Castelar Pinheiro e Saddi, quando estes afirmam, na introdução da obra intitulada *Direito, Economia e Mercados*, que "não há direito nem economia sem mercado. O foco da economia de mercado é a natureza e a consequência do processo de trocas, muito mais do que a alocação dos recursos escassos dos indivíduos, já que, sem a presença de outros agentes, inexistiria mercado; as decisões econômicas seriam egocêntricas e, para o Direito, irrelevantes. As teorias de direito, economia e mercado, portanto, dizem respeito às liberdades individuais no âmbito de uma comunidade, em que o valor dos significados da riqueza está definido pelo processo de interação entre eles. Assim, consideramos ser fundamental tratar do tema no mesmo diapasão em que se cuidava de economia e de direito" (*Ob. cit.*, p. XXVII).
[44] Ronald Dworkin, Taking Righs Seriously, 6ª tir., p. 26 apud Humberto Ávila, *Ob. cit.*, p. 28.
[45] Confira-se Sérgio Campinho, *Ob. cit.*, p. 12.

Os parâmetros constantes do Artigo 54 da Lei nº 8.884/94 serão, repita-se, analisados pelo juiz da recuperação, o qual vetará os atos de concentração que transcendam os limites impostos na lei. Dessa feita, não se cogita, com a posição que aqui defendemos, seja a livre concorrência vilipendiada.[46] Ao revés, é a mesma reafirmada, já que todo o sistema de defesa da concorrência estaria esvaziado se não houvesse empresa a ser exercida e, no particular abordado, recuperada.

Sob o ponto de vista estritamente econômico, chega-se à mesma conclusão, na medida em que atentamos para a noção de *eficiência*.[47]

Consoante aduz Arnoldo Wald:[48] "a análise econômica é importante e a introdução da noção de eficiência no direito é condição *sine qua non* do progresso econômico e da boa aplicação da Justiça". Na mesma linha, Rachel Sztajn[49] chama atenção para o fato de que "comum aos estudos de *Law and Economics* é a percepção da importância de recorrer a alguma espécie de avaliação ou análise econômica na formulação de normas jurídicas visando a torná-las cada vez mais eficientes".[50]

---

[46] Armando Castelar Pinheiro e Jairo Saddi afirmam que a repressão ao abuso de poder econômico e o controle de condutas anticoncorrenciais "são aplicados em essencialmente todos os setores da economia, com três exceções relevantes. Primeiro, os setores em que existem monopólios naturais, como é típico na infraestrutura. (...) Segundo, em determinadas situações no mercado financeiro em que o risco de crises sistêmicas às vezes se sobrepõe à preocupação com a competição (...). Por fim, há uma série de situações, em parte explicadas por falhas de mercado e, em parte, por questões políticas e culturais, em que práticas anticompetitivas são toleradas" (*Ob. cit.*, p. 367). *In casu*, o posicionamento defendido neste trabalho sequer esbarra nesta possibilidade de tolerância às práticas anticompetitivas, na medida em que o juiz da recuperação analisará a legalidade da operação constante do plano de recuperação, inclusive, à luz do Artigo 54 da Lei nº 8.884/94.

[47] Considerando o conceito de eficiência no âmbito da nova lei de falência e recuperação de empresas, Armando Castelar Pinheiro e Jairo Saddi salientam que a nova lei, "por si só, não será capaz de modificar o sistema; serão necessárias mudanças na mentalidade de devedores e credores, treinamento para os juízes, bem como uma série de aparatos para que o sistema funcione com eficiência" (*Ob. cit.*, p. 234).

[48] Confira-se o prefácio da obra denominada *Direito, Economia e Mercados* (*Ob. cit.*, p. XXII). Cumpre, ainda, considerar as palavras de Cláudio Haddad quando da apresentação da referenciada publicação: "partindo da hipótese de que os agentes econômicos respondem de forma racional a estímulos, procurando sempre aumentar seu bem-estar, os economistas concluem que, a não ser em circunstâncias muito especiais, o nível de eficiência resultante destas decisões será tão maior quanto menor for o volume e a amplitude de regras e restrições comportamentais" (*Ob. cit.*, p. XV).

[49] Law and Economics in *Direito & Economia: Análise Econômica do Direito e das Organizações*. Rio de Janeiro: Elsevier, 2005, p. 75.

[50] Ao cuidarem do modelo estrutura-conduta-desempenho, "principal instrumento a embasar a discussão sobre a defesa da concorrência", Armando Castelar Pinheiro e Jairo Saddi sustentam que "o objetivo das políticas de competição (...) é garantir o adequado desempenho das empresas e, consequentemente, atingir maior eficiência da economia". Na visão dos mencio-

Desse modo, além das razões já declinadas, por confiarmos que a resposta à questão colocada deve percorrer, necessariamente, o campo da *eficiência* e do bem-estar social, não nos sensibilizamos em relação ao argumento de que o CADE deve ser sempre ouvido (sob pena de ineficácia da operação) – ainda que isto inviabilize a recuperação da empresa em crise – e de que a sua oitiva jamais poderia ser suprida pela manifestação favorável do juiz da recuperação, porquanto a competência para apreciar os indigitados atos de concentração seria sempre da Justiça Federal.

Parece-nos inconteste que a palavra final em relação aos atos de concentração será sempre do Estado-Juiz. Em uma situação ordinária – entendida como tal aquela em que não se está diante de um cenário de insolvência – não há razão alguma a amparar seja o Estado-Juiz consultado diretamente, sem a anterior oitiva do CADE. Ademais, nesse caso, a competência para a revisão de decisão proferida pelo indigitado órgão será sempre da Justiça Federal. Todavia, na especial situação de o ato de concentração integrar um plano de recuperação que, se aprovado pelos credores, poderá possibilitar a recuperação do devedor em crise, parece-nos que o mais *eficiente* para o próprio mercado é possibilitar a preservação da atividade econômica.[51]

---

nados autores, a suposição básica do aludido modelo "é que esse desempenho depende diretamente do comportamento ou conduta das empresas. A conduta dos participantes em um mercado (esforço, políticas de preço, propaganda etc.), por sua vez, é influenciada por sua estrutura (número de empresas, barreiras à entrada etc.). Dessa perspectiva, o papel das agências de defesa da concorrência é impedir que a estrutura do mercado e/ou a conduta das empresas comprometam o desempenho do mercado, definido com base na eficiência econômica ou na maximização do bem-estar social" (*Ob. cit.*, p. 361).

[51] Paul A. Samuelson e William D. Nordhaus fazem interessante retrospecto da mudança da política antitruste norte-americana, amparada na noção de eficiência, verificada na década de 80: "A desistência da ação federal antitruste contra a IBM e a revisão dos guias de fusões no início da década de 80 iniciaram um novo capítulo na política antitruste norte-americana. Com estas medidas, a lei antitruste abandonou em grande medida a sua missão 'de pôr um fim às grandes concentrações de capital devido à desprotecção dos indivíduos perante as mesmas' (para citar a decisão de 1945 sobre a Alcoa). Durante a época da economia da oferta da década de 80 as leis antitruste foram dirigidas apenas ao objetivo de melhorar a eficiência econômica. Se o grande é eficiente, então o grande deve reinar. O que motivou a mudança de atitude em relação à política antitruste? Em parte, resultou dos desenvolvimentos técnicos da investigação econômica. Os economistas descobriram que o funcionamento não estava sempre estreitamente relacionado com a estrutura. Verificou-se que algumas grandes empresas (IBM, AT&T e Boeing, por exemplo) e alguns mercados altamente concentrados (computadores, telecomunicações e fabrico de aviões) correspondem a indústrias com os melhores desempenhos no que respeita à inovação e à produtividade. Enquanto a teoria econômica sustentava que o monopólio mantém os preços elevados, a experiência histórica indica que as indústrias altamente concentradas têm muitas vezes preços que se reduzem rapidamente relativamente a indústrias menos concentradas. Ao mesmo tempo, alguns ramos não concentrados, como a agricultura, apresentam um desempenho assinalável. Não podia ser encon-

O fato de, nesta situação excepcional, a avaliação dos impactos que determinado ato de concentração venha a provocar na concorrência ficar a cargo do juiz da recuperação não vulnera o princípio da livre concorrência por uma razão singela: o juiz da recuperação – representando o Estado-Juiz – fará a análise da legalidade da operação como um todo.

Em abono ao que sustentamos, vem o valioso ensinamento de Carlos Maximiliano[52] que, de há muito, condenava a interpretação que privilegia o tradicional apego às palavras e o sistema silogístico de exegese em detrimento daquela que se faz em benefício do bem-estar social:

> Não pode o Direito isolar-se do ambiente em que vigora, deixar de atender às outras manifestações da vida social e econômica; e esta não há de corresponder imutavelmente às regras formuladas pelos legisladores.
>
> (...) a Hermenêutica se não pode furtar à influência do meio no sentido estrito e na acepção lata; atende às consequências de determinada exegese: quanto possível a evita, se vai causar dano, econômico ou moral, à comunidade. O intuito de imprimir efetividade jurídica às aspirações, tendências e necessidades da vida de relação constitui um caminho mais seguro para atingir a interpretação correta do que o tradicional apego às palavras, o sistema silogístico de exegese.

Por fim, há que se aduzir que, a despeito de considerarmos que os atos de concentração previstos nos planos de recuperação não têm que ser, necessariamente, submetidos ao prévio crivo do CADE, parece-nos que nada impede o juiz da recuperação de ouvir o indigitado órgão antes de proferir a sua decisão.[53]

---

trada uma lei de ferro fazendo a ligação entre a estrutura e o desempenho. Como podemos explicar esse paradoxo? Alguns economistas invocam a hipótese de Schumpeter. As empresas em ramos concentrados realizam, de certeza, lucros de monopólio. Mas a dimensão do mercado também significa que as grandes empresas podem apropriar-se de uma grande parcela do retorno dos investimentos em investigação e desenvolvimento (I&D) e isso explica os elevados níveis de I&D e o rápido progresso tecnológico em ramos concentrados. Se, como afirmava Schumpeter, o progresso tecnológico tem origem nas grandes empresas então seria errôneo matar essas galinhas gigantes que põem tais ovos dourados" (*Economia*. Tradução da 14ª edição americana por Elsa Nobre Fontainha e Jorge Pires Gomes. Lisboa: McGraw-Hill, 1993, pp. 406/407).

[52] *Hermenêutica e Aplicação do Direito*, 19ª ed. Rio de Janeiro: Forense, 2007, p. 129.

[53] Compactuamos com Sérgio Campinho quando este aduz que "a iniciativa é até mesmo recomendável, em caso de dúvida. A autarquia atua, outrossim, como um órgão consultivo. A qualquer interessado é facultado provocar a manifestação do CADE sobre a legalidade dos atos que possam, de qualquer forma, caracterizar infração à ordem econômica (Lei nº 8.884/94, Artigo 7º, inciso XVII). Mas o pronunciamento é técnico e o juiz deve examiná-lo como examina um laudo pericial" (*Ob. cit.*, p. 162).

4. Conclusão

A repressão e a prevenção de ações capazes de prejudicar ou limitar a livre concorrência ficam a cargo do Sistema Brasileiro de Defesa da Concorrência (SBDC), o qual é integrado pela Secretaria de Direito Econômico (SDE); pela Secretaria de Acompanhamento Econômico (SEAE); e pelo Conselho Administrativo de Defesa Econômica (CADE), autarquia vinculada ao Ministério da Justiça.

Os atos que possam limitar ou de qualquer forma prejudicar a livre concorrência ou resultar na dominação de mercados relevantes de bens ou serviços submetem-se à apreciação do CADE, nos moldes do artigo 54 da referenciada Lei nº 8.884/94. O aludido Conselho emerge, pois, como um órgão técnico com função judicante administrativa.

Com o escopo de viabilizar a implementação do desiderato de preservação da empresa da forma mais *eficiente* possível, o legislador conferiu ao devedor empresário ampla liberdade em relação aos meios de recuperação que poderão integrar o plano a ser submetido à aprovação de seus credores.

O aludido plano pode, inclusive, contemplar atos de concentração sem que tal fato torne imprescindível a prévia aprovação das indigitadas operações pelo CADE.

As decisões proferidas pelo CADE fazem coisa julgada administrativa, justamente por não comportarem revisão no âmbito do Poder Executivo (Artigo 50 da Lei nº 8.884/94). Tal fato, contudo, não impede a revisão dos aludidos julgados administrativos pelo Poder Judiciário. Destarte, a palavra final em relação aos atos de concentração será sempre do Estado-Juiz.[54]

Em uma situação ordinária – na qual não se esteja diante de um cenário de insolvência – não há razão alguma a amparar seja o Estado-Juiz consultado diretamente, isto é, sem que haja a anterior oitiva do CADE. Ademais, nessa hipótese, a competência para a revisão de decisão proferida pelo indigitado órgão será sempre da Justiça Federal.

Contudo, a aferição de legalidade de operação constante de plano de recuperação (inclusive à luz do Artigo 54 da Lei nº 8.884/94) que, uma vez aprovado pelos credores do devedor empresário, pode viabilizar

---

[54] Sérgio Campinho, *ob. cit.*, p. 161.

a superação da crise econômico-financeira na qual este se encontra mergulhado, deve ser feita diretamente pelo juiz da recuperação judicial.

Caso se vislumbre um conflito entre os princípios da preservação da empresa e da livre concorrência, deve o primeiro receber um *peso maior*, sem que isso implique o afastamento da livre concorrência. Isto porque o próprio juiz da recuperação judicial, como guardião da legalidade do plano, deverá atestar a legalidade da operação que se deseja implementar, não só no que tange à sua validade formal e material, como também quanto à possível limitação à concorrência, analisando os parâmetros constantes do artigo 54 da Lei nº 8.884/94 e, consequentemente, vetando os atos de concentração que transcendam os limites impostos na lei. A livre concorrência é reafirmada, na medida em que todo o sistema de defesa da concorrência estaria esvaziado se não houvesse empresa a ser exercida e, no caso em comento, recuperada. Sob a ótica de um conflito entre as regras especiais constantes da Lei nº 11.101/2005 e da Lei nº 8.884/94, o resultado do exercício exegético, através da ponderação de regras,[55] seria o mesmo.

Ademais, a análise da questão sob o ponto de vista estritamente econômico não nos conduz à diversa conclusão. Na especial situação de o ato de concentração integrar um plano de recuperação que, se aprovado pelos credores, poderá possibilitar a recuperação do devedor em crise, tem-se que o mais *eficiente* para o próprio mercado é possibilitar a preservação da atividade econômica. O fato de a avaliação dos impactos que determinado ato de concentração venha a provocar na concorrência ficar a cargo do juiz da recuperação não vulnera o princípio da livre concorrência, porquanto este magistrado fará a análise da legalidade da operação como um todo.

---

[55] No que tange à possibilidade de se ponderar regras (e não só princípios), confira-se a valiosa lição de Humberto Ávila *in ob. cit.*, pp. 43/55.

Referências Bibliográficas

ÁVILA, Humberto. *Teoria dos Princípios: da Definição à Aplicação dos Princípios Jurídicos*, 4ª ed. São Paulo: Malheiros, 2005, 138 p.

CAMPINHO, Sérgio. *Falência e Recuperação de Empresa: O Novo Regime da Insolvência Empresarial*, 4ª ed. Rio de Janeiro: Renovar, 2009, 477 p.

Conselho Administrativo de Defesa Econômica; Institucional; O CADE; O que é? Disponível em: http://www.cade.gov.br/Default.aspx?3dfd3ec249c748e271. Acesso em 19/9/2009.

DA SILVA, José Afonso. *Comentário Contextual à Constituição*, 3ª ed. São Paulo: Malheiros, 2007, 1.024 p.

DE ARAÚJO, Valter Shuenquener. O (Indispensável) Papel do CADE nos Atos de Concentração Previstos em Planos de Recuperação. *Revista Semestral de Direito Empresarial – RSDE*, nº 2, janeiro/junho 2008. Rio de Janeiro: Renovar, 2007, pp. 73/92.

DE TOLEDO, Paulo F. C. Salles; ABRÃO, Carlos Henrique (Coordenadores). *Comentários à Lei de Recuperação de Empresas e Falência*, 2ª ed. São Paulo: Saraiva, 2007, 558 p.

FERREIRA, Waldemar. *Instituições de Direito Comercial: A Falência*, 4º vol. São Paulo: Livraria Editora Freitas Bastos, 1946, 442 p.

FRANCO, Vera Helena de Mello; SZTAJN Rachel. *Falência e Recuperação da Empresa em Crise*. Rio de Janeiro: Elsevier, 2008, 314 p.

MANKIW, N. Gregory. *Introdução à Economia: Princípios de Micro e Macro Economia*. Tradução da 2ª edição americana por Maria José Cyhlar Monteiro. Rio de Janeiro: Campus, 2001, 831 p.

_____. *Princípios de Microeconomia*. Tradução da 3ª edição americana por Allan Vidigal Hastings. São Paulo: Thomson Learning, 2007, 506 p.

MARSHALL, Carla. *Direito Constitucional: Aspectos Constitucionais do Direito Econômico*. Rio de Janeiro: Forense Universitária, 2007, 223 p.

MAXIMILIANO, Carlos. *Hermenêutica e Aplicação do Direito*, 19ª ed. Rio de Janeiro: Forense, 2007, 342 p.

Ministério da Justiça; Defesa da Concorrência; O que é o SBDC? Disponível em: http://www.mj.gov.br/data/Pages/MJ29715BC8ITE-MIDCEF35B5AB2E84F6A8CA8858B129BB4EFPTBRIE.htm. Acesso em 23/9/2009.

OLIVEIRA Gesner; RODAS João Grandino. *Direito e Economia da Concorrência*. Rio de Janeiro: Renovar, 2004, 571 p.

PINHEIRO, Armando Castelar; SADDI, Jairo. *Direito, Economia e Mercados*. Rio de Janeiro: Elsevier, 2005, 553 p.

SAMUELSON, Paul A.; NORDHAUS William D. *Economia*. Tradução da 14ª edição americana por Elsa Nobre Fontainha e Jorge Pires Gomes. Lisboa: McGraw-Hill, 1993, 908 p.

ZYLBERSZTAJN, Decio; SZTAJN, Rachel (Organizadores). *Direito & Economia: Análise Econômica do Direito e das Organizações*. Rio de Janeiro: Elsevier, 2005, 315 p.

5 SOBRE A RELAÇÃO ENTRE FILOSOFIA DO DIREITO E FILOSOFIA DA HISTÓRIA EM KANT

Karine Cunha de Souza
Celso Martins Azar Filho

Karine Cunha é graduanda em Direito pelo Ibmec-RJ. Bolsista de Iniciação Científica do PIBIC/CNPq/Ibmec.

Celso Martins Azar é Doutor em Filosofia (UFRJ/ENS-Paris). Professor Adjunto da Faculdade de Direito do Ibmec-RJ.

> Es ist Pflicht, das höchste Gut nach unserem größten Vermögen wirklich zu machen; daher muß es doch auch möglich sein;(...)
>
> Kant, *Kritik der praktischen Vernunft*

Resumo

Tratar da evolução do direito é tentar dar sentido à sua história, o que significa colocar em questão a possibilidade do progresso da humanidade. Para Kant, tal possibilidade se define no tomar a razão como destino: aí se encontram o solo e o horizonte da dignidade e dos direitos do homem.

Sumário

1. Introdução. 2. Direitos Fundamentais e Novos Direitos. 3. A Importância da Obra Kantiana para a Filosofia do Direito. 4. Os Direitos do Homem e a Limitação do Poder Dominante Segundo Kant. 5. A Dignidade do Homem. 6. Constituição e Cosmopolitismo. 7. Direito e História. 8. Conclusão. Referências Bibliográficas.

Palavras-chave

Kant. Filosofia do Direito. Filosofia da História.

1. Introdução

Foi a partir de um empenho geral de compreensão e descrição da consolidação histórica dos direitos fundamentais através dos novos direitos que se articulou a pesquisa da qual resultou o presente texto. E queremos crer que tal empenho já faz parte de um esforço de construção desta mesma história.

Falar da evolução do direito é narrar como a evolução dos direitos caminha: lenta, difícil e tortuosamente. Seu desenvolvimento não se dá como simples advir do novo, mas em uma constante retomada que abre novos caminhos na medida mesma em que tem sucesso em se reestruturar desde suas fundações, tornando-se inovador precisamente ao preservar seu espírito, seu caráter fundamental, sua dignidade, em situações inéditas. Se isto é verdade, para tratar do tema dos novos direitos, a filosofia jurídica precisa refletir sobre a história do direito de maneira a construir uma filosofia da história dos direitos fundamentais que possa auxiliar na consideração das vias de sua realização: é do que aqui se trata.

2. Direitos Fundamentais e Novos Direitos

Muitos esquecem, quando usam a hoje tão utilizada classificação dos direitos em gerações, que se trata de uma ordem não apenas cronológica, mas lógica. Ou seja, os direitos anteriores, cuja forma seria mais "antiga", continuam a se desenvolver nos posteriores (mesmo se do ponto de vista histórico dos primeiros, os mais tardios não pudessem sequer ainda ser imaginados). Além disso, a própria taxionomia aí criada não se sustentaria não houvesse uma presença transversal dos diversos planos e formas de direitos uns nos outros a partir de seu desenvolvimento, ou seja, uma interferência constante entre estes e a realidade histórica em suas múltiplas realizações e diversas possibilidades de leitura. Aliás, é só por esta razão que esta ideia pôde se difundir tanto, provendo uma espécie de dispositivo teórico interdisciplinar para a consideração científica da constante produção e estruturação dos novos direitos. E por isto, a denominação mais acertada, em lugar de "gerações", seria a hoje não menos usual "dimensões", a qual contribui mais claramente para marcar a dependência cruzada das suas diversas faces com as raízes fundamentais que nelas constantemente germinam.

Por que insistir sobre isso quando se trata de uma simples classificação cujo efeito seria meramente informativo? Porque não é este o caso: estamos diante de um aparato teórico que, embora ele mesmo histórico, tenta dar conta da história como se fora dela estivesse. Nada aqui a reprovar, ao menos não completamente: oscilar entre a consideração da verdade em si mesma, lógica, e as suas diversas projeções no tempo e no espaço, é uma disposição constitutiva de nosso intelecto e, portanto, um tema antigo e constante na filosofia da história. A verdade é ela mesma histórica ou, inversamente, até o discurso da história deve se submeter a um critério de verdade em si mesmo absoluto?

Comecemos percebendo que se, na imagem das vagas sucessivas, a ideia dos direitos fundamentais se encontra posta em perspectiva a partir de sua evolução é porque, enfim, deste prisma somente aquela ideia faz sentido e tem utilidade para a teoria jurídica. Por isso mormente importa narrar a história da realização dos direitos, já que a noção mesma de direito (e ainda mais no caso daqueles direitos percebidos como fundamentais) haure seu sentido de sua atualização concreta, legitimando-se por sua exequibilidade.

O problema é que, assim, a fundamentação dos direitos fundamentais passa a ser uma espécie de redundância, e não apenas nesta expressão, mas literal e efetivamente uma espécie de petição de princípio, dada sua aparente inutilidade. E daí que sua única justificativa possa ser histórica, logo prática ou pragmática. Vê-se por aí em que encruzilhadas subterrâneas historicismo, positivismo e metafísica terminam por se encontrar e justificar; não sendo este, porém, nosso assunto aqui, para bom entendedor etc.

Acreditamos, porém, que para boa parte dos leitores, o que tudo isto teria a ver com os direitos fundamentais, a democracia, os novos direitos, e até mesmo com o direito pura e simplesmente, deve permanecer um tanto nebuloso até o momento – e esta, sem qualquer paradoxo, talvez seja a motivação principal que me conduz por estas linhas.

Pois a questão filosófica primordial, pré-socrática, da mudança e da permanência, do ser e não-ser, do mesmo e do outro (questão da qual a teoria platônica das ideias ou a lógica aristotélica são de certa forma consequências), deveria ser imediatamente visível nisto, por suas consequências no campo da filosofia jurídica (e também no campo da ética, da filosofia da arte, da filosofia política etc.). Um exemplo usual: o que é a liberdade? Será que significa o mesmo para nós hoje que para os gregos/romanos? Não. Entretanto, ela funcionava também como um princípio jurídico extremamente importante na lei romana.

Assim, a liberdade não é a mesma então e hoje, mas há algo nela que se mantém: por exemplo, o fato de permanecer um princípio jurídico basilar. Como o mundo e cada um de nós: sempre iguais e sempre diferentes. E isto leva a outro problema crucial, cujo desenrolar corresponde à própria constituição da tradição ocidental de pensamento: a famosa questão dos universais, ou a investigação da complexa relação dos conceitos entre si e com a realidade. Basta lembrar que "realidade" também é um conceito, e, claro, histórico, para que a vertigem inerente à condição humana nos arraste para aquela perplexidade que Aristóteles e Platão julgaram ter sido o primeiro impulso em direção à criação da ciência. E é porque, novamente, bem sabemos que para boa parte dos nossos leitores, isto minimamente se faz sentir – provavelmente parecendo uma bobagem sem necessidade e efeito "prático" – que tudo o que se segue é necessário.

Pois o risco aqui é deixar na sombra a questão da justificação simplesmente se apelando para o que o senso comum mais vulgar imagina serem os direitos fundamentais. É preciso que se entenda que não basta falar de igualdade, liberdade, direito de propriedade ou de participação política, etc., para cortar o nó górdio do problema da fundamentação – que é por excelência o problema próprio da filosofia jurídica – simplesmente se referindo ao ordenamento jurídico constituído. Se for claro que o sentido que damos ao direito é definido principalmente por sua normalização, seria não obstante um erro grave reduzir o direito a um simples artefato teórico. Ora, se o direito nada mais fosse que um artefato, só poderia ser justificado por seus efeitos: fazê-lo, porém, seria recair no utilitarismo e daí no cientificismo positivista. Nome genérico para algo que é enfim mais um espantalho teórico do que uma posição; e cuja principal falha não é, porém, lógica, mas política.

O principal erro aqui seria crer que o direito tão somente se reduz a um esquema: por exemplo, as tão faladas "regras do jogo" da democracia – a qual se constituiria, também ela, como apenas mais um aparato contratual de governança. Nenhuma construção teórica caída sabe-se lá de onde poderia automaticamente garantir a um tempo a correção dos juízos e da aplicação dos vereditos, se de saída este enxergar e dizer a verdade não nos pertencesse, e aos nossos afazeres mais cotidianos (e não sei bem se isto é repetir Hegel, Husserl, Heidegger ou Gadamer). Sendo evidente que dependemos de aparatos e artefatos teóricos para entender as coisas (e, portanto, viver), a tarefa de dizer a verdade e a justiça – jurisdições e vereditos – é nossa, assim como sua história é a nossa história – e não há lugar fora ou além dela. Conosco se movem nossas invenções, sejam constituições ou rodas – por nós postas em movimento, como a democracia: não são as leis que governam, somos nós. E precisamente porque neste processo terminamos por ser reinventados por nossas invenções, precisamos ter bem claro nosso comprometimento nisto; assim como precisamos também de boas leis – e de responsabilidade ao criá-las, aplicá-las e segui-las.

Ora, toda discussão dos direitos do homem em tudo e por tudo depende da sua história, mas estranha e paradoxalmente com frequência pretende dela se apartar, erigindo-se em instância autônoma suprema a partir da qual se supõe que a própria história deva ser avaliada. Mas é da maneira como entendemos e escrevemos a história que resulta a capacidade de nos avaliarmos e de projetarmos o futuro; e da consciência de que nossos juízos, tanto datam, como são datados, tanto julgam, como serão julgados, constitui-se nossa trajetória como compreensão, como abarcar de nossas heranças e possibilidades em e pela sua construção mesma. Sendo assim, os resultados só podem ser julgados pelas intenções, as metas, pelo processo, as realizações, pelas fundações que, em sua estabilidade e vigor, devem garantir o florescimento de nossas muito antigas humanas esperanças. Pois é do contorno e substância mesma de nossa humanidade que se trata aqui.

Não por acaso, na Modernidade, filosofia do direito e filosofia da história são campos tão intimamente relacionados. No momento de acabamento do conceito moderno de história, de seu aperfeiçoamento teórico na Enciclopédia, a consciência do fazer histórico através do direito e da novíssima teoria política torna-se madura. E assim, além daquela fronteira decisiva representada pelo século XVI, da fonte que começa a murmurar no renascimento do século XII, vamos aqui interrogar ao século XVIII sobre o que chamamos agora de direitos humanos. E vamos fazê-lo do ângulo mais problemático: para que servem?

3. A Importância da Obra Kantiana para a Filosofia do Direito

Quando se trata de estudar a questão geral dos direitos fundamentais (dos direitos do homem, naturais, humanos etc.), a obra kantiana constitui uma das referências mais constantes. E isto por diversas razões, mas sobretudo pela importância geral do pensamento de Kant para a filosofia do direito. Pode-se bem dizer que a filosofia jurídica contemporânea, segundo uma tendência que significativamente se afirma a partir do fim do século XIX, é neokantiana: e muitos, mesmo quando recusam o rótulo (como amiúde se faz), certamente, pelo menos em alguma medida, não lhe escapam.

Nosso objetivo, aqui, contudo, não será traçar o mapa destas influências, e muito menos arriscar uma interpretação geral da filosofia kantiana do direito. Apenas queremos prestar auxílio àqueles que, como é frequente em nosso país, somente tem à disposição edições mal-elaboradas e incompletas, traduções incompetentes, bibliotecas (quando existem) com acervo reduzidíssimo, e além de tudo, no caso do direito, toda a arrogância dos "práticos" para desanimá-los da leitura de qualquer clássico. Para tanto, vamos reler alguns trechos essenciais da obra kantiana, não apenas por sua significação jurídica, mas por permitirem realçar certos pontos de vista do autor que se demonstrariam muito certamente fecundos para aquele jurista que os decidisse tomar como orientação com relação à questão da efetivação dos direitos fundamentais.

Mas que se tenha claro de início: apelar a Kant para justificar seja o que for, é algo que deve ser feito com muito cuidado. Estamos diante de uma construção filosófica impressionante, extremamente complexa e sedutora em sua solidez e equilíbrio. E bastante consequente.[1] Pensar que se poderia aqui tomar algo e simplesmente recusar o resto é de uma ingenuidade que beira a incapacidade em compreender o pensamento kantiano e dominar tanto os problemas aí enfrentados quanto as soluções apresentadas. Paralelo é o perigo mais difuso de se crer em um aperfeiçoamento histórico de certas noções desde então até nossos dias: guardemo-nos de lidar com a filosofia de forma "construtiva", como se estivéssemos a tratar de um progresso "científico" ao longo da sua história, semelhante àquele que alguns acreditam ocorrer no campo das ciências naturais, coisa que todo verdadeiro estudante das grandes obras do pensamento ocidental sabe problemática.

---

[1] Fazemos parte daqueles que acreditam na coerência profunda do pensamento kantiano. Mas este juízo não é de forma alguma pacífico entre os especialistas (o que de nenhuma forma nós mesmos somos).

Nossa ambição nestas páginas resume-se a alcançar uma interpretação que seja útil à maior parte dos interessados no pensamento jurídico kantiano, desagradando o mínimo ao especialista; isto é, tão ampla quanto possível sem cair na superficialidade. Pretendemos com isto, na verdade, estruturar um projeto de pesquisa para nosso próprio uso.

Ao fim e ao cabo, é simplesmente inspiração que esperamos encontrar e transmitir aqui: utilizar a perspicácia kantiana em nosso proveito, para pensar o direito hoje – e muito poucos foram tão perspicazes quanto o filósofo de Königsberg.

4. Os Direitos do Homem e a Limitação do Poder Dominante Segundo Kant

É sempre bem claro que com relação aos direitos humanos a maior objeção provém sempre do seu pretenso custo, seja econômico, social ou político. Trata-se de um aspecto muito importante da clássica disputa entre o útil e o honesto. E tal dilema, como é bem sabido, sofreu uma torção decisiva a partir do Renascimento, início do desenvolvimento de uma teoria política efetivamente autônoma.

Não por acaso é então que a ideia de direitos humanos começa a se tornar possível, paralelamente ao conceito da humanidade do homem como um universal primeiro e último, o qual estaria sempre por se realizar nas ações do sujeito mesmo em que se objetiva. A noção de "humanidade" como horizonte racional de realização do ser humano – noção cujas raízes filosóficas são obviamente gregas – começa a se formar na baixa Idade Média.

Quando começam também a se dar as pré-condições do que costumamos chamar hoje de direitos subjetivos. Aí se encontram as bases ideológicas a partir das quais se desenvolveu a noção moderna de direitos fundamentais. Tal desenvolvimento reclama uma apreciação cuidadosa de sua história, ou seja, exige uma consideração filosófica de seu sentido histórico: é esta necessidade que à segunda metade do século XVIII em primeiro lugar coube compreender e exprimir claramente em termos ainda bem vivos entre nós (e temos um excelente exemplo na obra kantiana).

* * *

Vamos partir da passagem final de um texto bastante interessante para a consideração de nosso tema – *Sobre a discordância entre a moral e a política a propósito da paz perpétua*[2] – e tentar explicar seu sentido, esclarecendo certos balizamentos gerais da visão jurídica kantiana por meio do retorno lógico às suas bases filosóficas.

> O direito do homem deve ser considerado sagrado, por maiores que sejam os sacrifícios que custem ao poder dominante. Não se pode aqui partir meio a meio, e inventar o meio termo de um direito pragmaticamente condicionado (situado entre o direito e o proveito), porém toda política está obrigada a dobrar os joelhos diante do primeiro, podendo por isso mesmo esperar, ainda se lentamente, alcançar um nível em que brilhará permanentemente (AK VIII, 380).

A política deve, tal como o poder dominante, dobrar os joelhos diante do direito. Kant parece ter em mente, de modo geral, os hoje cognominados direitos de primeira geração: a defesa da liberdade diante da soberania do Estado e de todo poder constituído. Para a filosofia kantiana, esta limitação é decisiva: assim se traça uma linha divisória clara, barricada que a lei ela mesma deve encarnar, protegendo em primeiro lugar o homem, ao definir certos direitos fundamentais como invioláveis.

E assim, também aos direitos de dimensões posteriores (que nos permitiriam, não apenas limitar, mas ainda impor obrigações positivas), os direitos sociais ou os políticos, o mesmo tipo de discurso poderia ser estendido hoje. Pois outra fronteira mais antiga e universal aí se demarca: descrita como aquela entre o útil e o honesto, poderia ser traçada também entre o dever e o prazer, o bem e o bom, a moral e a política etc. Nas palavras de Kant, entre o direito e a vantagem, ou o direito e a política (considerada esta em sua feição mais degradada).

Não vamos nos arriscar aqui a discutir as relações entre direito, economia e política, ou a questão geral do fundamento absoluto dos direitos fundamentais (como é bem sabido, não só os direitos mudam, mas podem também se contradizer, há a questão básica de como os positivar, além do problema crucial de como os garantir praticamente etc.).

---

[2] Trata-se da primeira parte da conclusão do livro *À Paz Perpétua* (*Zum ewigen Frieden*). As traduções (que seguem sempre que possível as edições em língua portuguesa disponíveis) são de nossa responsabilidade. Consulte-se a nota bibliográfica sobre as abreviações e traduções no final do texto.

Renunciando a atacar tais problemas diretamente, tentaremos esclarecer brevemente a relação entre a filosofia do direito de Kant e sua filosofia da história no que toca à ideia geral de evolução do direito; o que implicará tratar de forma indireta aqueles mesmos problemas, porém com a vantagem de mirá-los de um ponto de vista determinado.

Que se inverta a questão: Qual é a utilidade de tratar dos direitos fundamentais? Será que estamos apenas a cuidar de quimeras inúteis – e talvez mesmo nocivas ao homem e à sociedade humana – em sua pretensão sonhadora e desastrada? Para responder seria preciso, de acordo com o senso comum, estabelecer em termos palpáveis as vantagens de tal pesquisa e de tal luta. Seria preciso mostrar que os combates jurídicos em torno dos direitos humanos obtiveram efetivamente resultados práticos, melhorando a vida do homem. Logo, deve-se perguntar se há ou houve algum progresso ao longo da história do direito, e o que nos daria não apenas esperanças, mas uma confiança digna de crédito na continuidade de tal transformação positiva.

Muitos quiseram responder a esta pergunta afirmativamente, como forma de justificar, além da utilidade, a própria existência da ciência jurídica, vendo provas e sinais evidentes de melhora na defesa e implementação dos direitos em geral ao longo do desenvolvimento do estado de direito. E não só em razão de justificativas meramente teóricas, mas visando uma demonstração persuasiva da sua eficácia pragmática – já que isto tanto mais urgente ao jurista é, quanto, por exemplo, ao médico, pois, de maneira semelhante, da confiança neles depositada (ainda se imerecida) depende em grande parte o sucesso do tratamento (mesmo quando este apenas se reduz a garantir uma morte tranquila).[3]

Ora, não é esta a questão para Kant ou, ao menos, não é isto o que verdadeiramente importa quando se trata de demonstrar a necessidade de se lutar pelo direito. Na verdade, o trecho citado já o confirma: não importa o proveito, porém o direito. Não está em questão provar que o direito dá resultado, ou é vantajoso, para então nos persuadirmos de sua utilidade. Não se trata de economia, de política etc., mas do direito é que se trata – o que aqui significa, por extensão, da moral. Esta, como aquele, não é medida por qualquer espécie de resultado

---

[3] Como diz Kant, no final da segunda parte do *Conflito das Faculdades*, o paciente pode, aqui, morrer da cura (AK VII, 93).

prático; muito ao contrário, é a partir do direito e da moral que os resultados quaisquer que sejam devem ser avaliados. Ora, lei moral e lei jurídica têm sua fonte na razão: para Kant, o direito é uma forma de regular racionalmente as relações entre os membros de uma nação e entre os povos.

Justamente por isso a utilidade ou a felicidade não poderiam ser os objetivos do direito: isto seria inverter a ordem lógica e moral das prioridades, fazendo deste meramente um instrumento – e assim o anular. O direito não é, e nem poderia ser, um meio para a felicidade, mas, bem ao contrário, até quando são promulgadas leis que visam à felicidade dos cidadãos, isto é feito simplesmente como forma de assegurar o estado jurídico.[4] Ora, é este que garante a possibilidade daquela, e não o contrário. Até porque o conceito de direito não é empírico, haurido da prática ou da experiência, mas consequência de nossa consciência do imperativo categórico: a grande lei moral que, no encadear de nossa vontade, a libera pelo reconhecimento de seus direitos e deveres com relação a si mesma e (o que dá no mesmo) com relação aos outros – isto é, em vista da racionalidade de certa decisão. Dito de outro modo: a vontade livre, ou racional, define-se como aquela que obriga a si mesma em sua autonomia, ou seja, obedece às suas próprias leis. E é daí que desenvolvemos o poder de obrigar a outrem – isto é, o conceito de direito.[5]

Só pela afirmação desta ancoragem moral racional do direito como reconhecimento ético-jurídico da liberdade de todos chega-se à fundamentação de um direito político (*Staatsrecht*): aquele cujo conceito tem força obrigatória anterior a qualquer consideração de bem ou mal-estar dele resultante e, por isso, realidade prática. Pois se não houver nada que racionalmente imponha um respeito imediato – tal como o direito dos homens (*Menschenrecht*) deve impor –, então é da força que se trata, e não do direito. O que tornaria enfim insegura toda constituição legal.[6]

---

[4] E antes de tudo contra os inimigos exteriores do povo. Kant, como veremos, é sempre bem consciente da conexão entre direito externo e interno (por exemplo, ao longo da *Paz Perpétua*). E aí está algo de muito importante para entender por que a filosofia jurídica kantiana nega o direito de resistência: seu emprego intempestivo colocaria em risco a sobrevivência do Estado, contrariando a constituição civil que representa a vontade unida do povo (cf. AK VIII, 298-305).

[5] Cf. MS, Eintheilung der Metaphysik der Sitten überhaupt I (AK VI, 238).

[6] TP II (AK VIII, 306).

5. A Dignidade do Homem

Para entender melhor por que, vamos tentar ver as coisas de um ponto de vista mais concreto (como em geral aos juristas agrada). O que protegemos quando tentamos salvaguardar os direitos humanos? A resposta há muito se tornou clássica: a dignidade do homem. Quando está em jogo esta ideia decisiva para o direito moderno, os apelos a Kant tornaram-se tão comuns, que se perdeu de vista a própria autoridade, alegada em meio a muito palavrório sem sentido. Uma constatação de todo modo se impõe, e não é muito difícil de inferir desde o movimento e estruturação gerais do pensamento kantiano: a dignidade do homem reside em sua razão. Esta constitui a vontade humana como legisladora universal:

> Seres racionais estão, pois, todos submetidos a esta lei que manda que cada um deles jamais se trate a si mesmo ou aos outros simplesmente como meios, mas sempre simultaneamente como fins em si. Daqui resulta porém uma ligação sistemática de seres racionais por meio de leis objetivas comuns, i.e., um reino que, exatamente porque estas leis têm em vista a relação destes seres uns com os outros como fins e meios, se pode chamar um reino dos fins (que na verdade é apenas um ideal). [...]
>
> O ser racional tem de considerar-se sempre como legislador num reino dos fins possível pela liberdade da vontade, [...]
>
> A moralidade consiste, pois, na relação de toda a ação com a legislação, através da qual somente se torna possível um reino dos fins. Esta legislação tem de poder encontrar-se em cada ser racional mesmo e brotar da sua vontade, cujo princípio é: nunca praticar uma ação senão em acordo com uma máxima que se saiba poder ser uma lei universal, quer dizer, só de tal maneira que a vontade pela sua máxima se possa considerar a si mesma ao mesmo tempo como legisladora universal. [...]
>
> A necessidade prática de agir segundo este princípio, isto é, o dever, não assenta em sentimentos, impulsos e inclinações, mas sim somente na relação dos seres racionais entre si, relação essa em que a vontade de um ser racional tem de ser considerada sempre e simultaneamente como legisladora, porque de outra forma não podia pensar-se como fim em si mesmo. A razão relaciona, pois, cada máxima da vontade concebida como legisladora universal com todas as outras vontades e com todas as ações para conosco mesmos, e isto não em virtude de qualquer outro móbil prático ou de qualquer vantagem futura, mas em virtude da ideia da dignidade de um ser racional que não obedece a outra lei senão àquela que ele mesmo simultaneamente dá.

> No reino dos fins tudo tem um preço ou uma dignidade. Quando uma coisa tem um preço, pode-se pôr em vez dela qualquer outra como equivalente; mas quando uma coisa está acima de todo o preço, e portanto não permite equivalente então tem ela dignidade.
>
> [...]; aquilo porém que constitui a condição graças à qual qualquer coisa pode ser um fim em si mesma, não tem somente um valor relativo, isto é, um preço, mas um valor inerente, isto é, dignidade.
>
> Ora, a moralidade é a única condição que pode fazer de um ser racional um fim em si mesmo, pois só por ela lhe é possível ser membro legislador no reino dos fins. Portanto, a moralidade e a humanidade enquanto capaz de moralidade são as únicas coisas que têm dignidade.[7]

Foi preciso citar longamente esta tão célebre passagem da *Fundamentação da Metafísica dos Costumes* para mostrar como a lei moral é a base do que chamamos direitos fundamentais. A moralidade assim descrita não se define por qualquer conjunto determinado de regras morais, mas por nossa capacidade racional quando guiada por uma boa vontade. Esta, cuja constituição particular é o caráter, era para Kant a única coisa a ser considerada boa sem limitação: uma vontade que nunca se contradiz, pois quando se pensa como universal, confirma sua validade para todo ser racional, como se fosse uma lei da natureza.[8] Nada a mancha, nada a corrompe: ela paira soberana acima das circunstâncias, independente, constituindo a própria possibilidade do homem como ser moral, ou seja, racional. A fonte do direito natural – a liberdade da qual emana todo direito – é a moralidade (muito embora toda uma tradição positivista teime em se considerar herdeira de Kant sem reconhecer este fato evidente). Se o direito dos homens deve ser venerado como o que há de mais sagrado no mundo,[9] é a doutrina da virtude que assim o ordena.[10] De volta à *Fundamentação*:

---

[7] AK IV, 433-434. Cf. também AK V, 87.

[8] AK IV, 393, 437-440. Encontrar uma contradição na própria razão é se deixar levar pela inclinação: se tomássemos a razão corretamente, esta faculdade de escolha dos fins tomaria a si mesma como fim; deixar de fazê-lo não nos reduz simplesmente ao animal (já que mesmo escolhendo fins pela inclinação ainda somos racionais: TL, 235), mas a eles nos equipara (por agirmos então mecanicamente).

[9] Rel 4, 1, 1, nº 1 (AK VI, 159, nº 1).

[10] "Denn es ist die Tugendlehre, welche gebietet das Recht der Menschen heilig zu halten" (MS, Metaphysische Anfangsgründe der Tugendlehre, Vorrede, IX; AK VI, 394).

E o que é então que autoriza a intenção moralmente boa ou a virtude a fazer tão altas exigências? Nada menos do que a possibilidade que proporciona ao ser racional de participar na legislação universal, tornando-o por este meio apto a ser membro de um possível reino dos fins, para que estava já destinado pela sua própria natureza como fim em si e, exatamente por isso, como legislador no reino dos fins, como livre a respeito de todas leis da natureza, obedecendo somente àquelas que ele mesmo se dá e segundo as quais as suas máximas podem pertencer a uma legislação universal (à qual ele simultaneamente se submete). Pois coisa alguma tem outro valor senão aquele que a lei lhe confere. A própria legislação, porém, que determina todo valor tem que ter exatamente por isso uma dignidade, quer dizer, um valor incondicional, incomparável, cuja avaliação que qualquer ser racional sobre ele faça só a palavra respeito pode exprimir convenientemente. Autonomia é pois o fundamento da dignidade da natureza humana e de toda natureza racional.[11]

Assim como a relação de parte e todo (por exemplo, entre certo conceito e o sistema, ou determinada estrutura e o conjunto do qual esta faz parte) deve ser orgânica, de maneira análoga, é a noção de comunidade que sustenta a moral e, portanto, o direito. O que significa dizer que só quando a noção de autonomia é universalizada, pensada de forma reflexa como propriedade, não apenas de todo ser racional, mas da comunidade dos seres racionais, adquire toda a envergadura de seu sentido. A noção de dignidade consiste, em primeiro lugar, no reconhecimento da própria racionalidade e liberdade no outro. E "(...) tal sentimento de respeito está inseparavelmente ligado à representação da lei moral em todo ser racional finito".[12]

Ou seja, esperamos uns dos outros o reconhecimento da lei porque nesta nos reconhecemos – reconhecemos aos outros e a nós mesmos. Legisladores racionais que somos (ou devemos ser), diante da lei – nossa lei – encontramos o fundamento de nossa dignidade. Tal como indivíduos, como sociedade – e daí como sociedade de todos os povos da terra. Pois a ideia de uma comunidade universal de seres racionais (o "reino dos fins" kantiano, aludido na passagem citada) é o solo no qual podem florescer todas as disposições mais genuínas de nossa hu-

---

[11] AK IV 435-436.

[12] KpV I, 3 (AK V, 80). Lembre-se o famoso *corpus mysticum* dos entes racionais: KrV, Transscendentale Methodenlehre, II, 2 (AK III, 525).

manidade, aquelas mais profundamente enraizadas nas esperanças contidas nos direitos do homem. E só quando os vários direitos internos, nacionais, encontrarem seu cumprimento no direito externo, no direito cosmopolita – o que a evolução histórica permite ao menos esperar – encontrarão sua razão de ser última.[13]

6. Constituição e Cosmopolitismo

Uma comunidade (ou uma república) é uma sociedade em estado civil. Esta é instituída por um contrato social que estabelece entre os homens uma constituição civil e assegura seus direitos através de leis públicas de coação. O estado civil é o estado jurídico, o estado de direito, e se funda na liberdade, na igualdade e na independência.[14] Aí os cidadãos são co-legisladores, pois precisamente chama-se cidadão quem tem direito de voto no sistema de leis que forma o direito público.[15]

O direito trata de garantir a concordância da liberdade de cada um com a liberdade de todos (tal é a "lei universal do direito"); e o direito público "é o conjunto de leis externas que tornam possível tal concordância universal".[16] Todo direito depende de leis, e a lei fundamental – que só pode surgir da vontade unida do povo – é o contrato originário. E por que um contrato? Porque, se todos em princípio têm o direito de buscar a felicidade pelos caminhos que achem bons, o bem-estar de um depende da vontade do outro.[17]

A ideia do contrato, mesmo sendo uma simples ideia da razão, tem realidade prática, obrigando cada legislador a dar suas leis como se estas pudessem ter emanado da vontade coletiva do povo, ou seja, como se cada cidadão tivesse contribuído com seu voto a formar tal vontade.

E aqui está a chave do absoluto respeito kantiano dos direitos que se podem chamar fundamentais: quando está em questão a obediência à legislação vigente, não se trata da felicidade que cada súdito deve esperar de certa instituição ou do governo da comunidade, senão antes

---

[13] IG, Achter Satz (AK VIII, 28).; ZF II, Dritter Definitivartikel zum ewigen Frieden (AK VIII, 360).
[14] TP II (AK VIII, 289-290); MS, § 43-47 (AK VI, 311-316).
[15] TP II (AK VIII, 294-295).
[16] Ibid. 289-290; cf. MS, *Enleitung in die Rechtslehre* § C (AK VI, 230).
[17] Ibid. 290-291; 294-295

de tudo unicamente do direito que se deve assegurar a todos e a cada um por este meio – "(...): este é o princípio supremo do qual têm que derivar todas as máximas referidas a uma república, e não pode ser limitado por nenhum outro" (ibid. 298).

Por isso, o bem público consiste antes de tudo na constituição legal que assegura a liberdade de cada um segundo leis; e se todo um povo conceder unanimemente seu voto a uma lei, esta lei é conforme ao direito – por penoso que seja aceitá-la. Pois este poder legislativo é irrepreensível e, portanto, irresistível até mesmo para a comunidade que o instituiu, uma vez que é através dele que esta possui direitos.[18]

Notemos como é sempre do princípio da universalização de certa decisão que se trata, ou seja, de sua coerência e consistência lógica em geral. Não por acaso está ligada a esta ideia do contrato no direito interno a ideia da possibilidade de um contrato também no direito externo: um direito internacional fundado em leis públicas por analogia com o direito civil. E do sucesso da constituição cosmopolita daí resultante depende o sucesso da constituição civil.[19]

Pois ainda que seja quando consideramos as conturbadas relações mútuas dos povos que a natureza humana aparece como menos digna de ser amada, é só pelo aperfeiçoamento do direito cosmopolita que a natureza poderá desenvolver plenamente na humanidade todas as suas disposições através do estabelecimento de uma constituição política perfeita.[20]

Esta tarefa, o maior e mais difícil de todos os problemas para a espécie humana, constitui o plano oculto da natureza para a história do homem.[21] Acreditar que tal plano (o estado cosmopolita e a constituição civil perfeita) é exequível e trabalhar para realizá-lo: nisto consiste nosso papel na natureza e, portanto, tal é o nosso dever.[22] Pois o que a natureza quer através de nós é que ao direito caiba a última palavra.[23]

---

[18] Ibid. 297-299.
[19] TP III (AK VIII, 310); IG, Siebenter Satz (AK VIII, 24).
[20] TP III (AK VIII, 312); IG, Achter Satz (AK VIII, 27).
[21] Este é o tema central da *Ideia de uma História Universal de um Ponto de Vista Cosmopolita* (consulte-se principalmente a quinta, sexta, sétima e oitava proposições).
[22] TP III; AK VIII, 313.
[23] ZF, Zweiter Abschnitt, Erster Zusatz: "(...): Die Natur will unwiderstehlich, daß das Recht zuletzt die Obergewalt erhalte" (AK VIII, 365-367).

"*O maior problema para a espécie humana, a cuja solução a natureza a obriga, é alcançar uma sociedade civil que administre universalmente o direito. Como somente em sociedade e a rigor naquela que permite a máxima liberdade e, consequentemente, um antagonismo geral de seus membros e, portanto, a mais precisa determinação e resguardo dos limites desta liberdade – de modo a poder coexistir com a liberdade dos outros; como somente nela o mais alto propósito da natureza, ou seja, o desenvolvimento de todas as suas disposições, pode ser alcançado pela humanidade, a natureza quer que a humanidade proporcione a si mesma este propósito, como todos os outros fins de sua destinação: assim uma sociedade na qual a liberdade sob leis exteriores encontra-se ligada no mais alto grau a um poder irresistível, ou seja, uma constituição civil perfeitamente justa, deve ser a mais elevada tarefa da natureza para a espécie humana, porque a natureza somente pode alcançar seus outros propósitos relativamente à nossa espécie por meio da solução e cumprimento daquela tarefa. É a necessidade que força o homem, normalmente tão afeito à liberdade sem vínculos, a entrar neste estado de coerção; e, em verdade, a maior de todas as necessidades, ou seja, aquela que os homens ocasionam uns aos outros e cujas inclinações fazem com que eles não possam viver juntos por muito tempo em liberdade selvagem. Apenas sob um tal cerco, como o é a união civil, as mesmas inclinações produzem o melhor efeito: assim como as árvores num bosque, procurando roubar umas às outras o ar e o sol, impelem-se a buscá-los acima de si, e desse modo obtêm um crescimento belo e aprumado, as que, ao contrário, isoladas e em liberdade, lançam os galhos a seu bel-prazer, crescem mutiladas, sinuosa e encurvadas. Toda cultura e toda arte que ornamentam a humanidade, a mais bela ordem social são frutos da insociabilidade, que por si mesma é obrigada a se disciplinar e, assim, por meio de um artifício imposto, a desenvolver completamente os germes da natureza*".[24]

7. Direito e História

Do que foi dito poderíamos depreender que Kant prevê um futuro brilhante para os direitos do homem, descobrindo os efeitos de sua necessária progressiva realização facilmente à sua volta, e daí encontrando as razões para justificar sua busca – e foi o que muitos fizeram

---
[24] IG, Fünfter Satz; AK VIII, 22.

(e fazem) – das suas palavras. Não sem motivo: em textos muito conhecidos, ele afirmou bem claramente o progresso moral e jurídico da humanidade; por exemplo, quando – ao encontrar na Revolução Francesa (evento decisivo na história dos direitos fundamentais) a prova factual da tendência moral humana – disse ser "(...) necessário admitir que o gênero humano sempre progrediu em direção ao melhor e continuará a progredir assim no futuro, (...)".[25]

Seria, não obstante, um grave erro de perspectiva tomar este tipo de afirmação inconsideradamente, ou sem o devido confronto com outras considerações suas igualmente importantes sobre a possibilidade do progresso em geral na história universal.[26] Tal possibilidade não constitui em si mesma qualquer espécie de confirmação teórica ou alguma espécie de garantia já dada, mas sim o fruto possível de uma necessidade prática, isto é, a ser realizada – pois que é nosso dever realizar.[27] E disto, aliás, toda a *Crítica da Razão Prática* constitui uma explicação e uma demonstração.

Em primeiro lugar, mesmo se a destinação natural do gênero humano consiste no progresso contínuo em direção ao melhor,[28] os homens podem simplesmente não a realizar, malgrado sua capacidade para tanto; pois a história de um ser definido fundamentalmente por sua liberdade não poderia estar determinada de antemão. Ora, a história não é apenas o desenvolvimento da natureza. Até porque, e em um sentido muito importante, o homem é um ser que cria a si mesmo, tendo "(...) um caráter que ele cria para si mesmo, pois possui a faculdade de se aperfeiçoar segundo fins que ele mesmo escolheu; pelo qual, como animal dotado da capacidade da razão, pode fazer de si mesmo um animal racional; (...)"[29].

---

[25] SF, Zweiter Abschnitt., 7; AK VII, 88.

[26] Por exemplo, o final da sétima divisão da terceira parte de *A Religião nos Limites da Simples Razão* (AK VI, 122-124).

[27] "(...) a natureza garante a paz perpétua pelo mecanismo nas próprias inclinações humanas; certamente com uma segurança que não é bastante para pressagiar (teoricamente) o futuro da mesma, mas é suficiente na intenção prática e transforma em um dever o trabalhar para esse fim (não simplesmente quimérico)": ZF II, Zweiter Abschnitt, Erster Zusatz (AK VIII, 368). Compreender que se trata então apenas de uma possibilidade de progresso que devemos perseguir, é algo de essencial para a correta interpretação da filosofia jurídica kantiana com relação à realização dos direitos e à própria ideia de direito.

[28] Anth., Drittes Buch, Zweiter Teil, E (AK VII, 324).

[29] Ibid. (AK VII, 321).

Sob este aspecto, mesmo a razão é apenas uma possibilidade, como o é também na história universal um evento como a Revolução Francesa, em que a ideia do direito – reluzindo com aquele caráter incondicional, incomparável, inestimável, que a distingue – imbuiu os revolucionários do mais profundo respeito e do mais corajoso entusiasmo pela sua realização.

> (...) o verdadeiro entusiasmo brota sempre do ideal, isto é, do puramente moral, tal como o conceito de direito, e não pode ser enxertado sobre o interesse egoísta. Não podiam os adversários dos revolucionários ser inspirados por recompensas pecuniárias com aquele zelo e grandeza de alma que somente o conceito de direito neles poderia produzir [...].[30]

Na nona proposição da *Ideia de uma História Universal do Ponto de Vista Cosmopolita*, Kant nota que há, desde os gregos, um curso regular de aperfeiçoamento da constituição política europeia. Este aprimoramento abre a perspectiva de um futuro no qual a espécie humana, pelo trabalho e esforço, desenvolverá a sua natureza, cumprindo sua destinação. E é por isso que deve ser considerado filosoficamente possível: "Uma tentativa filosófica de elaborar a história universal do mundo segundo um plano da natureza que vise à perfeita união civil na espécie humana deve ser considerada possível e mesmo favorável a este propósito da natureza".[31] Muito embora tal perspectiva filosófico-histórica permaneça apenas uma possibilidade no campo da realização jurídica, é precisamente sua afirmação que – em justificando, através de nós, a natureza segundo um propósito racional – justifica nossa existência. Em suma, trata-se de confiar na natureza humana e na possibilidade de uma providência a qual representa, não apenas uma conclusão racional, mas seu esteio mesmo.

> (...), é uma *necessidade racional* promanando de um princípio determinante *objetivo* da vontade, a saber, da lei moral que obriga necessariamente cada ser racional, e o autoriza, portanto, a presumir *a priori* na natureza as condições que lhe são conformes, e torna estas últimas inseparáveis do pleno uso prático da razão. É um dever realizar o soberano bem segundo a nossa máxima capacidade; portanto, ele deve ser possível; (...)[32]

---

[30] SF, Zweiter Abschnitt., 7 (AK VII, 86). É a existência de uma *disposição moral no gênero humano* (*ibid.*, 85) – cuja prova está na adesão desinteressada à Revolução – que suscita confiança no progresso.

[31] IG, Neunter Satz (AK VIII, 29).

[32] KpV I, Zweites Buch, 2, VIII, nota (AK V, 143).

8. Conclusão

Resta concluir, repondo o problema da realização prática dos direitos.

A relação entre teoria e prática é objeto de um texto crucial para o entendimento do pensamento jurídico kantiano, já citado aqui anteriormente: *Sobre a expressão corrente: isto pode ser correto na teoria, mas nada vale na prática*.[33] Lá, de início, diz Kant que deveríamos nos erguer e ter os olhos voltados para o céu e não para o chão.[34]

Note-se bem que, nem isto, nem o que se segue, significa abrir mão da política ou do direito em função da moral: pois mediremos o progresso do gênero humano em direção ao melhor por um aumento da moralidade, não nas intenções, mas nos produtos de sua legalidade nas ações conformes ao dever – e tal progresso advirá através do poder político.

Como ensinam as linhas iniciais de *Sobre a discordância entre a moral e a política a propósito da paz perpétua* (texto do qual as palavras finais foram citadas no início destas páginas), quando se pensa a política no seu sentido pleno, brilhante, "como doutrina aplicada do direito" (*als ausübender Rechtslehre*), não pode haver qualquer conflito com moral – já que esta se revela assim, não só como a própria teoria do direito e da política, mas por si mesma como prática.[35]

Não significa também, esta elevação moral kantiana, que devamos nos transformar em anjos, abrindo mão de nossas satisfações humanas e de nossa felicidade terrena, e muito menos que a prudência não tenha lugar na política. Está em curso, isto sim, uma lição geral de lógica a respeito de causas e efeitos, condições e consequências, e sobre como evitar sua confusão – o que poderia ser fatal para a realização de nossos objetivos, quaisquer que eles fossem.

---

[33] *Über den Gemeinspruch: Das mag in der Theorie richtig sein, taugt aber nicht für die Praxis.*

[34] TP (AK VIII, 277).

[35] "Die Moral ist schon an sich selbst eine Praxis in objectiver Bedeutung, als Inbegriff von unbedingt gebietenden Gesetzen, nach denen wir handeln sollen, und es ist offenbare Ungereimtheit, nachdem man diesem Pflichtbegriff seine Autorität zugestanden hat, noch sagen zu wollen, daß man es doch nicht könne. Denn alsdann fällt dieser Begriff aus der Moral von selbst weg (ultra posse nemo obligatur); mithin kann es keinen Streit der Politik als ausübender Rechtslehre mit der Moral als einer solchen, aber theoretischen (mithin keinen Streit der Praxis mit der Theorie) geben: (...)" (ZF, Anhang I: AK VIII, 370).

Embora as condições empíricas contingentes de execução da lei frequentemente se convertam em condições da lei mesma, e uma prática calculada segundo um resultado provável, de acordo com a experiência sucedida até agora, torne-se autorizada a dominar a teoria na busca confusa de uma felicidade incerta e mal definida, é a moral, logo a razão, que ensina como devemos ser dignos da felicidade.[36]

Esta dignidade como condição da felicidade caminha a par da dignidade do homem; a qual, como já foi visto, consiste antes de tudo em sua racionalidade. Ora, temos o dever de nos tornarmos felizes, apenas este é secundário com relação à própria noção fundamental de dever: necessidade de uma ação por respeito à lei.[37] Não é preciso renunciar à felicidade, fim natural do homem, em função da moral: o supremo bem é a concordância de dever e felicidade e é nosso dever trabalhar para que exista um mundo adequado aos fins supremos em conjunto: dignidade e felicidade.[38] No entanto, note-se bem que, se aquela é condição desta, esta não o é daquela. E ainda que nunca nenhum homem tivesse realizado o seu dever de maneira desinteressada, a consciência do dever, e do poder segui-lo, revela no homem um fundo de disposições divinas.[39] Por isso, tudo que moralmente é correto na teoria – o que significa: racionalmente fundamentado –, tem que valer para a prática,[40] pois se apoia precisamente na sua própria possibilidade, ou seja, no dever inato que reconhecemos em nós e em cada membro da série das gerações de agir sobre a posteridade tendo em vista sua melhora constante.[41]

Se pretender que o que até o momento não deu certo nunca dará não é uma boa ideia nem mesmo quando julgamos intenções pragmáticas ou projetos técnicos (e Kant cita as viagens aéreas, até então impossíveis), menos ainda o é quando tratamos de intenções morais cuja efetivação, se não é demonstrada impossível (e isto caberia ao adversário), torna-se um dever.[42]

---

[36] Ibid. 277-279. Cf. também KrV II, Zweites Hauptstück, Zweiter Abschnitt: *Von dem Ideal des höchsten Guts, als einem Bestimmungsgrunde des letzten Zwecks der reinen Vernunft* (AK III, 526). Prudência, política, felicidade etc., estão subordinadas à moral.

[37] GMS, Erster Abschnitt (AK IV, 399-400); KpV I, Erstes Buch, 3 (AK V, 93-94).

[38] TP I (AK VIII, 277-280).

[39] TP I (AK VIII, 284-288); também o final da Fundamentação.

[40] TP I (AK VIII, 288); TP III (313).

[41] TP III (AK VIII, 308-309); Sobre o reconhecimento do dever moral, veja-se, por exemplo: GMS, Dritter Abschnitt, "Wie ist ein kategorischer Imperativ möglich?" (AK IV, 454-455).

[42] TP III (AK VIII, 309-310).

Mesmo porque, em primeiro lugar, o importante nisto não é qualquer espécie de sucesso, mas, bem ao contrário – e ainda que o êxito não favorecesse as ações morais –, está "nas intenções, isto é, nas máximas sempre prestes a manifestar-se desta maneira por ações", o seu valor.[43] É o valor da disposição de espírito que assim se dispõe a agir de boa vontade, valor além de qualquer preço e de qualquer cálculo ou comparação, que nada pode manchar ou vencer, que se dá a conhecer como dignidade.[44]

---

[43] GMS, Zweiter Abschnitt (AK IV, 435); cf. KrV II, Zweites Hauptstück, Erster Abschnitt: "Von dem letzten Zwecke des reinen Gebrauchs unserer Vernunft" (AK III, 521).

[44] Ibid. (AK IV, 435). Nisto se vê, aliás, que a dignidade não é algo que simplesmente possuamos ou que nos pudesse ser dada ou tirada.

Referências Bibliográficas

Todas as referências à obra kantiana são feitas tendo como base a edição da Academia Prussiana de Ciências (*Kants Gesammelte Schriften, herausgegeben von der Deutschen Akademie der Wissenschaften*. Berlin: Walter de Gruyter, várias edições).

Encontram-se listados abaixo o título alemão, após sua abreviação, e o número do volume (em seguida a AK indicando *Akademie*, como é de praxe), que se encontram nas notas ao longo do texto seguidos pela paginação em cada referência determinada.

Anth *Anthropologie in pragmatischer Hinsicht* (AK VII).

IG *Idee zu einer allgemeinen Geschichte in weltbürgerlicher Absicht* (AK VIII).

GMS *Grundlegung zur Metaphysik der Sitten* (AK IV).

KpV *Kritik der praktischen Vernunft* (AK V).

KrV *Kritik der reinen Vernunft* (1st ed. (A) 1781; 2nd ed. (B) 1787; AK III-IV).

MS *Die Metaphysik der Sitten* (AK VI).

Rel *Die Religion innerhalb der Grenzen der blossen Vernunft* (AK VI).

SF *Der Streit der Facultäten* (AK VII).

TP, *Über den Gemeinspruch: Das mag in der Theorie richtig sein, taugt aber nicht für die Praxis* (AK VIII).

ZF, *Zum ewigen Frieden* (AK VIII).

As seguintes traduções foram mais frequentemente utilizadas:

KANT. *À Paz Perpétua*. Trad. M. Zingano. Porto Alegre: L&PM, 2008.

_____. *Os Pensadores*. Trad. de V. Rohden, U. B. Moosburger, T. M. Bernkopf, P. Quintela e R. R. Torres Filho. SP: Abril Cultural, 1983-4 (2 vols.).

_____. *Ideia de uma História Universal de um Ponto de Vista Cosmopolita*. R. R. Terra (org.). Trad. de R. Naves e R. R. Terra. SP: Brasiliense, 1986.

_____. *Crítica da Razão Prática*. Trad. A. Mourão. Lisboa: Edições 70, 1989.

_____. *Textos Seletos*. Trad. de R. Vier e F. de S. Fernandes. Petrópolis: Vozes, 1985.

6 O ESTADO CONSTITUCIONAL ECOLÓGICO E O ESTATUTO MORAL E JURÍDICO DOS ANIMAIS NÃO-HUMANOS

Daniel Braga Lourenço

> Professor de Direito da Faculdade de Direito da Universidade Federal Rural do Rio de Janeiro – UFRRJ. Atualmente é o Diretor Jurídico do Instituto Abolicionista Animal – IAA. Integra os Conselhos Editoriais da Revista Brasileira de Direito Animal, da Editora Evolução e Pensata Animal. Graduado pela Pontifícia Universidade Católica do Rio de Janeiro – PUC/RJ, é mestre em "Direito, Estado e Cidadania" pela Universidade Gama Filho – UGF/RJ. Especializou-se em Direito Ambiental pela Fundação Getúlio Vargas – FGV/RJ, onde também possui MBA em "Direito Econômico e Empresarial". É advogado membro do "Animal Legal Defense Fund" – ALDF (*Professional Volunteer*) e autor da obra "Direito dos Animais: Fundamentação e Novas Perspectivas" (Porto Alegre: Sergio Antonio Fabris, 2008, 566 p.).

> "A presunção é a nossa enfermidade natural e original. A mais calamitosa e frágil de todas as criaturas é o homem, e, ao mesmo tempo, a mais orgulhosa."
>
> Montaigne*

Sumário

1. Introdução. 2. A Arcaica Visão Antropocêntrica e seus Limites. 3. A Imprescindível Mudança de Paradigma. 4. Bem-estar Animal e Direito dos Animais: Abordagens Distintas. 5. Animais como Sujeitos de Direito. 6. A Teoria dos Entes Despersonalizados como Alternativa. 7. Conclusão.

---

* MONTAIGNE, Michel de. "Apologie de Raimond Sebond" *in Essays, Paris, Librarie Génerale Française – Le Livre de Poche*, 1972, II, p. 91, tradução nossa.

1. Introdução

As mudanças ambientais são tão velhas como o próprio planeta em que vivemos. Fato é que nosso gênero, *Homo*, alterou profundamente o meio ambiente desde o seu surgimento, há cerca de quatro milhões de anos. Todavia, nunca houve algo parecido com o que enfrentamos na atualidade. Diferentes e complexos problemas relacionados à degradação ambiental se colocam como questões urgentes, tais como a escassez de água, a drástica diminuição da cobertura florestal, alterações climáticas das mais variadas, desertificação, poluição do ar, proliferação de doenças, contaminação alimentar por agrotóxicos, diminuição da biodiversidade, desumanização das cidades, entre tantos outros.

No começo do século XXI, portanto, a humanidade torna-se cada vez mais consciente dos gigantescos impactos ambientais causados pelas atividades humanas e dos monumentais obstáculos relacionados à sua solução.

Nesse sentido, a Constituição Federal de 1988 coloca-se como importantíssimo vetor de transformação social. O Estado Constitucional Ecológico por ela inaugurado,[1] com um capítulo específico a tratar do meio ambiente, reconhece, implicitamente, que há um duplo desafio a ser enfrentado consistente na compreensão da questão ambiental – por meio dos processos educacionais de estímulo à ética ambiental e cidadania – e das ações concretas de resposta – através da viabilização de práticas sustentáveis e ambientalmente adequadas.

A partir desse processo, a natureza passa a definir não só um novo paradigma de democracia e sociedade como também determina uma revisão antropológica e jurídica da relação do homem com o mundo natural. Nos últimos tempos, no campo do Direito, tal como bem observa o ilustre Ministro e Professor Antonio Herman Benjamin,

---

[1] Segundo afirma o ilustre Professor José Joaquim Gomes Canotilho, "o Estado constitucional, além de ser e dever ser um Estado de Direito, democrático e social, deve ser também um Estado regido por princípios ecológicos. [...] Um Estado Constitucional Ecológico pressupõe uma concepção integrada ou integrativa do ambiente e, consequentemente, um direito integrado e integrativo do ambiente" (CANOTILHO, José Joaquim Gomes. Estado Constitucional Ecológico e Democracia Sustentada. *In:* FERREIRA, Heline Sivini e LEITE, José Morato (orgs.). *Estado de Direito Ambiental: Tendências, Aspectos Constitucionais e Diagnósticos*. Rio de Janeiro: Forense Universitária: 2004).

"vem ganhando força a tese de que um dos objetivos do Direito Ambiental é a proteção da biodiversidade (fauna, flora e ecossistemas), sob uma diferente perspectiva: a natureza como titular de valor jurídico per se ou próprio, vale dizer, exigindo, por força de profundos argumentos éticos e ecológicos, proteção independentemente de sua utilidade econômico-sanitária direta para o homem".[2]

De fato, há uma tendência de abandono da visão de mundo meramente antropocêntrica, por meio da qual o ser humano isoladamente considerado, ou mesmo a humanidade como um todo, é colocado como o centro das preocupações de toda sorte.

2. A Arcaica Visão Antropocêntrica e seus Limites

A ideia de que o homem ocupa o centro de todas as preocupações se insere no âmago da moralidade ocidental e é expressa não apenas em trabalhos filosóficos, mas na literatura, religião e no próprio senso comum. Essa ideia se divide basicamente em duas partes que contrastam nitidamente o valor da vida humana e não-humana: (a) a vida humana é tida como sagrada, inviolável, com importância central e especial, do que decorre o fato de que a preocupação básica da moralidade é a de proteger os seres humanos; (b) a vida não-humana não possui o mesmo nível de importância moral. De fato, para grande parte das pessoas, a vida não-humana não possui valor moral algum, do onde se extrai que podemos utilizá-la da maneira que melhor atenda a nossos próprios interesses.

Essa visão de mundo antropocêntrica possui uma longa história, e parte dela é relacionada à própria história do pensamento filosófico e da religião. Os gregos, por exemplo, acreditavam que tudo na natureza existia para atender a uma finalidade específica. Aristóteles (384-322 a.C.), cuja influência no curso da ciência e filosofia ocidental foi enorme (e, de certo modo, perversa), talvez seja a principal fonte da visão de que existiria uma hierarquia natural entre os objetos inanimados, os seres vivos e o homem, como que em uma "escada da vida". Nessa linha, o homem grego, portanto, afirmou a sua alteridade na razão, no logos, construindo sua identidade sobre os que lhe eram distintos.

---

[2] BENJAMIN, Antonio Herman V. "A Natureza no Direito Brasileiro: Coisa, Sujeito ou Nada Disso", *Caderno Jurídico*, Escola Superior do Ministério Público, n° 2, jul. 2001, p. 169.

Para Aristóteles, "a Natureza pertence à categoria de causas que agem no sentido de preencherem determinado propósito". A chuva cai, não por necessidade, mas para fazer com que as plantas cresçam. Não é surpreendente imaginar que o pensamento aristotélico estendeu esse tipo de explicação finalística para toda sorte de fenômenos naturais. A força da gravidade, por exemplo, era explicada em termos de objetos procurando seu lugar apropriado. Sob essa perspectiva, nada teria sido feito em vão e tudo tem um propósito e o propósito último de todas as coisas é servir à humanidade ("antropocentrismo teleológico").

O ilustre Steven M. Wise, Professor da cadeira da Faculdade de Direito da Universidade de Harvard, utilizando-se da expressão originalmente cunhada por Lovejoy,[3] denomina de *The Great Chain of Being* (A Grande Cadeia do Ser) o conceito segundo o qual se prescreve um universo estático no qual cada forma ocupa um espaço e um lugar apropriado, necessário e permanente, que fora designado previamente para ela dentro de uma hierarquia naturalística. Stephen Jay Gould, eminente paleontologista, afirma que a noção da *Great Chain of Being* é, em realidade, uma ideia "explícita e veementemente antievolucionária" que não deixa espaço para mudanças significativas ou alterações de "nível/grau".[4] Nas palavras do próprio Lovejoy, constitui ela "uma das seis pressuposições mais vigorosas e persistentes do pensamento ocidental. Até um século atrás era, provavelmente, a concepção predominante do esquema geral das coisas, da própria essência da constituição do universo e de seus elementos".[5]

As principais religiões elaboraram grandes esquemas de interpretação do mundo natural. Esses esquemas, em sua maioria esmagadora, determinam a elevação simbólica do homem, assinalando, para ele, um lugar de grande destaque na ordem da criação. A ideia de que seres humanos possuem um lugar especial na ordem da criação é tão forte, e presente em tantas tradições, que a própria religião muitas vezes se confunde com a expressão da vontade do homem de se autoafirmar perante o que lhe é distinto.

---

[3] A doutrina que "encadeia" os seres vivos dos mais complexos aos mais elementares foi estudada por Arthur Lovejoy na década de 30, tendo sido alvo de um trabalho clássico denominado *The Great Chain of Being*, fruto de uma série de palestras proferidas pelo autor na Universidade de Harvard. Para Lovejoy, tal teoria consiste em "um dos mais curiosos monumentos da imbecilidade humana" (LOVEJOY, Arthur. *The Great Chain of Being*. Cambridge: Mass, 1936; edição em português pela Editora Palíndromo, 2005).

[4] GOULD, Stephen Jay. *O Sorriso do Flamingo*. São Paulo: Martins Fontes, 2004, p. 261.

[5] LOVEJOY, *op. cit.*, p. 242.

A tradição religiosa ocidental, de origem judaico-cristã, baseia-se largamente nesse modelo e na ideia de que o homem foi feito à imagem e semelhança de Deus ("imago-Dei"). Todo o restante da criação foi feito para sua providência e utilização. Isso faz com que o homem seja o protagonista de um drama de proporções cósmicas que consolidou a própria ideia da dignidade da pessoa humana, e somente dela.

O código moral contido nessa noção afirma que nosso semelhante não deve ser morto, maltratado ou enganado. As vidas humanas são sagradas. Como consequência, as necessidades do homem devem ser observadas de forma prioritária e seus direitos rigidamente respeitados. No âmbito do Cristianismo, a preocupação com o próximo é, todavia, apenas um diminuto reflexo do próprio amor divino com a humanidade: tão grande é o seu amor que se tornou homem, e morreu sacrificado para redimir os pecados humanos. Aos obedientes a esse código moral é assegurada a participação na vida eterna. A posição com relação aos animais não-humanos é absoluta e radicalmente distinta. De acordo com os mitos de criação, e com uma interpretação conservadora desses mitos, eles teriam sido dados por Deus ao homem para serem utilizados e mortos de acordo com nossas necessidades. Tal como a Natureza, de modo geral, teriam sido criados para nosso exclusivo benefício.

Essa visão de mundo prevaleceu intocada durante a Idade Média e se perpetuou no pensamento ocidental. A teologia medieval abraça essa ideia com largueza. Santo Agostinho (354-430 d.C.), bispo de Hipona, no norte da África, renomado teólogo do século IV, consolidou, em definitivo, a agregação das ideias platônicas, aristotélicas e estoicas ao Cristianismo. No clássico "Cidade de Deus", ao discursar acerca da proibição da prática do suicídio pelos cristãos, explica Agostinho a razão pela qual o quinto mandamento, não matarás, não deve ser ampliado para abarcar os animais. O teólogo entende que a razão constituiria o elemento-chave que legitimaria a concessão aos homens do direito de não ser morto por outrem, enquanto que, correlatamente, a suposta falta dela impediria os animais de também arvorar para si tal prerrogativa. Aduz ainda que a ausência da razão representaria verdadeiro óbice a qualquer tipo de "conexão" entre homens e animais/coisas ("nem aos animais faltos de inteligência, aos quais a carência da razão interdiz qualquer sociedade conosco"), e as suas vidas estão em nossas mãos por puro "desígnio da Providência".

Não há, pois, como deixar de traçar um imediato paralelo com a antiga noção estoica de que tudo na natureza fora criado para servir à humanidade.

São Tomás de Aquino (1224-1274), também toma Aristóteles como ponto de partida para suas construções filosóficas. O pensamento tomista foi interpretado como o ponto culminante do aristotelismo cristão e não é por outra razão que, referindo-se a Aristóteles, afirma que: "Por justíssima ordenação do Criador, a vida e a morte das plantas e dos animais estão subordinadas ao homem".[6]

Kant, posteriormente, afirma praticamente a mesma ideia. Os animais não-humanos são excluídos da consideração moral pelo fato de não possuírem aspectos da nossa racionalidade. Isso significa dizer que somente o homem é um fim em si mesmo. Outras criaturas possuem valor apenas como meios para nossas finalidades. Assim, para Kant, animais têm natureza de coisas e não temos quaisquer deveres diretos para com eles. Pode-se considerar que teríamos apenas deveres ditos indiretos, na medida em que ao maltratá-los, poderíamos nos tornar insensíveis em relação à própria humanidade. Assim considerado, o dever de não lesão referir-se-ia tão somente a um aspecto do interesse humano e não animal.

Paralelamente, a hierarquia artificialmente criada entre os animais justificava e reforçava a hierarquia entre os homens. Verifica-se que a demarcação de linhas divisórias entre o homem e o mundo natural proporcionou o surgimento e a consequente justificação do mesmo comportamento do homem para com o próprio homem. O propósito dos parágrafos anteriores foi o de demonstrar que a concepção de universos marcadamente distintos traduz-se em uma ideologia que se reproduz com facilidade e que está sempre correlacionada à dominação de um grupo sobre outro. Nesse sentido, o racismo, o sexismo, o elitismo, entre outras reprováveis formas de discriminação, compartilham com o especismo[7] a mesma origem. Possuem, pois, motivação de ordem prática, qual seja a de justificar a manutenção de vantagens e privilégios de uma deter-

---

[6] AQUINO, "Tratado de Justiça" *apud* DIAS, Edna Cardozo, *A Tutela Jurídica dos Animais*, Belo Horizonte: Mandamentos, 2000, p. 31-2.

[7] O termo *speciesism* (equivalente em português a "especismo" ou "especiesismo") foi originariamente cunhado por Richard D. Ryder, psicólogo e professor da Universidade de Oxford, no artigo intitulado "Experiments on Animals", datado de 1970, e posteriormente publicado como parte do livro *Animals Men and Morals* (Godlovitch, Godlovitch and Harris, 1971). A consolidação do termo veio com a publicação do livro *Victims of Science: the Use of Animals in Research* (1975). O referido autor utilizou o neologismo para designar uma forma de in-

minada categoria, dita dominadora, sobre as demais. Essas formas de discriminação forneceram e continuam a fornecer a justificação para a vitimização, perseguição, opressão e extermínio de tudo aquilo que é diverso.

---

justiça que significa tratamento diferenciado para aqueles que não integram a mesma espécie. Ryder procurava, então, traçar um paralelo de nossas atitudes perante as demais espécies e as atitudes racistas e sexistas. Segundo o autor, todas essas formas de discriminação são fundamentalmente baseadas em características arbitrárias sendo, por tal motivo, insustentáveis: o "especismo se presta [...] para descrever a discriminação generalizada praticada pelo homem contra outras espécies, e para estabelecer um paralelo com o racismo. Especismo e racismo são formas de preconceito que se baseiam em aparências. Se o outro indivíduo tem um aspecto diferente deixa de ser aceito do ponto de vista moral. O racismo é hoje condenado pela maioria das pessoas inteligentes e compassivas e parece simplesmente lógico que tais pessoas estendam também para outras espécies a inquietação que sentem por outras raças. Especismo, racismo (e até mesmo sexismo) não levam em conta ou subestimam as semelhanças entre o discriminador e aqueles contra quem este discrimina. Ambas as formas de preconceito expressam um desprezo egoísta pelos interesses de outros e por seu sofrimento" (RYDER *apud* FELIPE, Sônia T. *Crítica ao Especismo na Ética Contemporânea: a Proposta do Princípio da Igual Consideração de Interesses*. Disponível em: <http://www.vegetarianismo.com.br>. Acesso em 8 de nov. de 2005). Posteriormente, Ryder publicou outras obras tais como *Animal Revolution: Changing Attitudes Towards Speciesism*, (Oxford: Basil Blackwell, 1989) e *The Political Animal: The Conquest of Speciesism* (Jefferson-USA: McFarland & Company Inc., 1998). Outros brilhantes autores começaram, a partir daí, a fazer uso desta nomenclatura para designar o fenômeno de colocação do ser humano como "o ápice da cadeia evolutiva" em detrimento dos outros seres vivos. O próprio Peter Singer, em sua obra *Animal Liberation* (1975), ressalta que deve a utilização do termo "especismo" a Ryder, muito embora lamente o fato de o termo speciesism e não speciesm já ter sido incorporado oficialmente pela Enciclopédia Britânica. Nesse mesmo ano de 1975, o renomado psicológo inglês Stuart Sutherland (1927-1998), também professor da Universidade de Oxford, optou por designar como espécie-centrismo a atitude de arrogância e egoísmo inatos que fazem com que se atribua consciência e autopercepção unicamente a nossa espécie (cf. *The Times Literary Supplement* – TLS de 26 de dezembro de 1975). Fernando Araujo, autor da obra portuguesa *A Hora dos Direitos dos Animais* (Almedina, 2003), utiliza o termo "especismo". O vocábulo encontra-se dicionarizado em The Oxford English Dictionary (2ª edição, Oxford: Clarendon Press, 1989), assim como no Webster Encyclopedic Unabridged Dictionary (New York: Random House Value Publishing Inc., 1996). Entre nós, temos a sua presença no Dicionário Houaiss da Língua Portuguesa (Rio de Janeiro: Objetiva, 2001). Em tal obra, optou-se por "especiesismo", que tem por significado: "s.m. (1973) 1. preconceito ou discriminação com base na espécie e. contra os lobos; 2. pressuposto da superioridade humana no qual se baseia o especiesismo (acp.1). ETM ing. *speciesism* (1973) 'id., der. de species, ver espec-'" (HOUAISS, *op. cit.*, p. 1.226). A tradução da obra de Richard Dawkins, *O Capelão do Diabo*, feita por Rejane Rubino, corrobora a utilização do vocábulo "especiesismo" (São Paulo: Cia. das Letras, 2005, p. 44), muito embora Heron José de Santana prefira "especismo" (SANTANA, Heron José de. Abolicionismo Animal. *Revista de Direito Ambiental*, São Paulo – RT, 2004, no. 36, p. 85-109), assim como a professora Sônia T. Felipe. Mais razoável parece ser opção pela forma "especismo" para designar o referido fenômeno. A formação do vocábulo se dá pelo encontro (formação por derivação sufixal) entre o substantivo "espécie" e o sufixo "ismo". "Espécie", por sua vez, vem do latim *species*, na qual se encontra o elemento compositivo antepositivo "spec" ou "spic" (por apofonia). Assim, não haveria problemas na adoção de "especismo", ao invés de "especiesismo", sendo aquele preferível a este por questões de facilidade de pronúncia, preservados que estariam o radical e o sufixo. A adoção de uma nomenclatura apropriada para designar o fenômeno é importante, pois a inexistência de um conceito próprio contribui para a naturalização irrefletida das condutas por ele abrangidas.

3. A Imprescindível Mudança de Paradigma

A mudança desse paradigma faz-se cada vez mais urgente. Na verdade ela já possui antecedentes importantes, pois é fácil perceber que ao longo da história a humanidade vem sofrendo sucessivos "descentramentos". O primeiro deles se deu com Copérnico (1473-1543), que logrou retirar do imaginário popular a Terra como centro do universo. A segunda "virada" veio com Darwin (1809-1882) por meio da demonstração científica da natureza animal do homem, pela qual as diferenças entre ele e os outros animais são apenas de grau e não de categoria. Assim sendo, não ocuparíamos lugar privilegiado ou especial na "ordem da criação". O terceiro "abalo" ao antropocentrismo veio nos séculos XIX e XX com as obras de Marx (1818-1883) e Freud (1856-1939) que questionaram a crença iluminista no "poder absoluto da razão".

Marx, por meio da teoria do "materialismo histórico", explicitou que as nossas crenças (morais, religiosas, filosóficas e políticas) e nosso comportamento são diretamente relacionados à posição social ocupada pelo indivíduo e às relações de trabalho e produção. A razão, sob esta ótica, não é inteiramente fruto da liberdade individual, mas, sim, dos valores subliminarmente incorporados pelas pessoas no jogo do processo produtivo ("poder da ideologia").

Freud, por sua vez, representa a descoberta do inconsciente pela psicologia,[8] de tal sorte que a razão não seria senhora absoluta da conduta humana. Grande parte de nosso comportamento seria governado e determinado por forças inconscientes ("poder do inconsciente").[9] Paralelamente, os neurocientistas tendem a romper com o paradigma da mente como "tábula rasa" e apelam cada vez mais para estudos direcionados à importância e influência dos efeitos genéticos sobre a cognição e o intelecto.[10]

A sucessiva derrubada da "arrogância humana" continua com os paleontologistas que, de acordo com a feliz expressão cunhada por John

---

[8] Alguns sustentam que antes mesmo do surgimento das teorias freudianas, Schopenhauer (1788-1860) teria descoberto o "poder do inconsciente" ao afirmar que seríamos dominados por grandes forças biológicas, que nos iludem e nos levam a crer que escolhemos conscientemente o que fazemos.

[9] "Mas a megalomania humana terá sofrido o seu terceiro e mais contundente golpe da parte da pesquisa psicológica atual, que procura provar ao ego que nem mesmo em sua própria casa é ele quem dá as ordens, mas que deve contentar-se com as escassas informações do que se passa inconscientemente em sua mente" (FREUD, Sigmund. *Pensamento Vivo*. São Paulo: Martin Claret, 2005, p. 59).

[10] PINKER, Steven. *Tábula Rasa*. São Paulo: Companhia das Letras, 2004.

Mcphee, descobriram a realidade do "tempo profundo".[11] Nesse sentido, Stephen Jay Gould (1941-2002) alerta para o fato de que "a existência humana preenche apenas o último micromomento do tempo planetário – um centímetro ou dois do quilômetro cósmico, um minuto ou dois do ano cósmico".[12]

O quinto "descentramento" é o objeto do presente artigo, que consiste justamente na discussão acerca da ampliação, para além da fronteira humana, do rol dos seres vivos agraciáveis com a possibilidade de titularizarem direitos subjetivos. Conforme se destacou, ao longo do tempo, foi sendo construída a identificação dos conceitos de "pessoa" com o de "humanidade", perfilhando e consolidando uma proposição radicalmente antropocêntrica dentro do sistema do Direito.

A apropriação humana do mundo natural não é um fato incontroverso e tampouco incontestável, e a mudança desse paradigma[13] conduz a uma necessária ampliação de nossos horizontes morais. Esta ampliação deve ser seguida de uma também imprescindível extensão de direitos fundamentais para não-humanos, na qualidade de sujeitos de direito, não havendo argumentos sólidos para que continuemos a relegá-los à categoria meramente instrumental de coisa ou objeto.[14]

---

[11] A geologia impõe a aceitação da inafastável vastidão do tempo. Assim sendo, a ideia de "tempo profundo" (*deep time*) está diretamente relacionada ao fato de que a vida humana representa um mero *flash* na sequência cronológica dos eventos naturais. Essa limitação temporal reduz significativamente a ingênua supervalorização da vida humana.

[12] GOULD, Stephen Jay. *Lance de Dados*. Tradução de Sergio Moraes Rego. Rio de Janeiro: Record, 2001, p. 34.

[13] Conforme bem observa Danielle de Andrade Moreira, a visão tradicional de meio ambiente, antropocêntrica, mostrou-se incapaz de garantir uma proteção ambiental adequada. "A visão estritamente utilitarista do meio ambiente, caracterizada pela ótica antropocêntrica, cede lugar, então, ao biocentrismo, que, por sua vez, privilegia a vida em todas as suas formas. Retirando o foco exclusivamente dos interesses do ser humano, busca-se, por meio da visão biocêntrica, proteger tudo o que seja expressão da vida, com o objetivo final de manter a harmonia e o equilíbrio nas inter-relações do sistema ambiental – promovendo-se, dessa forma, também o melhor atendimento das necessidades do próprio ser humano, que integra a natureza, assim como os demais seres vivos. À luz de uma ótica biocêntrica, torna-se viável a proteção completa do meio ambiente, uma vez que reconhecido – além dos valores econômicos por ele e por seus elementos representados – o seu valor intrínseco, entendido como inerente ao reconhecimento do meio ambiente como macrobem, sendo de natureza, portanto, essencialmente imaterial." (MOREIRA, Danielle de Andrade. *Dano Ambiental Extrapatrimonial*. Originalmente apresentada como dissertação de mestrado, Universidade do Estado do Rio de Janeiro-UERJ, área de concentração "Direito da Cidade", jan. 2003, p. 186).

[14] A respeito dos três primeiros "abalos" teóricos sobre a humanidade verificar o excelente artigo de Luís Roberto Barroso (Fundamentos Teóricos e Filosóficos de Um Novo Direito Constitucional Brasileiro: Pós-modernidade, teoria crítica e pós-positivismo. *Revista Diálogo Jurídico*, Salvador, CAJ – Centro de Atualização Jurídica, vol. I, nº 6, setembro, 2001. Disponível em: <http://www.direitopublico.com.br>. Acesso em 29 de setembro de 2005).

A propósito, bem adverte Denis Russo Burgierman:

> Há uma contradição no mundo de hoje. Nunca na história prezamos tanto a vida – e, ainda assim, há espalhadas pelo mundo fábricas de cadáveres, onde bilhões de vidas são exterminadas para agradar a nossos paladares. Nunca valorizamos tanto os direitos individuais – e, mesmo assim, dezenas de bilhões de indivíduos de outras espécies levam vidas miseráveis por nossa culpa. Nunca tivemos tanta certeza da condição animal do homem, certeza confirmada pela ciência desde Darwin – e, no entanto, tratamos espécies próximas como coisas. Nunca antes fomos tão descrentes da superioridade humana concedida por Deus – e, mantemos na Terra a condição de espécie suprema, devorando as outras. Nunca tivemos tanta confiança na tecnologia para suprimir a dor e o sofrimento – e mantemos funcionando verdadeiras salas de torturas industriais.[15]

4. Bem-estar Animal e Direito dos Animais: Abordagens Distintas

A colocação, que não enxerga qualquer valoração inerente no animal não-humano, teve grande acolhida na dogmática civilista tradicional. A maior parte de nossos doutrinadores abraça a visão de que os animais possuem natureza jurídica de bens móveis (semoventes), de coisas, de objetos de direitos. Repetindo as lições kantianas, afirmam que os animais devem ser protegidos não por possuírem valoração intrínseca, mas, sim, porque a crueldade e o abuso contra animais podem tornar o homem mais insensível frente aos seus semelhantes (tese do "transbordamento moral"), ou seja, não haveria deveres diretos para com os animais não-humanos, eles não teriam acesso à relação jurídica e tampouco seriam titulares de direitos subjetivos.

Exemplo claro dessa visão é a interpretação que se faz do Art. 32 da Lei nº 9.605/98, que, ao regulamentar o inciso VII do § 1º do Art. 225 da Constituição Federal, tipifica como crime os atos abusivos ou cruéis cometidos contra animais. A interpretação corrente desse tipo penal é a de que o bem jurídico tutelado é o meio ambiente por meio de seu elemento "fauna"; que o sujeito ativo da conduta delitiva pode ser qualquer pessoa; e que o sujeito passivo é a coletividade e não o próprio animal, pois este seria objeto material da conduta.

---

[15] BURGIERMAN, Denis Russo. *Vegetarianismo*. São Paulo: Abril, 2003, p. 10.

De acordo com esse entendimento, não haveria realmente qualquer distinção ontológica entre o tipo anteriormente referido e o constante do art. 163 do Código Penal, que trata do crime de dano, ou seja, ainda que protegidos de maneira específica, animais são meras coisas, objetos.

A posição predominante, encampada pela doutrina e pelo legislador, portanto, abarca uma visão dita de "bem-estar" ou meramente protecionista. Essa posição assume como legítimo o tratamento instrumental dos animais (como meios para fins humanos), desde que certas "salvaguardas" sejam utilizadas. Sinteticamente, no que diz com a exploração animal, seria como se os "bem-estaristas" defendessem sua regulamentação, enquanto os que postulam pelos "direitos dos animais" buscassem sua abolição.

A posição do "bem-estar" trabalha com dois conceitos básicos, quais sejam o tratamento "humanitário" e a eliminação do "sofrimento desnecessário", no sentido de que seria aceitável ultrapassar quaisquer interesses animais – inclusive a dor e a morte –, desde que o interesse humano envolvido fosse tido como "significativo" e o sofrimento animal não fosse "desnecessário". Em geral, a "necessidade" do padecimento é analisada sob o prisma das práticas socialmente aceitas. As reputadas "cruéis" são, na maior parte das vezes, somente aquelas que "desperdiçam" os "recursos animais" por meio da imposição de "sofrimento gratuito". Tal como assevera o Professor Gary Francione, permitimos que os fazendeiros castrem e marquem seus animais sem qualquer tipo de analgesia, apesar de sabermos que estas são condutas reconhecidamente dolorosas, mas não permitimos que, sem boas justificativas, deixem o seu gado morrer de fome.

Ainda segundo Francione, há uma preocupação com o modo como tratamos os animais, mas não com a efetiva proteção de seus interesses fundamentais. O sistema do tratamento "bem-estarista" sugere que ponderemos os nossos interesses e os dos animais de modo a determinar se uma utilização específica do animal é justificável ou não. Todavia, dado que os animais são tidos como propriedade, e nada mais que isso, previamente à realização da ponderação, nós já decidimos que uma série de usos será sempre legítima, tais como para abate e alimentação, vestuário, experimentação científica, entre tantos outros.

A falácia dessa ponderação é que ela é impossível de ser realizada, pois os interesses dos animais são sempre vistos como secundários, justamente por serem considerados itens de apropriação humana e não titulares de direitos. Em realidade, o que ocorre é o confronto entre os interesses do proprietário e os da propriedade ou de um aspecto da propriedade. O resultado dessa falsa ponderação, como mencionado, é que invariavelmente escolhemos os interesses humanos como mais relevantes, mesmo nas situações mais triviais possíveis, ou ainda naquelas em que nos confrontemos com interesses fundamentais por parte dos animais, isto é, com questões literalmente de vida e de morte.

Nessa linha, são editadas normas como, por exemplo, as que regulam o abate de animais para consumo, exigindo a utilização de métodos de insensibilização (geralmente pistola de concussão cerebral ou eletronarcose) antes da sangria e da retaliação. Tais leis são usualmente denominadas, de forma bastante paradoxal,[16] de normas de "abate humanitário". Em momento algum do respectivo processo legislativo se discutiu ou se expressou qualquer preocupação com o fato de que a utilização em si dos animais para alimentação fosse moralmente contestável.

A visão dos "direitos", por sua vez, por rejeitar a premissa de que animais sejam coisa ou uma mera forma de propriedade, e por entender que ao menos alguns deles possuam interesses a serem protegidos por direitos, proclama que não podem ser submetidos a qualquer forma de exploração, ainda que cercada de todas as pretensas "salvaguardas" para se evitar o paradoxal "sofrimento desnecessário".

5. Animais como Sujeitos de Direito

É extremamente relevante que se perceba, pois, que a decisão de manter os animais não-humanos classificados como objetos, e não como sujeitos de direito, obedece a uma perversa lógica de dominação, na medida em que a história das sucessivas gerações de direitos passa a ser identificada como uma forma de inclusão social da própria espécie humana e tão somente dela.

---

[16] Henry Salt, em 1914 já advertia para o fato de que o "abate humanitário" ("humane slaughtering") é uma contradição em termos; "Uma coisa é certa. É impossível para aqueles que comem carne encontrar qualquer justificação de sua dieta na afirmação de que os animais podem ser abatidos de maneira humanitária [...]. A ignorância, a falta de cuidado, e a brutalidade não são privilégio dos açougueiros, estão presentes também nas damas e cavalheiros cujos hábitos dietéticos tornam os abatedouros necessários. [...] Os navios que transportam o gado reproduzem, de forma agravada, alguns dos piores horrores dos navios negreiros de outrora. Tomo como estabelecido o fato, não negado por nossos oponentes, de que o atual sistema de abate de animais é absolutamente cruel e bárbaro, constituindo uma afronta direta ao que denominei de 'dieta humanitária'" (cf. SALT, Henry. *The Humanities of Diet*. Manchester: The Vegetarian Society, 1914. Disponível em: <http://www.animal-rights-library.com>. Acesso em: 10 de novembro de 2005, tradução nossa).

Artificialmente construiu-se a ideia de que a categoria "humano" é a única que fundamenta e coincide com a noção de "direito".

Contrariando uma realidade biológica inexorável, a reificação jurídica dos animais determinou a inexistência de uma fronteira nítida a divisar os seres vivos não-humanos dos objetos inanimados. A exegese clássica das normas protetivas existentes, tal como analisado oportunamente, não reconhece valoração intrínseca aos animais, estabelecendo que a sua tutela se dá meramente em atenção à proteção da própria humanidade contra os atos de abuso e crueldade, traduzindo uma visão meramente indireta em relação aos interesses fundamentais titularizados pelos não-humanos.

A reprodução, mecânica e irrefletida, da visão de animais como coisas carece de qualquer compromisso com a realidade física e biológica. Os animais, em sua maioria esmagadora, são qualificados pelo atributo da senciência, ou seja, possuem, ao menos num nível empírico, capacidade de sentir dor e prazer e de buscar uma vida que obedeça às necessidades e ciclos biológicos naturais de cada espécie.

Neste trabalho não entraremos no detalhamento da questão sobre as capacidades intelectivas, cognitivas e emocionais dos animais não-humanos. A comunidade científica, há tempos, já logrou demonstrar que a maior parte dos animais possui esta referida capacidade de sentir dor e prazer, de sofrer, e de demonstrar um variado espectro de sensações e emoções. O seu interesse de viver uma vida livre de exploração, de escravização, uma vida que atenda às suas necessidades biológicas mais básicas deveria, portanto, ser protegido por meio de direitos fundamentais do mesmo modo e pelas mesmas razões com que protegemos os direitos e interesses análogos da espécie humana.

Nessa linha, as mencionadas normas protetivas, ao ultrapassar esse superado entendimento, deveriam ser interpretadas como concessivas de efetivos direitos subjetivos aos animais. Essa mudança pauta-se numa exegese construtiva que teria por finalidade a tutela específica do interesse do próprio animal, como possuidor de valoração moral e jurídica intrínseca.

Para assim procedermos, haveria dois caminhos básicos a trilhar consistentes na: 1) personificação dos animais (animais integrariam a categoria jurídica de "pessoa", equiparados aos absolutamente incapazes); 2) utilização da teoria dos entes despersonalizados (animais fariam parte da categoria jurídica de "sujeitos de direito", tal como os entes despersonificados ou despersonalizados).

Poder-se-ia cogitar também na alternativa da inserção dos animais não-humanos em uma categoria intermediária situada entre as coisas e as pessoas, como um *tertium genus*. Esta parece ter sido a solução legislativa encontrada por alguns países europeus, com a retirada expressa dos animais da categoria de coisa, tal como se verifica na legislação civil germânica.

Além disso, ao que tudo indica, a construção de um estatuto jurídico para o animal como um meio termo entre as classificações de sujeito de direito e objeto, tal qual também propõe François Ost,[17] parece recuar no sentido de um "bem-estarismo" alargado, o qual se basearia meramente na atribuição de deveres ao homem para com os animais, porém não na concessão de direitos fundamentais a estes últimos.

Outra alternativa aos caminhos anteriormente sugeridos consistiria na inserção da questão dos direitos dos animais na doutrina dos chamados "direitos sem sujeito", tal qual admitem Brinz e Köppen, e, entre nós, Carvalho de Mendonça. Entretanto, será demonstrado na explanação da teoria dos entes despersonalizados, ao procedermos à necessária distinção conceitual entre "sujeito de direito" e "pessoa", que a abordagem dos chamados "direitos sem sujeito" perde seu sentido primordial, além de restar induvidoso que seres sencientes devem ser tidos como sujeitos para o direito.

Embora não discordemos quanto ao mérito da primeira alternativa de personificação dos animais, atribuindo-lhes a personalidade jurídica e equiparando-os aos absolutamente incapazes, acreditamos que essa solução encontre barreiras severas no que se refere à sua implementação prática, tanto em termos de modificação legislativa como também com relação a preconceitos culturais arraigados. Por essa razão colocamos a utilização da teoria dos entes despersonalizados como a via mais factível para a mudança do estatuto jurídico dos animais não-humanos.

---

[17] "A justaposição destes dois tipos de abordagem jurídica, uma que objetiva o animal, outra que o protege em consideração da sua qualidade de ser sensível, suscita a perplexidade da doutrina jurídica. Alguns dirão 'que é, a partir de agora, impossível continuar a afirmar que eles são apenas coisa', outros anunciam 'o animal sujeito de direito, realidade do amanhã', ou ainda 'o animal sujeito de direito em formação'. Não retomaremos, aqui, a refutação da tese personificadora; tomaremos antes, em consideração, o fato de que os desenvolvimentos atuais do direito positivo já não permitem considerar o animal, nem como um objeto de direito nem como um sujeito de direito. É preciso reinventar um estatuto jurídico que faça justiça à situação do animal, 'esse ser vivo que se nos assemelha'" (OST, *A Natureza à Margem da Lei*, Lisboa: Piaget, 1995, p. 268-9).

6. A Teoria dos Entes Despersonalizados como Alternativa

A segunda alternativa, supramencionada, objeto central da presente explanação, consiste, portanto, na utilização da teoria dos entes despersonalizados para fundamentar a concessão de direitos subjetivos fundamentais para os animais. Como se viu, ao longo do tempo foi edificada uma indevida e técnica identificação entre os conceitos de "sujeito de direito", "pessoa" e "ser humano"[18], por meio da qual se firmou a dogmática civilista no seguinte sentido:

> Elemento subjetivo das relações jurídicas são os sujeitos de direito. Sujeito de direito é que participa da relação jurídica, sendo titular de direitos e deveres. A possibilidade de alguém participar de relações jurídicas decorre de uma qualidade inerente ao ser humano, que o torna titular de direitos e deveres.[19]

Conforme observa com acuidade Cavichioli, a definição acima parte de uma petição de princípio, pois afirma que a qualidade de participar de relações jurídicas é inerente ao ser humano quando devia justamente demonstrar isso.[20] Em outras palavras, afirma que o sujeito é sujeito porque participa de relações jurídicas e é titular de direitos e deveres porque é sujeito.

---

[18] Adotando uma posição nitidamente contratualista J. M. Carvalho Santos traduz a coincidência conceitual desses termos: "[...] o Código serve-se dessa palavra [pessoa] como equivalente a sujeito de direito. Sujeito de direito só pode ser aquele que é portador, que detém direitos e obrigações de natureza civil. O direito é um fenômeno social; pressupõe sempre uma vontade, ao menos como possibilidade. Não é possível, portanto, atribuir direito a quem não faz parte daquela sociedade e nem possui essa vontade. Só o homem, em última análise, pode ser sujeito de direito, quer seja isoladamente (pessoa natural), quer seja em coletividade (pessoa jurídica). O Direito atual não tolera mais que os animais possam ser sujeitos de direito" (*In Código Civil Brasileiro Interpretado*. Rio de Janeiro: Freitas Bastos, 1986, p. 230). Clóvis Beviláqua também incorre na confusão entre os conceitos de "pessoa" e "sujeito de direito", senão vejamos: "Pessoa é o ser, a que se atribuem direitos e obrigações. Equivale, assim, a sujeito de direitos" (*In Código Civil dos Estados Unidos do Brasil Comentado*. Rio de Janeiro: Francisco Alves, 1936, p. 166).

[19] AMARAL, Francisco *apud* CAVICHIOLI, Rafael de Sampaio. Crítica do Sujeito de Direito: Da Filosofia Humanista à Dogmática Contemporânea, Dissertação de Mestrado na Universidade Federal do Paraná, p. 2.

[20] Segundo Alaôr Caffé Alves, as regras básicas de uma definição são: 1) a definição deve ser convertível no definido; 2) a definição deve ser mais clara que o definido; 3) o definido não entra na definição; 4) a definição deve ser, preferencialmente, positiva; 5) a definição deve ser breve (*In Lógica: Pensamento Formal e Argumentação: Elementos Para o Discurso Jurídico*. São Paulo: Quartier Latin, 2005, p. 223-225). Sob essa ótica, a conceituação de sujeito de direito supramencionada constitui verdadeiro exemplo de uma pseudodefinição, pois falha em todos os critérios anteriormente apontados.

Essa contradição é explicada pelo fato de que a modernidade, apesar de ter superado a compreensão da ordem a partir de Deus, não desistiu de compreender a realidade de maneira ordenada por meio da ampliação e universalização do conceito de "humano".[21]

Paralelamente, a bipartição conceitual entre "pessoas" e "coisas" proporcionou a consolidação, no século XX, da teoria da personalidade jurídica, por meio da qual "a noção de *sujeito de direito* passou a ser uma prerrogativa de todos os seres pretensamente racionais".[22] Como decorrência, forma-se, portanto, uma indevida vinculação e equiparação dos conceitos de "pessoa" e de "sujeito de direito".

Grande parte dos autores de direito civil, afeitos a uma posição conservadora, reproduz irrefletidamente essa concepção, alçando-a à condição de verdadeiro dogma. Nessa linha, podem ser colhidos exemplos em Orlando Gomes,[23] Washington de Barros,[24] Maria Helena Diniz,[25] Carlos Roberto Gonçalves,[26] Sílvio Venosa,[27] entre tantos outros.

---

[21] A confusão conceitual acirra-se especialmente quando se pretende negar a possibilidade de extensão de direitos subjetivos aos animais. Luiz da Cunha Gonçalves, ao comentar o art. 2º do Código Civil Português, afirma enfática e reacionariamente que a sociedade humana é o pressuposto de todo o direito, daí se seguindo que: "só o homem é susceptível de direitos e obrigações, qualidade esta que não pode ser conferida aos irracionais. Era mesmo inútil atribuir a estes quaisquer direitos e obrigações, pela simples razão de que eles não poderiam jamais exercê-los. É certo que em todos os países civilizados há leis proibindo os maus-tratos de animais [...]. Mas, estas leis, como já ficou dito, são feitas para os homens, mesmo quando aproveitem diretamente aos animais [...]. Não é lícito, pois, dizer que os animais têm semidireitos ou são semipessoas, como alguns escritores, por pura pieguice, afirmam" (*In Tratado de Direito Civil.* São Paulo: Max Limonad, 1955, p. 188). O aclamado J. M. Leoni Lopes de Oliveira parece partilhar da mesma opinião depreciativa de Gonçalves ao afirmar que: "[...] há alguns autores que, de maneira um tanto quanto esotérica, defendem a personalidade dos animais" (*In Teoria Geral do Direito Civil.* Rio de Janeiro: Lúmen Júris, 1999, volume 2. p. 9-10).

[22] RABENHORST, Eduardo Ramalho. *Dignidade Humana e Moralidade Democrática.* Brasília: Brasília Jurídica, 2001, p. 58.

[23] "*Sujeito de direito é a pessoa* a quem a lei atribui a faculdade ou a obrigação de agir, exercendo poderes ou cumprindo deveres" (GOMES, Orlando. *Introdução ao Direito Civil.* Rio de Janeiro: Forense, 1998, p. 142; grifos nossos).

[24] "Na acepção jurídica, pessoa é o ente físico ou moral, suscetível de direitos e obrigações. Nesse sentido, *pessoa é sinônimo de sujeito de direito ou sujeito da relação jurídica*" (BARROS, Washington Monteiro de. *Curso de Direito Civil*, vol. 1, São Paulo: Saraiva, p. 62; grifos nossos).

[25] "[...] para a doutrina tradicional pessoa é o ente físico ou coletivo suscetível de direitos e obrigações, *sendo sinônimo de sujeito de direito*" (DINIZ, Maria Helena. *Compêndio de Introdução à Ciência do Direito.* São Paulo: Saraiva, 1993, p. 461; grifos nossos).

[26] "No direito moderno, *pessoa é sinônimo de sujeito de direito ou sujeito da relação jurídica*" (GONÇALVES, Carlos Roberto. *Direito Civil Brasileiro*, vol. 1, São Paulo: Saraiva, 2003, p. 74; grifos nossos).

[27] "A sociedade é composta de pessoas. São essas pessoas que a constituem. Os animais e as coisas podem ser objeto de Direito, mas nunca serão sujeitos de Direito, atributo exclusivo da pessoa" (VENOSA, Sílvio de Salvo. *Direito Civil.* vol. 1. São Paulo: Atlas, 2005, p. 139).

No entanto, como se passará a demonstrar, os conceitos merecem importante distinção. De acordo com as precisas lições do ilustre Fábio Ulhoa Coelho, tem-se que o conceito de sujeito de direito identifica-se como sendo "o centro de imputação de direitos e obrigações pelas normas jurídicas", o que leva à imperiosa conclusão de que "nem todo sujeito de direito é pessoa e nem todas as pessoas, para o direito, são seres humanos".[28]

O mencionado autor utiliza dois critérios de classificação para os sujeitos de direito: o primeiro divide-os em personificados e despersonificados, pois os sujeitos podem ser pessoas ou não. O segundo distingue entre os sujeitos humanos e os não-humanos.[29]

Assim sendo, a categoria "sujeito de direito" seria um gênero que abarcaria, de um lado, sujeitos personalizados (que seriam as pessoas propriamente ditas: naturais – seres humanos – e jurídicas) e, de outro, sujeitos não-personificados.

Quanto a esses últimos, destaca o jurista os seguintes aspectos:

> [...] mesmo os sujeitos de direito despersonalizados são titulares de direitos e deveres. O atributo da personalização não é condição para possuir direitos ou ser obrigado a qualquer prestação. Recupere-se o conceito de sujeito de direito – centro de imputação de direitos e obrigações referidos pelas normas jurídicas. Todos os sujeitos nele se enquadram, de modo que também os despersonificados são aptos a titularizar direitos e deveres.[30]

Adverte, ainda, com clareza:

> Muitos autores conceituam personalidade jurídica como a aptidão para titularizar direitos e obrigações. Assim fazendo, tomam por equivalentes as categorias de pessoa e sujeito de direito; não

---

[28] Coelho, Fábio Ulhoa. *Curso de Direito Civil*. vol. 1. São Paulo: Saraiva, 200, p. 138.

[29] Coelho afirma: "A rigor, o segundo critério de classificação dos sujeitos de direito não tem relevância jurídica. [...] A distinção, contudo, é útil à compreensão do instituto e sua funcionalidade. Homens e mulheres, portanto, são sujeitos de direitos humanos personificados; nascituros são sujeitos humanos despersonificados; fundações, sujeitos de direito não-humanos personificados; massa falida, um não-humano despersonificado, e assim por diante" (Coelho, *op. cit.*, p. 141). Por fidelidade à construção do autor, vale ressaltar que não chega a trabalhar expressamente com a ideia de animais como sujeitos de direito não-humanos despersonificados.

[30] Coelho, *op. cit.*, p. 139.

consideram, ademais, os entes despersonificados como espécie de sujeitos de direito. A consequência é a desestruturação lógica do modelo de exame dos institutos jurídicos aqui considerados.[31]

A distinção entre *pessoa* e *sujeito de direito* parece também ter sido abraçada por outros doutrinadores contemporâneos[32], entre os quais Gustavo Tepedino,[33] Cristiano Chaves de Farias[34] e Rafael Garcia Rodrigues.[35] Os professores paranaenses José Lamartine Corrêa de Oliveira e Francisco José Ferreira Muniz, em artigo intitulado *O Estado de Direito e os Direitos da Personalidade*, publicado pela Revista dos Tribunais, chamavam a atenção para a referida confusão conceitual:

> Em uma visão positivista, normativista, formalista, da pessoa e da própria ordem jurídica, ao contrário, termina-se por reduzir a noção de pessoa a um centro de imputação de direitos e deveres e a se atribuir sentido idêntico às noções de pessoa e de sujeito de direitos.[36]

Claudio Henrique Ribeiro da Silva, corroborando a necessidade de distinção conceitual, em brilhante parecer adverte, acertadamente:

---

[31] *Ibid.*, p. 141.

[32] Serpa Lopes chegou a afirmar que "o sujeito de direito é o que possui aptidão, possibilidade jurídica para adquirir direitos e contrair obrigações, trate-se ou não de um homem" (LOPES, Miguel Maria de. *Curso de Direito Civil*. Rio de Janeiro: Freitas Bastos, 1962, p. 257).

[33] "As pessoas jurídicas são sujeitos de direito – como também podem sê-lo os entes despersonalizados (basta pensar no condomínio ou na massa falida) –, dotadas de capacidade de direito e de capacidade postulatória, no plano processual, segundo as conveniências de política legislativa. Tal constatação permitiu que, ao longo do tempo, fosse estendida, pelas doutrina e jurisprudência brasileiras, a proteção recém-consagrada aos direitos da personalidade às pessoas jurídicas" (TEPEDINO, Gustavo (Coord.). *A Parte Geral do Novo Código Civil: Estudos na Perspectiva Civil-Constitucional*. Rio de Janeiro: Renovar, 2003, p. XXVII).

[34] "De maneira simples, é possível lembrar que existem determinados entes despersonalizados (como a sociedade de fato, o condomínio, a herança jacente e vacante...) que podem ser sujeitos de direito, sem que tenham personalidade jurídica. Evidencia-se, pois, que a personalidade jurídica não pode estar aprisionada no conceito simplório de sujeito de direito. Há de ser mais do que isso" (FARIAS, Cristiano Chaves de. *Direito Civil – Teoria Geral*. Rio de Janeiro: Lúmen Júris, 2005, p. 98).

[35] "O novo Código Civil apresenta em seus primeiros dispositivos a consagração da fórmula que contempla todos os homens como pessoas. Pessoas que, em nosso cotidiano, de forma vulgar, é vocábulo utilizado como sinônimo de ser humano; mas que ao Direito adquire significação própria e peculiar, de modo que ser pessoa constitui a possibilidade de ser sujeito de direito, ou seja, titular de um direito [...]. A pessoa portanto vale, não podendo ser confundida com o sujeito de direito, pois que partem de premissas e têm funções diversas" (RODRIGUES, Rafael Garcia. In: TEPEDINO, Gustavo, *op. cit.*, p. 1 e 32, passim).

[36] OLIVEIRA, José Lamartine Corrêa de; MUNIZ, Francisco José Ferreira *apud* TEPEDINO, *op. cit.*, p. 31-32.

A equiparação dos conceitos de pessoa e sujeito de direitos tem gerado, em doutrina, algumas perplexidades, que, ainda que na maior parte das vezes não resultem em imbróglio ou insegurança na solução de casos concretos, têm colaborado para eternizar questões e debates já totalmente superados. Desta espécie são, a título de exemplo, certas discussões acerca da personalidade dos nascituros, da legitimidade processual de alguns entes despersonalizados ou mesmo o debate sobre o "direito dos animais".[37]

A situação do nascituro[38] é realmente bastante emblemática para ilustrar a que ponto chegam as consequências da aludida confusão conceitual entre as categorias de "pessoa" e "sujeito de direito". O artigo 2º do Código Civil é bastante claro ao dispor que a personalidade civil da pessoa começa do nascimento com vida; mas a lei põe a salvo, desde a concepção, os direitos do nascituro. Ora, o sistema parece absolutamente claro ao estatuir que o nascituro possui direitos, embora ainda não seja pessoa.

O Professor Ribeiro da Silva, a esse respeito, observa:

> Seria cômico, se não fosse quase trágico, o debate em que se perderam e ainda se perdem os autores, sobre a existência ou não da personalidade no nascituro. O nó górdio desta questão, que parte sempre da premissa de que só as pessoas são sujeitos de direito (equiparação), reside na impossibilidade de aceitar o inegável fato de que o sistema atribui direitos aos nascituros (Art. 2º, segunda parte, CC/2002; e Art. 4º, segunda parte, CC/1916) no mesmo artigo do Código Civil em que lhes nega a personalidade. Como conciliar tais dispositivos sem atribuir direitos a quem não tem personalidade? Não sabemos. Não reconhecemos, em todo o ordenamento, dispositivo mais claro no sentido de estender a qualidade de sujeito de direitos a um ente despersonalizado. Diz, literalmente, não só que quem não nasceu não é pessoa, mas também reafirma que, ainda assim, (não sendo pessoa)

---

[37] SILVA, Claudio Henrique Ribeiro da. Apontamentos para uma teoria dos entes despersonalizados. Jus Navigandi, Teresina, a.9, nº 809, 20 de set. de 2005. Disponível em: <http://www.jus2.uol.com.br/doutrina/texto.asp?id=7312>. Acesso em 27 mar. 2006. p. 3. Vale observar que o professor Claudio Henrique Ribeiro da Silva, ao que tudo indica, parece ter sido o primeiro doutrinador a admitir abertamente a aplicabilidade da teoria dos entes despersonalizados aos animais.

[38] Nascituro vem do latim *nasciturus*, significando aquele que está por nascer. Daí a definição de Limongi França, para quem o termo trata "da pessoa que está por nascer, já concebida no ventre materno" (FRANÇA *apud* ALMEIDA, Silmara Juny de Abreu Chinelato. *Tutela Civil do Nascituro*. São Paulo: Saraiva, 2000, p. 7).

tem seus direitos reconhecidos. Mas, como o dogma da equiparação (pessoa = sujeito de direito) já houvesse se estabelecido entre os doutrinadores, dividiram-se estes entre os que conferiram personalidade jurídica ao nascituro (já que tem direitos), e os que tentaram, através de categorias jurídicas gerais (condição), explicar que o nascituro não tinha direitos, mas apenas expectativas ou direitos sob condição suspensiva.[39]

A aplicação da teoria dos entes despersonalizados soluciona com maestria e lucidez a questão do nascituro. De acordo com as límpidas lições do Professor Fábio Ulhoa Coelho, "os sujeitos despersonificados podem ser humanos ou não-humanos",[40] de modo que "antes do nascimento com vida, o homem e a mulher não têm personalidade, mas, como já titularizam os direitos postos a salvo pela lei, são sujeitos de direito".[41] Assim, de acordo com o melhor entendimento, o nascituro é um sujeito de direito despersonificado humano.

Em artigo intitulado *Direito do Nascituro à Vida*,[42] o eminente José Carlos Barbosa Moreira expõe, com a clareza de sempre, a mesma opinião, ao afirmar que a "personalidade" (conceito umbilicalmente atrelado ao de "pessoa") e a "possibilidade de ser titular de direitos" (noção vinculada à de "sujeito de direito") consubstanciam realidades necessariamente distintas.[43]

---

[39] Ribeiro da Silva, *op.cit.*, p. 4.

[40] Coelho, *op. cit.*, p. 145.

[41] *Ibid.*, p. 145.

[42] MOREIRA, José Carlos Barbosa. "Direito do Nascituro à Vida". *Revista da Academia Brasileira de Ciências Jurídicas*, Rio de Janeiro: Renovar, nº 25, 2006. p. 209.

[43] A mesma perplexidade é verificada na análise da condição do morto. O parágrafo único do art. 12 do Código Civil (assim como o parágrafo único do art. 20) é bastante claro ao estabelecer que "em se tratando de morto, terá legitimação para requerer a medida prevista neste artigo [proteção aos direitos da personalidade] o cônjuge sobrevivente, ou qualquer parente em linha reta, ou colateral até o quarto grau". Certo é que a existência da pessoa natural termina com a morte, mas isso não parece impedir que a lei proteja, por exemplo, a ofensa à honra e aos direitos morais do autor mesmo após o óbito. Isso levou a que se construíssem inúmeras categorias para enquadrar a situação, tal qual ocorre com a situação dos nascituros. Segundo Capelo de Souza, seriam elas: a) direitos sem sujeito; b) dever jurídico geral; c) personalidade parcial; d) direito das pessoas vivas afetadas; e) direitos do falecido dos quais as pessoas vivas seriam fiduciárias (Capelo de Souza *apud* Tepedino, Barboza; Bodin de Moraes, *op. cit.*, p. 35). A última hipótese parece ser a mais adequada. Neste sentido, para os fins de proteção de uma determinada gama de direitos da personalidade remanescentes, seria o morto alçado à condição de sujeito de direito despersonificado humano. As pessoas elencadas na norma seriam apenas legitimadas processualmente a perseguirem a composição de uma violação de um direito alheio, pertencente ao patrimônio jurídico do falecido. Ainda que inexistente a personalidade, há direito, há uma entidade a que o ordenamento jurídico empresta relevância subjetiva.

Ao discorrer sobre a situação do nascituro, o aclamado Pontes de Miranda também se posiciona pela diferenciação conceitual proposta:

> Certamente, o ser sujeito do direito, em concreto, portanto, é diferente de ser pessoa, que é em plano acima, abstrato; mas não se há de levar muito a fundo a diferença, porque a pessoa já nasce com titularidade concreta, que é a do direito de personalidade como tal, o direito a ser sujeito de direitos. Tal direito ressalta aos nossos olhos quando pensamos em terem existido, e ainda existirem em sistemas jurídicos destoantes da civilização contemporânea, seres humanos sem capacidade de direito.[44]

Outros sujeitos despersonificados não-humanos foram reconhecidos pelo Direito. O artigo 7º do Código de Processo Civil prevê que "toda pessoa que se acha no exercício dos seus direitos tem capacidade para estar em juízo". Ressalte-se, no entanto, que o seu artigo 12 faz referência expressa a alguns entes despersonalizados em relação aos quais se reconhece capacidade processual: a massa falida, a herança jacente ou vacante, o espólio, as sociedades sem personalidade jurídica (sociedade em comum e em conta de participação) e o condomínio.[45]

---

[44] MIRANDA, Tratado de Direito Privado, Tomo I, São Paulo: *Revista dos Tribunais*, 1983, p. 161.

[45] Os processualistas que permanecem atados ao dogma da identidade entre "pessoa" e "sujeito de direito" necessitam se recorrer de soluções artificiais para justificarem a condição de parte de entes despersonalizados, criando, desnecessariamente, categorias como "capacidade judiciária" ou "personalidade judiciária". Situação interessante é a do condomínio edilício. O Art. 63, § 3º da Lei nº 4.591/64 estabelece claramente que ser ele titular de um direito subjetivo, qual seja o de possuir direito de preferência na hipótese de eventual alienação de unidades inadimplentes. Em razão dessa previsão, alguns doutrinadores entendem necessário recorrer à sua personificação para justificar a atribuição desse direito, ou seja, sustentam que o condomínio possuiria personalidade jurídica (MARIA HELENA DINIZ, LAMARTINE CORRÊA DE OLIVEIRA). Se atentarmos para a distinção conceitual proposta entre sujeito de direito e pessoa, não se precisará chegar a tanto. Em verdade, o mencionado Art. 63, § 3º nada mais é do que prova cabal dessa distinção. O condomínio não é pessoa e, apesar disso, como ente despersonalizado, titulariza direitos subjetivos próprios. O próprio professor CAIO MÁRIO DA SILVA PEREIRA, autor do anteprojeto da Lei nº 4.591/64, parece referendar esse posicionamento ao asseverar que "[...] o condomínio não é pessoa jurídica. Acontece que, sem lhe conceder a personificação, o legislador em certas circunstâncias trata-o como se fosse dotado de personalidade. [...] Ao aludir, então, à adjudicação em nome do condomínio, a lei abdica de sua personificação. Ora, ao intérprete cabe entender e aplicar a lei, tal como é e vem redigida. O hermeneuta não se deixará dominar por ideias preconcebidas para interpretar somente à luz de conceitos vetustos. O grande trabalho do aplicador é construir pelo entendimento e pela boa compreensão da lei. E se esta se desgarra de conceitos tradicionais, para exprimir noções vigentes no tempo atual e para dar solução a problemas que a vida contemporânea suscita, não pode ser explicada senão à luz dos novos conceitos. [...] E nem se diga que o Legislador de 1964 inovou em nosso direito. Ao revés, já encontrou abertos caminhos exemplares. O espólio, posto que não tenha personalidade jurídica, é representado pelo inventariante, comparece em escritura de alienação e adquire direitos. A massa falida, igualmente, é representada, e lhe é reconhecida a faculdade de cumprir contratos bilaterais de

A jurisprudência também permite que os consórcios e diversos fundos existentes no mercado de capitais possam ser representados em juízo por seus administradores.⁴⁶ Nessa linha, Ribeiro da Silva afirma que "[...] a doutrina processual vem reconhecendo, muito mais do que a material, que certos entes despersonalizados são sujeitos de direitos, e, nesta qualidade, aptos a figurar em um dos polos da relação jurídica processual".⁴⁷

Mais recentemente, a própria entidade familiar e as futuras gerações são também enquadradas nessa importante categoria, asssim com diversos entes no âmbito do Direito Público, como as Câmaras Municipais, as Assembleias Legislativas Estaduais e órgãos da Administração Direta nos contratos de gestão firmados com o Poder Público. Como se não bastasse, a Lei nº 8.249/92, que dispõe sobre as sanções aplicáveis aos agentes públicos nos casos de enriquecimento ilícito, em seu art. 10, inciso III, admite, a *contrario sensu*, a possibilidade de doação a entes despersonalizados. Outros exemplos de sujeitos de direito não-personificados seriam os consórcios de consumidores, as coligações partidárias e as serventias dos cartórios extrajudiciais, entre tantos outros.

A teoria dos entes despersonalizados, baseando-se na distinção conceitual entre "pessoa" e "sujeito de direito", conforme se verificou, permite, portanto, que se prescinda da qualificação do ente como "pessoa" para que ele venha a titularizar direitos subjetivos. No que diz respeito aos animais ela poderá ser aplicada para caracterizá-los como autênticos sujeitos de direitos despersonificados não-humanos, tal qual propõe a criteriosa classificação de Ulhoa Coelho.

---

que resulta eventualmente a aquisição de direitos. E tudo se passa sem que jamais se exigisse, num ou noutro caso, o reconhecimento de personalidade jurídica à herança ou à massa falida" (SILVA, Caio Mário Pereira da. *Condomínio e Incorporações*. Rio de Janeiro: Forense, 1997, p. 343-345). A mesma situação pode ser vislumbrada na hipótese de contrato de gestão a ser celebrado entre autarquias qualificadas como agências executivas e o respectivo Ministério supervisor, prevista expressamente pela Lei nº 9.649, de 27/5/98. O Ministério não possui personalidade jurídica (é mero órgão integrante da União Federal), mas teria aptidão para figurar como contratante.

⁴⁶ "Consórcio. Interposição de ação por consorciado, em que é postulada a restituição do montante das prestações pagas, monetariamente atualizado, contra a administradora. Competência da empresa que administra o consórcio na arrecadação e aplicação dos recursos dos participantes, bem assim na aquisição e entrega dos respectivos veículos. Aplicação do art. 12, VII, do CPC" (STJ, RT 784/205).

⁴⁷ RIBEIRO DA SILVA, *op. cit.*, p. 9.

Como se procurou demonstrar, somente uma visão extremamente dissociada da realidade seria incapaz de realizar que a maior parte das normas de proteção aos animais, incluindo-se, em especial, as que vedam os maus-tratos, abusos e crueldades, trata de regras em que o objeto jurídico tutelado é a incolumidade física e psíquica do próprio animal, ou seja, são regras em que o destinatário da norma e aquele que é beneficiado diretamente pela sua observância é o ser que sofre as consequências da conduta lesiva.

Tecnicamente, o que se pretende é que animais, consoante alertava o jurista italiano Cesare Goretti, já em 1928 (*L'animale quale soggetto di diritto*), embora despersonalizados, sejam "sujeitos de direito",[48] ou seja, ainda que se entenda que não sejam pessoas, nem por essa razão deixariam de poder usufruir de um patrimônio jurídico que lhes garantisse o mínimo existencial. A vantagem da teoria dos entes despersonalizados se situa justamente na prescindibilidade da "adequação típica" do animal na categoria de "pessoa" para que ele venha a titularizar determinados direitos subjetivos fundamentais. Com Ihering (1818-1892) há a construção da ideia de "sujeito-interesse", por meio da qual se afirma ser a utilidade, e não a vontade, a força motriz do Direito. Os direitos subjetivos, nesse sentido, servem para garantir os interesses fundamentais decorrentes da vida sensitiva, pois "todo o Direito positivado é a expressão de um interesse reconhecido pelo legislador como merecedor e demandante de proteção".[49] Os *interesses*, por sua vez, podem ser derivados de condutas volitivas complexas ou mesmo de impulsos sensíveis bastante básicos que, em última análise, poderiam se resumir às sensações. Rabenhorst expõe:

> Assim entendidos, os interesses não são prerrogativas exclusivamente humanas. Todos os seres sencientes, isto é, dotados de sensibilidade, possuem interesses e devem ser tratados com a mesma consideração. A exclusão de entes sencientes não-humanos seria uma discriminação tão condenável como aquela referente aos próprios membros da nossa espécie, como ocorre nos casos do racismo e do sexismo [...].[50]

---

[48] Goretti parece também ser adepto da teoria da equiparação ao afirmar que: "Quanto l'animale mediante l'addomesticamento non si ribella all'ordinamento umano, esso accetta come necessario questo ordine e nel suo riconoscimento vi ha l'affermazione della sua personalità giuridica" (GORETTI *apud* DEL VECCHIO, Giorgio. *A Justiça*. São Paulo: Saraiva, 1960, p. 361).

[49] IHERING, Rudolf Von. *L'espirit du droit romain dans les diverses phases de son développement*. T. IV. Tradução de O. Melénaere. Paris: A. Mareq,. p. 329, tradução nossa.

[50] Rabenhorst, *op. cit.*, p. 75-6.

Demogue, partidário da *teoria do interesse* de Ihering, consolida, em artigo intitulado *La notion de sujet de droit – caracteres et conséquences*, publicado em 1909 pela Revue de Droit Civil, as bases teóricas da doutrina acerca dos "sujeitos de direitos".[51] Em tal trabalho, afirma que a essência da noção de sujeito de direito reside, de fato, no elemento "interesse", com o que a noção do conceito se torna inarredavelmente ampla, devendo abraçar toda uma esfera de seres que detenham interesses tuteláveis:

> Dado que o objetivo do Direito é alcançar a satisfação [dos interesses], o prazer, todo ser vivo que detenha as faculdades emocionais, e somente eles, são aptos a serem sujeitos de direitos, ainda que a razão lhes falte de forma definitiva ou temporária. A criança, o louco, curável ou incurável, podem ser sujeitos de direitos, pois podem sofrer. O próprio animal pode o ser [...] tendo, como nós, reações físicas e psíquicas dolorosas ou agradáveis [...].[52]

Mais modernamente, David S. Favre, Professor de Direito da Michigan State University, louvando-se na abordagem dos "interesses", em passagem bastante elucidativa, esclareceu que *a chave para o acesso à arena jurídica deve se pautar pela capacidade que determinados seres possuem de titularizarem interesses.*[53]

Caminhando por essa trilha, explica Favre que os parâmetros para acomodar as necessidades dos animais no âmbito do sistema jurídico devem se pautar não em capacidades naturais como a consciência, a senciência, ou a aptidão em articular linguagem, mas, sim, na possibilidade de titularizarem interesses validamente sustentáveis. Características humanas, ainda que compartilhadas pelos animais, não são medidores eficientes para se julgar a capacidade de ser sujeito de direito. Para o aclamado Rosco Pound, os interesses estão latentes, esperando por reconhecimento.

---

[51] O jurista belga Edmond Picard, citado por Del Vecchio, antes mesmo de Demogue, em 1908, considera como possível "une organisation juridique où l'animal serait directement traité en sujet de certains droits" (PICARD, Edmond. *Le Droit Pur*. Paris: Flammarion, 1908. p. 70).

[52] DEMOGUE, René. "La notion de sujet de droit – caracteres et conséquences", *Revue de Droit Civil*, 1909, p. 620, tradução nossa.

[53] FAVRE, David S. "Judicial Recognition of the Interests of Animals, a New Tort". *Michigan Law State Review*, 2005, p. 335, tradução nossa.

De uma forma ou de outra, no contexto de uma nova concepção de cidadania, a cidadania ambiental, propõe-se a extensão do conceito de sujeito de direitos a determinados entes, os quais Silva-Sanchez denomina de "novos sujeitos de direito",[54] entre os quais se encontram os animais.[55]

Olmiro Ferreira da Silva, professor de Ciência Política e Teoria Geral do Estado da Faculdade de Direito de Valinhos – FAV/SP constata com propriedade que há um impasse estrutural no Direito Ambiental, *uma vez que a paridade natural contrasta com a disparidade jurídica nas relações ambientais básicas*[56] existente entre os entes ambientais humanos e não-humanos. A partir da noção ulpiana de justiça (*Honeste vivere, alterum non laedere, suum cuique tribuere; Digesta 1.1.10.1; Inst. 1.1.3*), o autor constrói a ideia segundo a qual não haveria justiça ambiental centrada em um paradigma que exclua da realização do Direito determinados entes do repertório ambiental não-humano, pois a esses "sujeitos" não é atribuído o *suum* devido. A solução para o dilema encontrar-se-ia na ampliação da titularidade ambiental para que tais entes não-humanos *ganhem foros de sujeitos jurídicos, o quanto pode permitir a relacionalidade jurídica, ainda que dentro de determinados limites também estruturais, mas que suplantem o antropocentrismo dogmático e enviesado.*[57]

No que se refere a essa superação, baseando-se na conceituação de William Duarte Costa, para quem "sujeitos da relação jurídica são aquelas pessoas ou agregados patrimoniais que figuram nos extremos da relação jurídica, assumindo a posição ativa e passiva", alerta ainda aquele autor para o fato de que não seria algo tão estranho ou impensável

---

[54] A advogada e ambientalista Renata Freitas Martins, que desenvolve trabalho conservacionista exemplar frente à ONG "Rancho dos Gnomos", valeu-se da teoria tridimensional do direito, desenvolvida originariamente por Miguel Reale, para sustentar que "juristas deverão atentar que fatos, valores e normas coexistem, levando-se em consideração os três elementos para a interpretação de uma norma ou regra de direito e sua aplicabilidade, e não apenas um dos elementos, sob pena de serem injustos, ignorarem um fato ou não atenderem a uma norma vigente e válida. É sob esse prisma que afirmamos que os animais têm direitos". (MARTINS, Renata Freitas. *Direito dos Animais*. Monografia de Final de Curso – Faculdade de Direito São Bernardo do Campo-SP. Disponível em: < http://renata.maromba.sites.uol.com.br/artigo5.htm>. Acesso em: 27 de julho de 2006).

[55] SILVA-SÁNCHEZ, Solange S. *Cidadania Ambiental: Novos Direitos no Brasil*. São Paulo: Humanitas/FFLCH/USP, 2000.

[56] SILVA, Olmiro Ferreira da. *Direito Ambiental e Ecologia: Aspectos Filosóficos Contemporâneos*. Barueri-SP: Manole, 2003, p. 36.

[57] *Ibid.*, p. 37.

atribuir subjetividade a entes não-humanos, ainda que de modo "despersonalizado".[58] Destaca, por fim, que a evolução da subjetividade jurídica está evidente na dogmática jurídica, pois, além da pessoa física, há a personalidade jurídica das sociedades, do Estado e até de um patrimônio. Aduz que, sendo a subjetividade uma ficção e, como tal, passível de mudanças, ao sabor dos tempos e das necessidades, e, especialmente, por não haver impedimentos jurídicos ou lógicos para que se proponha sua alteração, com inflexão na intersubjetividade jurídica, propugna-se por tal abertura e ampliação desse referencial.[59]

7. Conclusão

A importância do tema e da discussão é cada vez maior. Diversos e importantes autores passaram a abordar diretamente a questão animal com a sustentação de teses baseadas na "igual consideração de interesses" (*equal consideration*), caracterizando e configurando o "especismo" como manifestação social análoga ao racismo e ao sexismo. As atitudes discriminatórias em relação a membros de outras espécies seriam, pois, uma forma de preconceito não menos objetável que a intolerância racial ou sexual. Outros estudiosos começaram a questionar os critérios sobre os quais se assenta a ética tradicional, chegando a conclusões similares a partir de argumentos filosóficos diversos, consolidando a premente necessidade de revisão do tratamento dispensado aos animais não-humanos.

Exemplo do crescimento do tema é o fato de que as mais respeitáveis instituições universitárias norte-americanas já contam com cadeiras específicas de *Animal Law* nas suas faculdades de Direito. Desde a primavera de 2000, a *Harvard Law School* realiza seu curso de *Animal Rights Law*, inaugurado pelo ilustre professor Steven M. Wise. Seguiram-se à iniciativa de *Harvard* cursos de *Direitos dos Animais* nas igualmente importantes universidades de *Duke* e *Georgetown*.[60]

---

[58] *Ibid.*, p. 106.
[59] *Ibid.*, p. 102.
[60] O *Animal Legal Defense Fund – ALDF* disponibiliza em sua página na Internet (www.aldf.org) um levantamento atualizado das principais universidades norte-americanas que oferecem cursos de *Animal Law*. Vale destacar que até agosto de 2006 o site elencava 69 faculdades de Direito (dentre as cerca de 190 existentes) que oferecíam regularmente esses cursos, dentre as quais encontram-se *Yale, Stanford, New York University, University of Washington, UCLA, Michigan State, Columbia, Lewis & Clark, Rutgers, De Paul* e *Case Western*, entre outras tantas.

Nesta mesma linha, juristas de escol e intelectuais de vanguarda já se debruçaram sobre a matéria. Entre tantos outros estão Demogue, Cesare Goretti, John Rawls, Sunstein Cass, Martha C. Nussbaum, Laurence Tribe, Richard Posner, Alasdair Macintyre, Alan Dershowitz, Santiago Nino, Peces-Barba, Richard Epstein, Tom Regan, Steven M. Wise, Gary Francione, Will Kymlicka, Canotilho, Bertrand Russel, J. M. Coetzee, Edgar Morin, Henry Spyra, Keith Thomas e Richard Ryder.[61]

O respeito ético e jurídico pelos interesses dos animais tem adquirido foros de irreversibilidade em muitos meios, sendo praticamente impensável que um filósofo moral deixe de abordar questões relacionadas à ética animal nos dias de hoje.

O tema é belo, grandioso e desafiador. Como palavra final, deixo a lúcida exposição do Professor Fábio Corrêa Souza de Oliveira a respeito do assunto, para quem:

> "O homem é instado a romper com a arrogância, convidado a ser humilde. Ao invés de se ver como senhor, proprietário, único titular de direitos, vez que tudo o mais é objeto, feito para seu

---

[61] No Brasil a literatura ainda é incipiente, mas temos sido agraciados com excelentes trabalhos de Carlos M. Naconecy, Danielle Tetü Rodrigues, Diomar Ackel Filho, Edna Cardozo Dias, Fábio Corrêa Souza de Oliveira, Geuza Leitão, Ingo W. Sarlet, Jaime Chatkins, João Marcos Adede y Castro, Helita Barreira Custódio, Heron José de Santana, Laerte Fernando Levai, Luciano Rocha Sanatana, Marly Winckler, Paula Brügger, Renata Freitas Martins, Sônia T. Felipe, Tamara Bauab Levai, Tiago Fensterseifer, Vânia Rall Daró, Vânia Tuglio, entre outros. Alguns importantes eventos têm acontecido. Em 4 e 5 de novembro de 2005 foi realizado o primeiro "Seminário dos Direitos dos Animais", em Florianópolis-SC, em uma parceria entre o *Instituto É o Bicho* e a *Ordem dos Advogados do Brasil – seccional de Santa Catarina*, contando com a presença de professores de filosofia, advogados, membros do Ministério Público, do terceiro setor e da sociedade civil. A *Universidade Federal de Santa Catarina* – UFSC possui núcleo específico de "Ética Animal" no setor de bioética, assim como a *Universidade Federal da Bahia* – UFBA coordena grupo de pesquisa de Direito Animal nos seus cursos de pós-graduação. Em 8 de agosto de 2006, durante o *I Congresso Vegetariano Latino-Americano*, realizado em São Paulo, houve o lançamento oficial da *Revista Brasileira de Direito Animal*, destinada à discussão de matérias relacionadas ao abolicionismo animal e Direito, nos moldes da renomada "Animal Law" da *NorthWestern School of Law of Lewis & Clark College* (publicada desde 1994), e do "Journal of Animal Law" da *Michigan State University* (iniciado em 2005). Na mesma oportunidade, foi criado o *Instituto Abolicionista Animal* – IAA, idealizado pelo professor Heron José de Santana, ilustre membro do Ministério Público do Estado da Bahia (cf. www.abolicionismoanimal.org.br). A propósito, vale mencionar que em 2008 foi realizado o "I Encontro Nacional de Direitos Animais" em Porangaba, SP e o "I Congresso Internacional de Bioética e Direito Animal" em Salvador, BA. Em 2009 houve o "I Encontro Carioca de Direito dos Animais", organizado pela Procuradoria Geral do Município em conjunto com diversas entidades de proteção dos animais. Por meio de brilhante e corajosa iniciativa do Professor Fábio Corrêa Souza de Oliveira, a UFRRJ adotou oficialmente a disciplina "Direito dos Animais" como parte de sua grade curricular para os cursos de graduação em Direito, o que parece ser algo pioneiro na América Latina.

desfrute, a humanidade é solicitada a se irmanar com todos os seres, ver a todos como irmãos, em uma identidade, uma integração, sentido de fraternidade e agradecimento. A compreensão que reconhece a natureza como bem em si mesma, a sua autonomia, o valor individual de cada criatura, detentora de direitos, à revelia de qualquer implicação para o ser humano, assimiladora dos direitos da natureza, rompe, pois, com o antropocentrismo, não se contenta com o antropocentrismo alargado (deveres indiretos, animal *welfare*). É a ecologia profunda. O paradigma antropocêntrico é suplantado pelo paradigma ecocêntrico ou biocêntrico."[62]

---

[62] OLIVEIRA, Fábio Corrêa Souza de. *Direito dos Animais. In*: MOTA, Maurício (org.). *Função Social do Direito Ambiental*. Rio de Janeiro: Elsevier, 2009, p. 329-330.

7 A SEGURANÇA JURÍDICA NOS TEMPOS DO NEOCONSTITUCIONALISMO

José Carlos Vasconcellos dos Reis

> Mestre em Direito Público pela Universidade do Estado do Rio de Janeiro. Professor de Direito Constitucional e Administrativo do Ibmec (Rio de Janeiro). Advogado.

Sumário

1. Introdução. 2. Relevância das Regras no Sistema Jurídico. 3. Neoconstitucionalismo e Argumentação Jurídica. 4. O Problema da Interpretação e Aplicação dos Precedentes Vinculantes do Supremo Tribunal Federal. 5. Conclusão. Referências Bibliográficas.

1. Introdução

1.1. O Neoconstitucionalismo. Algumas Observações Prévias

Nestes mais de vinte anos da promulgação da Constituição de 1988, apesar de todas as vicissitudes e do abismo que ainda separa a realidade dos fatos e boa parte das normas constitucionais, há certamente algum motivo de comemoração no Brasil: a ultrapassagem – espera-se, definitiva – da época em que nossas Constituições eram meramente "semânticas", e não verdadeiramente "normativas",[1] despidas de efetividade.[2]

A partir da redemocratização do País, tem havido uma paulatina revalorização do Direito – especialmente do Direito Constitucional – enquanto instrumento de transformação (tanto quanto possível) da realidade social.[3] O Brasil enfrentou situações de intensa gravidade política – inclusive o *Impeachment* de um Presidente – e sazonais escândalos de corrupção envolvendo membros do Parlamento, do Poder Executivo e até do Judiciário, sem que se cogitasse de qualquer solução à margem da normalidade institucional e dos quadros normativos colocados pela Constituição.

Consolidou-se a ideologia da efetividade da Constituição, com a percepção da eficácia *jurídica* de todas as suas normas e a pesquisa de

---

[1] Trata-se de uma alusão à clássica tipologia das Constituições de Karl Loewenstein, que as classificou, quanto ao grau de efetividade (i.e. quanto à sua efetiva ou não realização no seio da sociedade), em: (a) Constituição semântica (despida de efetividade, servindo como uma "máscara" para as relações de força estabelecidas no plano social, político e econômico); (b) Constituição normativa (aquela que, efetivamente, goza de normatividade, sendo interpretada e aplicada como verdadeira *Lei Maior* da ordem jurídica); (c) Constituição *nominal* (um "meio-termo" entre as outras: embora a dinâmica sociopolítica não se adapte perfeitamente a suas normas, ela mantém um caráter "educativo", e o descompasso entre a Constituição e a realidade espera-se que seja sanado com o tempo, com o progressivo amadurecimento das instituições). Cf. LOEWENSTEIN, Karl. *Teoría de la Constitución.* Trad. Alfredo Gallego Anabitarte. Barcelona: Ariel, 1965, p. 217 e segs.

[2] Na definição de Luís Roberto Barroso, que já se tornou clássica, a *efetividade* significa a "realização do Direito, o desempenho concreto de sua função social. Ela representa a materialização, no mundo dos fatos, dos preceitos legais e simboliza a aproximação, tão íntima quanto possível, entre o dever ser normativo e o ser da realidade social" (BARROSO, Luís Roberto. *O Direito Constitucional e a Efetividade de suas Normas: Limites e Possibilidades da Constituição Brasileira.* 8ª ed. Rio de Janeiro: Renovar, 2006, p. 82-83).

[3] Cf. REIS, José Carlos Vasconcellos dos. *As Normas Constitucionais Programáticas e o Controle do Estado.* Rio de Janeiro: Renovar, 2003, p. 24-34.

instrumentos adequados para concretizá-las na realidade social. Não há, na verdade, uma incompatibilidade necessária entre a *legalidade* e a busca de *emancipação social*.[4]

O atual movimento teórico vivido pelo Direito Constitucional tem sido designado de *neoconstitucionalismo*, um panorama amplo de ideias e reflexões acerca da interpretação e aplicação do Direito. A base filosófica desse movimento é o chamado *pós-positivismo*, uma superação tanto do *jusnaturalismo* quanto do *juspositivismo* em suas versões mais radicais. "Pós-positivismo" é a designação genérica e bastante abrangente de todo o ideário da "nova hermenêutica"[5] no Direito Constitucional.

Busca-se ir além da legalidade estrita, mas sem desprezar o Direito posto; busca-se uma leitura moral do Direito, mas sem recorrer a categorias metafísicas; compreende-se que a interpretação e aplicação do ordenamento jurídico devem inspirar-se numa teoria de justiça, mas sem tolerar os voluntarismos e "decisionismos", inclusive judiciais.[6]

Esse "neoconstitucionalismo" é um movimento que se identifica, em essência, com o *constitucionalismo*, a ele agregando algumas "novidades".

Como é trivialmente sabido, o *constitucionalismo* é uma teoria que tem a Constituição como lei fundamental apta a limitar o poder – inclusive através da atribuição das diferentes funções do Estado a órgãos distintos, isto é, a assim chamada "separação" ou "divisão" de poderes –, em benefício de direitos que se vão construindo no engate de lutas políticas históricas (aquilo que a doutrina tem chamado de "gerações" ou "dimensões" de *direitos fundamentais*). Vale dizer: o constitucionalismo – nascido de um "movimento constitucionalizador" de origem inglesa, americana e francesa, cada qual no seu momento e com suas características próprias – é uma teoria que visa colocar limites no po-

---

[4] Sobre o tema, vide BARROSO, Luís Roberto. Fundamentos Teóricos e Filosóficos do Novo Direito Constitucional Brasileiro: pós-Modernidade, Teoria Crítica e pós-Positivismo. *In: Temas de Direito Constitucional,* T. II. Rio de Janeiro: Renovar, 2003, p. 3-46.

[5] Cf. BARROSO, Luís Roberto, BARCELLOS, Ana Paula de. O Começo da História: a Nova Interpretação Constitucional e o Papel dos Princípios no Direito Brasileiro. *In:* BARROSO, Luís Roberto (Org.). *A Nova Interpretação Constitucional: Ponderação, Direitos Fundamentais e Relações Privadas*. Rio de Janeiro: Renovar, 2003, p. 336.

[6] Cf. BARROSO, Luís Roberto. Neoconstitucionalismo e Constitucionalização do Direito: o Triunfo Tardio do Direito Constitucional no Brasil. *In: Revista de Direito Administrativo*, vol. 240. Rio de Janeiro: FGV/Renovar, 2005, p. 4-5.

lítico, assumindo diferentes matizes, até chegar às noções de Constituição dirigente e compromissória e de Estado Democrático de Direito, já no segundo pós-Guerra.[7]

Quando se fala, portanto, em *neoconstitucionalismo*, esse caráter básico do *constitucionalismo* permanece.

Apesar de o "novo constitucionalismo" ainda ser um "paradigma jurídico em formação",[8] pode-se elencar alguns traços identificadores dessa maneira de compreender o fenômeno jurídico:[9]

a) a atenção dedicada à análise das relações entre *valores, princípios* e *regras*;

b) uma reaproximação entre Ética e Direito;

c) a preocupação com a eficácia, legitimação e efetividade das *normas constitucionais*, em geral, e dos *direitos fundamentais*, em particular, com o desenvolvimento de uma verdadeira Teoria dos Direitos Fundamentais, edificada sobre o grande alicerce da *dignidade da pessoa humana*;

d) a percepção da *eficácia horizontal* dos direitos fundamentais, isto é, a sua irradiação de efeitos também no âmbito das relações privadas;

e) o fenômeno da *constitucionalização do Direito*;

---

[7] Cf. STRECK, Lenio Luiz. *Jurisdição Constitucional e Hermenêutica: Uma Nova Crítica do Direito*. 2ª ed. Rio de Janeiro: Forense, 2004, p. 289-290. Sobre a noção de *constitucionalismo*, veja-se, ainda, MATTEUCCI, Nicola. Constitucionalismo (verbete). *In:* BOBBIO, Norberto, MATTEUCCI, Nicola, PASQUINO, Gianfranco. *Dicionário de Política*, vol. I. 11. ed. Trad. coord. João Ferreira. Brasília: Ed. UnB, 1998, p. 246 e segs.

[8] Cf. GARCÍA FIGUEROA, Alfonso. Princípios e Direitos Fundamentais. Trad. Fátima Vieira Henriques. In: SOUZA NETO, Cláudio Pereira de, SARMENTO, Daniel (Coord.). *A Constitucionalização do Direito: Fundamentos Teóricos e Aplicações Específicas*. Rio de Janeiro: Lumen Juris, 2007, p. 5.

[9] Sobre os múltiplos aspectos do tema, veja-se: QUARESMA, Regina, OLIVEIRA, Maria Lúcia de Paula, OLIVEIRA, Farlei Martins Riccio de (Orgs.). *Neoconstitucionalismo*. Rio de Janeiro: Forense, 2009, passim; CARBONELL, Miguel (Org.). *Neoconstitucionalismo(s)*. Madrid: Editorial Trotta, 2003, passim; PRIETO SANCHÍS, Luís. Neoconstitucionalismo (verbete). *In:* CARBONELL, Miguel (Coord.). *Diccionario de Derecho Constitucional*. México: Ed. Porrúa/Univ. Nacional Autónoma de México, 2002, p. 240 e segs.; POZZOLO, Susanna. Neoconstitucionalismo y Especificidad de la Interpretación Constitucional. Trad. Josep Vilajosana. *In: Revista Doxa - Actas del XVIII Congreso Mundial de la Asociación Internacional de Filosofía Jurídica y Social* (Buenos Aires, 1977), nº 21, vol. II, 1998, p. 340-342; MOREIRA NETO, Diogo de Figueiredo. Poder, Organização Política e Constituição: as Relações de Poder em Evolução e seu Controle. *In: Mutações do Direito Público*. Rio de Janeiro: Renovar, 2006, p. 19-23.

f) a revalorização do *raciocínio tópico* na hermenêutica jurídica, enfatizando as peculiaridades e circunstâncias específicas de cada caso concreto;

g) o desenvolvimento da *Teoria da Argumentação*, como instrumental para a legitimação das decisões judiciais;

h) o destacado papel da *jurisdição constitucional* no sistema jurídico.

Esses elementos guardam estreita relação entre si. Ora se complementam, ora funcionam como pressupostos uns dos outros. Por exemplo, a preocupação – doutrinária e jurisprudencial – com as relações entre *valores*, *princípios* e *regras* repercute na importância de que as circunstâncias do *caso concreto* passaram a se revestir para a solução dos problemas constitucionais, de modo que hoje não se pode prescindir de um raciocínio *tópico* no Direito Constitucional.[10] Da mesma forma, a chamada *constitucionalização do Direito* – isto é, a releitura de todo o ordenamento jurídico à luz da Constituição –, ao mesmo tempo que é consequência do relevo assumido pela questão da efetividade das normas constitucionais, é também um fator importante para a ascensão da jurisdição constitucional.[11]

Nesse panorama, a argumentação jurídica assume papel fundamental para justificar racionalmente a tomada de decisões com base em normas abertas, que veiculam os assim chamados "conceitos indeterminados", com intensa carga axiológica. O Poder Judiciário se vê na contingência de interpretar e aplicar, cada vez mais, normas que proclamam a "dignidade da pessoa humana", o "direito à saúde", a "função social da propriedade", o "direito ao meio ambiente ecologicamente equilibrado", a promoção da "integração social dos setores desfavorecidos", entre tantas outras, que se colocam não apenas na Constituição, mas também na legislação ordinária.[12]

---

[10] Cf. REIS, José Carlos Vasconcellos dos. Interpretação Evolutiva e Raciocínio Tópico no Direito Constitucional Contemporâneo. *In: Revista de Direito do Estado*, nº 6. Rio de Janeiro: Renovar, abr./jun. 2007, p. 145-184.

[11] Sobre os variados aspectos da chamada constitucionalização do Direito, veja-se a já citada obra coletiva organizada por Cláudio Pereira de Souza Neto e Daniel Sarmento.

[12] No plano infraconstitucional, isto se dá, notadamente, com as leis instituidoras das agências reguladoras, que integram a "categoria das leis-quadro (*lois-cadre*) ou standartizadas, próprias das matérias de particular complexidade técnica e dos setores suscetíveis a constantes mudanças econômicas e tecnológicas". Com isso, as agências reguladoras "possuem compe-

Ao decidir casos envolvendo a amplitude e o significado de tais conceitos, recairá sobre o órgão jurisdicional um ônus argumentativo muito maior do que se estivesse ele diante de normas que se enquadram no clássico esquema condicional (*se... então...*), que permitiria uma imediata subsunção do fato ao enunciado da norma.

O neoconstitucionalismo implica trabalhar com enunciados normativos que não entregam ao intérprete/aplicador a solução "pronta" para o caso a decidir. Será preciso analisar cuidadosamente as circunstâncias concretas envolvidas, bem como ponderar razões para uma tomada de decisão constitucionalmente adequada, sopesando normas em sentido antagônico.

1.2. Objeto e plano de estudo

O grande "perigo" na aplicação de normas de índole principiológica é, exatamente, o risco do arbítrio, do "decisionismo" do intérprete. Sob a invocação da promoção da "justiça", na adequação da norma abstrata às especificidades do caso concreto, o sistema jurídico pode acabar perdendo em segurança, outra ideia-valor que alicerça o Direito, também protegida pelo *caput* do Art. 5º da Constituição.

Eis aí o cerne das preocupações que motivaram a elaboração deste breve trabalho: a difícil conciliação entre *justiça* e *segurança jurídica* no panorama do neoconstitucionalismo, problema sobre o qual muito se refletiu durante os seminários e palestras realizados no Ibmec-RJ, sobretudo durante o ano de 2008, ao ensejo dos vinte anos da Constituição de 1988. O rico debate instaurado na instituição sobre os grandes temas do Direito Público contemporâneo, congregando os corpos docente e discente da faculdade, vem agora reafirmar-se e renovar-se na presente obra coletiva, sendo estas modestas linhas a compilação de algumas das ideias expostas e compartilhadas por seu autor quando da realização daquelas jornadas.

Em meio à valorização dos princípios constitucionais e à retomada de um raciocínio tópico na interpretação jurídica, é necessário não perder de vista certos postulados básicos de *segurança* e *certeza*, a

---

tências normativas calcadas em standards, ou seja, em palavras dotadas de baixa densidade normativa, às vezes meramente habilitadoras, devendo exercer estas competências na busca da realização das finalidades públicas – também genéricas – fixadas nas suas respectivas leis". Cf. ARAGÃO, Alexandre Santos de. *Agências Reguladoras e a Evolução do Direito Administrativo Econômico*. 2ª ed. Rio de Janeiro: Forense, 2005, p. 408.

conferir a necessária estabilidade à ordem jurídica e a "confiabilidade no Direito, ou seja, a previsibilidade da conduta do Poder Público e dos seus efeitos sobre a esfera individual dos cidadãos, de acordo com normas jurídicas válidas e vigentes".[13]

Este estudo debruça-se, portanto, sobre alguns elementos presentes no quadro teórico do neoconstitucionalimo e que tocam mais diretamente na garantia de segurança. Em primeiro lugar, faz-se uma breve abordagem da necessidade de valorização também das *regras* (e não apenas dos *princípios*), como aquela espécie de norma que tem o relevante papel de aproximar o sistema jurídico de uma maior estabilidade, determinação e certeza. A seguir, invoca-se a imprescindível contribuição da *teoria da argumentação jurídica* para conferir *objetividade* e *racionalidade* às decisões judiciais, inclusive por imposição do princípio democrático e republicano. Por fim, analisam-se os efeitos das decisões vinculantes do Supremo Tribunal Federal no sistema jurídico, sobretudo tendo em vista certas situações que podem levar à sua flexibilização e temperamento, que devem ser compreendidas com a devida cautela.

2. Relevância das Regras no Sistema Jurídico

A grande ênfase do pós-positivismo, como se sabe, tem recaído nos *princípios*. Naturalmente, exaltar a força normativa e a eficácia jurídica dos princípios, especialmente os de sede constitucional, é tarefa das mais necessárias. Mas isto não pode ser feito em detrimento das *regras*, porque elas definem com maior precisão tanto o seu campo de incidência como as suas consequências jurídicas, e por isso "salvaguardam a segurança jurídica do cidadão e coíbem o arbítrio do aplicador".[14]

Assim, a metodologia da interpretação/aplicação constitucional não pode reduzir todas as normas da Constituição a princípios, pois isso levaria a ponderações e relativizações muitas vezes arbitrárias.

---

[13] DERBLI, Felipe. *O Princípio da Proibição de Retrocesso Social na Constituição de 1988*. Rio de Janeiro: Renovar, 2007, p. 213. Sobre o tema, cf. também SARLET, Ingo Wolfgang. A Eficácia do Direito Fundamental à Segurança Jurídica: Dignidade da Pessoa Humana, Direitos Fundamentais e Proibição de Retrocesso Social no Direito Constitucional Brasileiro. *In*: ROCHA, Carmen Lúcia Antunes (Org.). *Constituição e Segurança Jurídica: Direito Adquirido, Ato Jurídico Perfeito e Coisa Julgada*. Belo Horizonte: Fórum, 2004.

[14] SARMENTO, Daniel. Ubiquidade Constitucional: os Dois Lados da Moeda. *In*: SOUZA NETO, Cláudio Pereira de, SARMENTO, Daniel (Coord.). *A Constitucionalização do Direito*, cit., p. 146.

A Constituição demanda a existência de *regras* e de *princípios*, que desempenham, cada qual, um papel diferenciado, mas da maior importância para manter o equilíbrio entre *justiça* e *segurança*.

A *justiça* depende, em geral, de normas mais flexíveis, à maneira dos *princípios*, que "permitem uma adaptação mais livre às infinitas possibilidades do caso concreto", conferindo ao intérprete "liberdade de adaptar o sentido geral do efeito pretendido, muitas vezes impreciso e indeterminado, às peculiaridades da hipótese examinada". Já a *segurança*, manifestante em um certo grau de *estabilidade* e *previsibilidade*, relaciona-se mais com as regras. Estas, por veicularem efeitos determinados, pretendidos pelo legislador de forma específica, "contribuem para a maior previsibilidade do sistema jurídico".[15] Como bem adverte Paulo Ricardo Schier:

> "Um sistema constitucional formado apenas por regras seria temeroso em vista de sua baixa capacidade de ajuste e evolução. Mas um sistema formado apenas por princípios (ou visto de tal forma) também seria indesejável diante da baixa densidade normativa que teria, determinando, destarte, uma espécie de corrosão da própria normatividade constitucional".[16]

E Daniel Sarmento alerta para os riscos que adviriam de decisões judiciais recorrerem, de modo corriqueiro e trivial, a princípios vagos e abstratos para resolver controvérsias que envolvam simplesmente a aplicação de regras específicas e bem delimitadas incidentes sobre o caso.[17] Veja-se, por exemplo, o que tem ocorrido ao princípio da *dignidade da pessoa humana*: não raro vem sendo ele invocado como verdadeira panaceia para "problemas jurídicos nem sempre complexos, onde a simples incidência ou aplicação de regras infraconstitucionais, mediante aplicação da velha lógica da subsunção, seria suficiente para uma adequada resposta jurídica".[18]

---

[15] Cf. BARCELLOS, Ana Paula de. *Ponderação, Racionalidade e Atividade Jurisdicional*. Rio de Janeiro: Renovar, 2005, p. 186. A própria autora reconhece, naturalmente, que isto é uma simplificação. É evidente que há *princípios* ligados mais diretamente ao valor *segurança* (e.g. o princípio da legalidade), da mesma forma que inúmeras *regras* são a "cristalização de soluções requeridas por exigências de justiça". Mas isso "não afasta a utilidade do modelo para esclarecer uma parcela da realidade" (*Op. cit.*, p. 187).

[16] SCHIER, Paulo Ricardo. Novos Desafios da Filtragem Constitucional no Momento do Neoconstitucionalismo. *In:* SOUZA NETO, Cláudio Pereira de, SARMENTO, Daniel (Coord.). *A Constitucionalização do Direito*, cit., p. 260.

[17] Cf. SARMENTO, Daniel. *Ubiquidade Constitucional*, cit., p. 147.

[18] SCHIER, Paulo Ricardo. *Op. cit.*, p. 266.

Evidentemente, a aplicação de uma regra pode ser afastada na resolução do caso concreto:

a) pelos métodos tradicionais de solução de antinomias (hierárquico, cronológico, de especialidade);

b) quando, em circunstâncias excepcionais, houver razões contundentes para sobrepujar a regra *prima facie* aplicável ao caso, hipótese esta que já foi objeto de instigante análise de Humberto Ávila.[19] O "afastamento racionalmente fundamentado de regras"[20] é legítimo. O que é inaceitável é a sua pura e simples desconsideração na solução de casos claramente compreendidos em sua hipótese de incidência, como se o ordenamento fosse todo composto por princípios. Isto é o principal fator para o exercício de um indesejável *decisionismo*, em prejuízo da segurança jurídica.

Nesse sentido, na concepção de Ana Paula de Barcellos,[21] quando o intérprete estiver diante de uma situação que exija o emprego da *ponderação*, as regras têm preferência sobre os princípios. Vale dizer: diante de um conflito normativo insolúvel pelos métodos tradicionais de interpretação (inclusive os princípios de interpretação especificamente constitucional e a interpretação das regras orientada pelos princípios), é o princípio que deve ceder, e não a regra. Esta, como critério geral, não foi concebida para ser ponderada, o que só ocorrerá em situações excepcionais.

Eis a pertinente colocação da autora:

> "A ponderação corriqueira de regras fragilizaria a própria estrutura do Estado de Direito; pouco valeriam as decisões do Poder Legislativo se cada aplicação de um enunciado normativo se transformasse em um novo processo legislativo, no qual o aplicador passasse a avaliar, novamente, todas as conveniências e interesses envolvidos na questão, bem como todos os princípios pertinentes, para, ao fim, definir o comportamento desejável."[22]

---

[19] Cf. ÁVILA, Humberto. *Teoria dos Princípios: da Definição à Aplicação dos Princípios Jurídicos.* 3ª ed. São Paulo: Malheiros, 2004, p. 36-55.

[20] SARMENTO, Daniel. *Op. cit.*, p. 147.

[21] As observações que se seguem baseiam-se em BARCELLOS, Ana Paula de. *Ponderação, Racionalidade e Atividade Jurisdicional*, cit., p. 165 e segs.

[22] *Id. ibid.*, p. 188.

Por isso, quando se exalta a eficácia jurídica dos princípios constitucionais, não se pode menosprezar a importância das regras no sistema. Elas aproximam o Direito – ciência eminentemente "tipológica"[23] – da *certeza* e da *segurança* reclamadas pela vida jurídica, sem as quais haveria "grandes riscos para a liberdade individual".[24] O Direito exige a satisfação de um "mínimo axiológico", consistente na necessidade de *ordem* e *segurança*, ideias à quais a própria noção de justiça também se acha ligada.[25]

Justiça e segurança são, assim, valores que se complementam. Há, certamente, toda uma aura "romântica" cercando a noção de *justiça* – Hermes Lima já dizia que ela trabalha "como se fora a seiva do que desponta para a vida"[26] –, que tem nos *princípios* um importante instrumental de realização. Mas as *regras* – por serem mais diretamente ligadas a necessidades mais práticas e imediatas da vida[27] – contribuem para conferir *objetividade* e *certeza* ao ordenamento, diminuindo o arbítrio e o voluntarismo do intérprete/aplicador do Direito.

3. Neoconstitucionalismo e Argumentação Jurídica

3.1. Os riscos inerentes ao neoconstitucionalismo. A teoria da argumentação como uma necessidade prática nesse contexto

O neoconstitucionalismo implica trabalhar-se com normas vagas e abstratas, conceitos indeterminados, ponderação de razões, circunstâncias casuísticas variáveis.

---

[23] Cf. REALE, Miguel. *Filosofia do Direito*. 17ª ed. São Paulo: Saraiva, 1996, p. 56. E o notável autor aduz que "o trabalho do advogado, via de regra, consiste em descobrir na lei e na doutrina o tipo correspondente ao caso particular que lhe cabe examinar. A ciência, portanto, requer sempre a classificação, ou a tipificação do real, e opera segundo *modelos*", de modo que "o Direito, dentre as ciências culturais, é aquela que mais necessita de elementos classificatórios, de esquemas ideais ou de *modelos*, que prefiguram normativamente a conduta possível, reputando-a lícita ou ilícita" (*Op. cit.*, p. 57).

[24] *Id. ibid.*, p. 57. Quanto ao ponto, Reale exemplifica exatamente com o Direito Penal, que, até por força de imperativos ligados à liberdade e à segurança jurídica, tem de tipificar e esclarecer da maneira mais precisa possível os elementos necessários à caracterização de cada delito.

[25] É a lição que se retira, ainda, de REALE, Miguel. *Op. cit.*, p. 594-595.

[26] LIMA, Hermes. *Introdução à Ciência do Direito*. 30ª ed. Rio de Janeiro: Freitas Bastos, 1993, p. 179.

[27] E Mônica Sifuentes, invocando Baptista Machado, observa que "embora a Justiça represente um ideal de hierarquia superior, a segurança, a seu turno, está diretamente ligada às necessidades práticas e imediatas da vida". Cf. SIFUENTES, Mônica. *Súmula Vinculante: um Estudo sobre o Poder Normativo dos Tribunais*. São Paulo: Saraiva, 2005, p. 291.

Tudo isso acaba embutindo o risco de uma "anarquia metodológica" e de o Judiciário atuar sem "critérios racionais e intersubjetivamente controláveis"[28]. Um "principialismo" exacerbado pode levar à crença irrefletida de que "tudo é subjetivo", "tudo é relativo", o que embute, na verdade, a ideia de que "tudo é arbitrário".

Ao contrário, o Direito demanda *racionalidade*, como contenção do arbítrio puro e simples.[29] Quando a decisão se baseia apenas em concepções individuais do intérprete, provavelmente ela não se repetirá em situações *idênticas*, ensejando violações ao princípio da igualdade.[30]

Eis a importância da *argumentação jurídica* no neoconstitucionalismo: ela cumpre a função de estabelecer uma objetividade (*semântica e ética*) que permita fiscalizar as decisões judiciais.[31] É a *persuasão* e o convencimento que "estruturam e servem de base às construções jurídico-decisórias".[32]

Quando as normas jurídicas não são passíveis de interpretação unívoca – sendo, por isso, impossível resolver-se a sua aplicação de forma

---

[28] Cf. SARMENTO, Daniel. *Ubiquidade Constitucional*, cit., p. 115. E o autor observa, em espirituosa passagem, que "muitos juízes, deslumbrados diante dos princípios e da possibilidade de, através dele, buscarem a justiça – ou o que entendem por justiça –, passaram a negligenciar do seu dever de fundamentar racionalmente os seus julgamentos. Esta 'euforia' com os princípios abriu um espaço muito maior para o decisionismo judicial (...) sob as vestes do politicamente correto, orgulhoso com os seus jargões grandiloquentes e com a sua retórica inflamada (...). Os princípios constitucionais, neste quadro, tornaram-se verdadeiras 'varinhas de condão': com eles, o julgador de plantão consegue fazer quase tudo o que quiser" (*Op. cit.*, p. 144).

[29] Cf. SCHIER, Paulo Ricardo. *Novos Desafios da Filtragem Constitucional no Momento do Neoconstitucionalismo*, cit., p. 260. E, na síntese feliz de Ana Paula de Barcellos, a racionalidade das decisões jurídicas está ligada, basicamente, a dois elementos: (a) a capacidade de demonstrar conexão com o sistema jurídico; (b) a racionalidade propriamente dita da argumentação, especialmente nas hipóteses em que existam várias conexões possíveis com o sistema. Cf. BARCELLOS, Ana Paula de. *Ponderação, Racionalidade e Atividade Jurisdicional*. Rio de Janeiro: Renovar, 2005, p. 42-43.

[30] Cf. BARCELLOS, Ana Paula de. *Ponderação, Racionalidade e Atividade Jurisdicional*, cit., p. 190.

[31] Cf. GARCÍA FIGUEROA, Alfonso. Princípios e Direitos Fundamentais. *In*: SOUZA NETO, Cláudio Pereira de, SARMENTO, Daniel (Coord.). *A Constitucionalização do Direito*, cit., p. 16.

[32] CAMARGO, Margarida Maria Lacombe. *Hermenêutica e Argumentação: uma Contribuição ao Estudo do Direito*. 3ª ed. Rio de Janeiro: Renovar, 2003, p. 137. Sobre o tema, e com amplas referências bibliográficas, sobretudo quanto ao pensamento de Perelman, Viehweg, Dworkin e Alexy, vide, por exemplo: MENDONÇA, Paulo Roberto Soares. *A Tópica e o Supremo Tribunal Federal*. Rio de Janeiro: Renovar, 2003, p. 215 e segs.; MAIA, Antônio Cavalcanti; SOUZA NETO, Cláudio Pereira de. Os Princípios Gerais de Direito e as Perspectivas de Perelman, Dworkin e Alexy. *In*: *Revista de Direito da Associação dos Procuradores do Novo Estado do Rio de Janeiro*, vol. XII (Direitos Fundamentais). Rio de Janeiro: Lumen Juris, 2003, p. 167 e segs.; BARROSO, Luís Roberto, BARCELLOS, Ana Paula de. *O Começo da História*, cit., p. 350 e segs.

silogística –, será através de *argumentos razoáveis* que a decisão obterá a adesão da comunidade à qual se dirige. Na atividade concreta dos tribunais, deverá tentar-se alcançar a adesão da comunidade jurídica e dos jurisdicionados em geral, através da utilização de argumentos convincentes e razoáveis.[33]

Naturalmente, o *ônus argumentativo* do intérprete/aplicador do direito será maior ou menor conforme a espécie de norma que se esteja aplicando e as situações fáticas subjacentes.[34]

Como nas *regras* há maior determinação do comportamento devido em razão do caráter eminentemente *descritivo* do enunciado normativo, o aplicador deve argumentar no sentido de demonstrar a correspondência do fato à descrição normativa e à finalidade que lhe dá suporte.

Por isso, o ônus argumentativo será menor: a própria descrição normativa serve, por si só, como fundamentação. Mas se o fato, embora corresponda à descrição normativa, não se adequar à finalidade que dá suporte a esta, aquele ônus será maior, porque será preciso demonstrar racionalmente essa inadequação, a fim de afastar a aplicação da regra.

Assim, a investigação da finalidade da regra poderá deixar de enquadrar na sua hipótese normativa casos preliminarmente (*prima facie*) enquadráveis. Para tanto, será preciso *ponderar* a razão geradora da regra com as razões substanciais para o seu não-cumprimento, diante de certas circunstâncias, com base na finalidade da própria regra ou em outros princípios. Mas para que o aplicador possa fazer isto, é preciso uma *fundamentação* que supere a importância das razões que embasam o cumprimento incondicional da regra.

Já no caso dos *princípios*, que têm um caráter mais *finalístico* do que descritivo, o aplicador deve argumentar de modo a demonstrar a correlação entre os efeitos da conduta adotada e a realização do estado de coisas exigido. Como não há descrição do comportamento, a interpretação do conteúdo normativo dos princípios depende, com maior intensidade, do exame tópico da situação concreta a ser resolvida.

---

[33] Cf. SOUZA NETO, Cláudio Pereira de. *Jurisdição Constitucional, Democracia e Racionalidade Prática*. Rio de Janeiro: Renovar, 2002, p. 140-141.

[34] Os três parágrafos seguintes tomaram como subsídio as ideias expostas em ÁVILA, Humberto. *Teoria dos Princípios*, cit., p. 65-69.

É necessário o exame de casos em que os princípios foram aplicados (ou em que não foram aplicados, mas deveriam ter sido), o que aumenta a importância de casos paradigmáticos para a investigação do conteúdo normativo dos princípios. O arbítrio do intérprete é mitigado pela constatação de que, embora eminentemente *finalísticos*, os princípios também implicam comportamentos. E, apesar de *indeterminados*, essa indeterminação não é *absoluta*: pode haver alguma incerteza quanto ao conteúdo do comportamento a ser adotado, mas não quanto à sua *espécie*: "o que for necessário para promover o fim é devido".[35]

Tais postulados não deixam de ser uma influência do raciocínio tópico no processo de interpretação/aplicação da Constituição, especialmente quanto à necessidade de imprimir força persuasiva aos argumentos apresentados para convencer os destinatários do discurso jurídico.

3.2. A motivação das decisões judiciais como imperativo democrático e republicano[36]

Nisso reside um dos traços mais belos do neoconstitucionalismo: já não é mais aceitável a caracterização da interpretação/aplicação do direito em matizes autoritários, cuja legitimação não necessite de maiores demonstrações, porque estaria calcada numa suposta subsunção "automática" do fato à norma, com base num pretenso raciocínio silogístico. Ao contrário, a Tópica tem um "caráter essencialmente dialógico", de modo que "as premissas fundamentais se legitimam pela aceitação do interlocutor".[37]

---

[35] ÁVILA, Humberto. *Op. cit.*, p. 72. O autor sugere algumas diretrizes metodológicas para delimitar os comportamentos devidos por força dos princípios: (a) especificação dos fins ao máximo (quanto menos específico o fim, menos controlável a sua realização); (b) pesquisa de casos paradigmáticos (para esclarecer as condições que compõem o estado de coisas a ser buscado), examinando-se as similaridades capazes de constituir grupos de casos que girem em torno de um mesmo problema central; (c) verificação de critérios capazes de delimitar quais são os bens jurídicos que compõem o estado ideal de coisas e de quais são os comportamentos necessários à sua realização; (d) verificação da existência de outros casos que deveriam ter sido decididos com base no princípio em análise (*Op. cit.*, p. 72-75, e o exemplo prático do princípio da moralidade, às p. 75-77).

[36] Cf. REIS, José Carlos Vasconcellos dos. Constituição e Processo: o Dever de Motivação das Decisões Judiciais à Luz do Princípio Democrático. In: *Revista da Faculdade de Direito Candido Mendes*, nº 13. Rio de Janeiro: UCAM-FDCM, 2008, p. 217-231.

[37] SOUZA NETO, Cláudio Pereira de. *Jurisdição Constitucional, Democracia e Racionalidade Prática*, cit., p. 143, com lastro em Viehweg e Perelman.

A norma jurídica é "apenas mais um *topos* a ser levado em consideração no processo argumentativo que leva à decisão do caso concreto. O que importa é causar a adesão do auditório composto pela comunidade jurídica e pela comunidade de cidadãos",[38] de modo que "a efetividade do direito não toma por base, apenas, a coercitividade das decisões judiciais, mas também a adesão voluntária dos jurisdicionados, provocada pela força dos melhores argumentos".[39]

Nesse sentido são as colocações de Ana Paula de Barcellos:

> "A *justificação* está associada à necessidade de explicitar as razões pelas quais uma decisão foi tomada dentre outras que seriam possíveis. Cuida-se de transformar os processos lógicos internos do aplicador em linguagem compreensível para a audiência. Em um Estado republicano, no qual todos são iguais, ninguém tem o direito de exercer poder político por seus méritos pessoais, excepcional capacidade ou sabedoria. Todo aquele que exerce poder político o faz na qualidade de agente delegado da coletividade e deve a ela satisfação por seus atos. Esse raciocínio, bastante singelo do ponto de vista da teoria democrática, também se aplica ao Judiciário. (...) O cidadão tem o direito de saber por que um seu agente delegado decidiu em determinado sentido e não em outro. (...) O dever de motivar não decorre apenas de uma regra formal contida no texto constitucional (art. 93, IX) ou de uma exigência do direito de defesa das partes. Ele está vinculado à própria necessidade republicana de justificação das decisões do Poder Público. Quando o juiz emprega a técnica da ponderação, essa necessidade é potencializada: se há uma variedade de soluções possíveis, é preciso demonstrar o motivo de se escolher uma delas em detrimento das demais."[40]

Há, portanto, um fundamento *republicano* e *democrático* na imposição constitucional de motivação das decisões judiciais, ligado à própria legitimidade do Poder Judiciário. Com efeito, "uma instituição não pode ser considerada antidemocrática unicamente porque não provenha de eleição popular".[41] No caso do Judiciário, a motivação das decisões é instrumento de controle do *arbítrio* e do "decisionismo", cum-

---

[38] *Id. ibid.*, p. 145.
[39] *Id. ibid.*, p. 149. Texto ligeiramente editado.
[40] BARCELLOS, Ana Paula de. *Ponderação, Racionalidade e Atividade Jurisdicional*, cit., p. 45-47. Texto ligeiramente editado.
[41] SIFUENTES, Mônica. *Súmula Vinculante*, cit., p. 281.

prindo assim um papel *extraprocessual*, ao tornar a decisão compreensível para o cidadão, em nome do qual é administrada a Justiça.[42]

Chegamos assim à ideia de *democracia deliberativa*, em torno da qual gravitam algumas das principais justificações da legitimidade da jurisdição constitucional. Na síntese de Alexy,[43] a *representação* nada mais é do que uma relação entre dois polos: um *repraesentandum* e um *repraesentans*. A representação parlamentar é essencialmente determinada pela *eleição*, pela *regra da maioria*, o que caracteriza um modelo de *democracia decisional*. Mas o conceito de democracia deve compreender não apenas decisão, mas também *argumentos*. A inclusão da *argumentação* no conceito de democracia origina a *democracia deliberativa*, uma tentativa de institucionalizar o discurso como mecanismo de tomada de decisões públicas. Por isso, a relação entre o povo e o parlamento não deve ser somente determinada por decisões oriundas de eleições e votos, mas também de argumentos racionais, de modo a que se trate de uma representação ao mesmo tempo *decisional* (ou *volitiva*) e *argumentativa* (ou *discursiva*).[44] Ao contrário, a representação do povo por uma *corte constitucional* – ou, em sentido mais amplo, por todos os órgãos que desempenham a *jurisdição constitucional* – é uma representação puramente argumentativa, em que a legitimação democrática das decisões se dá, sobretudo, pela adesão de seus destinatários em razão da força convincente dos argumentos. É o que Alexy chama de *constitucionalismo discursivo*, como institucionalização da *racionalidade* e da *correção*.[45]

---

[42] *Id. ibid.*, p. 288.

[43] O parágrafo compendia o conhecimento exposto em ALEXY, Robert. Ponderação, Jurisdição Constitucional e Representação Popular (Trad. do inglês por Thomas da Rosa de Bustamante). *In:* SOUZA NETO, Cláudio Pereira de; SARMENTO, Daniel (Coord.). *A Constitucionalização do Direito*, cit., p. 301-304.

[44] Note-se que há uma certa correspondência entre a representação decisional e o conceito puramente formal de democracia, calcado na mera escolha dos governantes pelo sufrágio, em eleições periódicas e com a adoção da regra da maioria para a tomada de decisões. Já a representação argumentativa aproxima-se mais da noção substantiva de democracia, para a qual a simples satisfação dos requisitos formais, embora importantes, não é suficiente para garantir a legitimidade da atuação dos corpos políticos. Sobre o ponto, veja-se a síntese feliz de MOREIRA NETO, Diogo de Figueiredo. Poder, Organização Política e Constituição. *In: Mutações do Direito Público*, cit., p. 18-19.

[45] Sobre o tema fascinante da democracia deliberativa, veja-se especialmente a obra de NINO, Carlos Santiago. *La Constitución de la Democracia Deliberativa*. Barcelona: Gedisa, 1997, passim, e também: SOUZA NETO, Cláudio Pereira de. *Teoria Constitucional e Democracia Deliberativa*. Rio de Janeiro: Renovar, 2006, passim; STAMATO, Bianca. *Jurisdição Constitucional*. Rio de Janeiro: Lumen Juris, 2005, p. 165 e segs., com alentada análise da obra de Santiago Nino a partir da p. 196.

Ganha assim renovado sentido uma das ideias mais difundidas de Peter Häberle, isto é, a ampliação do rol de intérpretes da Constituição, que não se restringem aos "operadores jurídicos" *stricto sensu*, mas formam uma "sociedade aberta".[46] É evidente, no entanto, que a efetividade dessa participação da sociedade no processo de interpretação constitucional depende do fomento da consciência e participação política, da educação e da informação.

Essa tomada de consciência – que revela a posição e o papel do Poder Judiciário num Estado Democrático – é particularmente importante no contexto atualmente vivido pelo Direito Constitucional. Muito embora haja uma revalorização do raciocínio tópico, até em virtude da fluidez dos termos muitas vezes empregados pelas normas constitucionais, que demandam uma cuidadosa análise casuística por parte de seu intérprete/aplicador, isto não significa a atribuição de "poderes absolutos" ao juiz. A *motivação*, a *fundamentação* da decisão é um fator de *segurança* que não pode ser esquecido.

Assim, é preciso chegar-se à difícil conciliação entre a necessidade de um raciocínio tópico – voltado para as *peculiaridades* e *especificidades* de cada caso – com a preocupação no sentido da *racionalidade* e até mesmo do *significado universal* da decisão. Em outras palavras, a Tópica não traz consigo o abandono daquele postulado básico de *igualdade* e *segurança jurídica* consistente na ideia de que a lei deve ser interpretada e aplicada igualmente a pessoas que se encontram em idêntica situação.

4. O Problema da Interpretação e Aplicação dos Precedentes Vinculantes do Supremo Tribunal Federal

O efeito vinculante das decisões prolatadas pelo STF em sede de controle abstrato de constitucionalidade, consoante a dicção do próprio dispositivo constitucional que o consagra,[47] atinge os "demais ór-

---

[46] Cf. HÄBERLE, Peter. *Hermenêutica Constitucional: a Sociedade Aberta dos Intérpretes da Constituição*. Trad. Gilmar Ferreira Mendes. Porto Alegre: Sérgio Antônio Fabris Editor, 1997, passim. Ressaltando a ligação apontada no texto entre tópica e democracia, com base na obra de Häberle, veja-se SOUZA NETO, Cláudio Pereira de. *Jurisdição Constitucional, Democracia e Racionalidade Prática*, cit., p. 164 e segs.

[47] Eis o § 2º do Art. 102, da Constituição de 1988, com a redação dada pela Emenda Constitucional 45/2004: "As decisões definitivas de mérito, proferidas pelo Supremo Tribunal Federal, nas ações diretas de inconstitucionalidade e nas ações declaratórias de constituciona-

gãos do Poder Judiciário" e a "administração pública direta e indireta" (em todas as esferas da Federação). Ficam, assim, excluídos o próprio STF – que não ficará impedido de, posteriormente, mesmo que tenha declarado a *constitucionalidade* de uma certa lei, mudar o seu entendimento, declarando-a *inconstitucional*, *v.g.* quando da propositura de uma nova ADIn por algum dos legitimados do Art. 103 – e o Poder Legislativo – que poderá, eventualmente, editar lei contrária ao entendimento fixado pelo tribunal, como forma de *correção legislativa* da jurisprudência.

É preciso compreender, portanto, a amplitude e os limites dessa eficácia vinculante.

Uma das tônicas do neoconstitucionalismo reside na constatação de que a *norma jurídica* – inclusive, evidentemente, a norma constitucional – é o resultado da *interpretação* do seu enunciado textual.[48] Assim, não é apenas a *interpretação* que é suscetível de evoluir e modificar-se de acordo com as circunstâncias históricas e sociais: é a própria *norma jurídica* (de que são espécies as *normas constitucionais*) que pode se alterar com o passar do tempo, ainda que não se faça qualquer alteração *formal* em seu *texto*.

O Direito Positivo "carece de uma complementação de conteúdo, que se manifesta na atividade intelectual de adequação entre os novos fatos e as normas em vigor no ordenamento".[49] Por isso é que Lenio Streck, inspirado em Gadamer e Heidegger, compreende o processo interpretativo como verdadeiramente *produtivo*, e não *reprodutivo*.[50]

No Direito Constitucional, isso fica bastante claro quando se está diante de normas cujos enunciados veiculam termos excessivamente genéricos ou indeterminados, ou com grande conteúdo social, político e econômico. É no momento da *interpretação* – quando se revela o significado do *texto* constitucional – que essas normas adquirem vida.

---

lidade, produzirão eficácia contra todos e efeito vinculante, relativamente aos demais órgãos do Poder Judiciário e à administração pública direta e indireta, nas esferas federal, estadual e municipal".

[48] Nesse sentido, dentre tantos outros: ALEXY, Robert. *Teoría de los Derechos Fundamentales*. Trad. Ernesto Garzón Valdéz. Madrid: Centro de Estudios Constitucionales, 1993, p. 48 e segs., ÁVILA, Humberto. *Teoria dos Princípios*, cit., p. 22

[49] MENDONÇA, Paulo Roberto Soares. *A Tópica e o Supremo Tribunal Federal*. Rio de Janeiro: Renovar, 2003, p. 273.

[50] STRECK, Lenio Luiz. *Jurisdição Constitucional e Hermenêutica*, cit., p. 197 e segs.

E precisamente por isso é que a *norma constitucional* pode ser alterada ainda que o *texto* permaneça, literalmente, o mesmo.

Anna Cândida da Cunha Ferraz já analisou detidamente, em obra indispensável sobre o tema, os "processos informais de mudança da Constituição", *i.e.* a maneira pela qual o *conteúdo* de uma norma constitucional se modifica, sem que a sua *forma* se altere.[51] A *interpretação evolutiva*, paradigma desse fenômeno, consistente na "atribuição de novos conteúdos à norma constitucional, sem modificação do seu teor literal, em razão de mudanças históricas ou de fatores políticos e sociais que não estavam presentes na mente dos constituintes".[52]

Trata-se da *mutação constitucional*, que consiste na "alteração, não da letra ou do texto expresso, mas do significado, do sentido e do alcance das disposições constitucionais, através ora da interpretação judicial, ora dos costumes, ora das leis, alterações estas que, em geral, se processam lentamente, e só se tornam claramente perceptíveis quando se compara o entendimento atribuído às cláusulas constitucionais em momentos diferentes, cronologicamente afastados um do outro, ou em épocas distintas e diante de circunstâncias diversas".[53]

Esse fenômeno da "mutação constitucional" permitirá que seja "reeditada" uma demanda direta de inconstitucionalidade, coisa possível não apenas quando o enunciado da Constituição que servira de parâmetro para a decisão anterior houver sido *emendado*, mas também quando, *informalmente*, houver sofrido alteração, pela via interpretativa.[54] Até pela própria *linguagem* adotada, a Constituição é um *sistema aberto*, sujeito a constante reformulação e atualização de seu

---

[51] FERRAZ, Anna Cândida da Cunha. *Processos Informais de Mudança da Constituição*. São Paulo: Max Limonad, 1986, passim, e especialmente p. 45 e segs.

[52] BARROSO, Luís Roberto. *Interpretação e Aplicação da Constituição: Fundamentos de uma Dogmática Constitucional Transformadora*. 3ª ed. São Paulo: Saraiva, 1999, p. 144.

[53] FERRAZ, Anna Cândida da Cunha. *Op. cit.*, p. 9. Sobre o tema, veja-se a obra clássica de JELLINEK, Georg. Reforma y Mutación de la Constitución. Trad. Pablo Lucas Verdú. Madrid: Centro de Estudios Constitucionales, 1991, passim.

[54] Cf. BINENBOJM, Gustavo. *A Nova Jurisdição Constitucional Brasileira: Legitimidade Democrática e Instrumentos de Realização*. Rio de Janeiro: Renovar, 2001, p. 174; BARROSO, Luís Roberto. *O Controle de Constitucionalidade no Direito Brasileiro: Exposição Sistemática da Doutrina e Análise Crítica da Jurisprudência*. São Paulo: Saraiva, 2004, p. 152-153. É este último autor que observa: "Parece totalmente inapropriado que se impeça o Supremo Tribunal Federal de reapreciar a constitucionalidade ou não de uma lei anteriormente considerada válida, à vista de novos argumentos, de novos fatos, de mudanças formais ou informais no sentido da Constituição ou de transformações na realidade que modifiquem o impacto ou a percepção da lei" (*Op. cit.*, p. 152).

conteúdo normativo, o que só pode acontecer no contato da *norma* com a *realidade*.[55]

Assim, uma lei declarada *constitucional* num certo momento pode tornar-se *inconstitucional* posteriormente, e por isso é perfeitamente admissível que a questão já decidida no sentido da constitucionalidade seja submetida de novo à Corte Constitucional. A reapreciação da validade de uma lei deve ser admitida com base, simplesmente, no argumento de que ela pode ter-se tornado inconstitucional após a decisão da Corte, em virtude de mudança nas relações fáticas ou na concepção constitucional. Por força dessa necessidade de uma *interpretação* evolutiva da Constituição, o efeito vinculante das decisões em ADIn's e ADPF's (quando improcedentes) e ADC's (quando procedentes) sofre *limitações histórico-temporais*, não se admitindo a perenização de uma declaração de *constitucionalidade* de um ato do Poder Público.[56]

O mesmo se pode dizer, *mutatis mutandis*, a respeito da eficácia vinculante da súmula editada com base no art. 103-A, introduzido pela Emenda Constitucional nº 45, de 2004, nesse particular regulamentada pela Lei nº 11.417, de 2006. Há uma grande similitude entre os efeitos da *súmula vinculante* e a regra do art. 102, § 2º, da Constituição, abrindo-se também para a possibilidade de atualização em virtude de eventual *mutação constitucional*. Não haverá, portanto, pelo só fato da introdução da súmula vinculante no ordenamento brasileiro, necessariamente um "congelamento" ou "engessamento" da jurisprudência. O próprio dispositivo constitucional permite ao STF, uma vez editada a súmula, "proceder à sua revisão ou cancelamento".

Entretanto, há aqui um aspecto de *segurança jurídica* que não pode ser esquecido. Uma decisão oriunda do controle concentrado e abstrato de constitucionalidade, prolatada pela mais alta Corte do aparelho judiciário do País, bem como uma *súmula vinculante*, deve trazer consigo certa "presunção de certeza e estabilidade". Até por suas impli-

---

[55] VIEHWEG, Theodor. *Tópica y Filosofía del Derecho*. Trad. Jorge Seña. Barcelona: Gedisa, 1991, p. 84-85.

[56] No exato sentido do texto, STRECK, Lenio. *Jurisdição Constitucional e Hermenêutica*, cit., p. 565-569; MENDES, Gilmar Ferreira. *Direitos Fundamentais e Controle de Constitucionalidade: Estudos de Direito Constitucional*. São Paulo: Instituto Brasileiro de Direito Constitucional (IBDC) – Celso Bastos Editor, 1998, p. 427 e segs. Evidentemente, não se está aqui aludindo à decisão (de controle concentrado) no sentido da inconstitucionalidade da lei, porque, neste caso, ela terá sido extirpada do mundo jurídico pela Corte Constitucional, de modo que não há que se falar em "mutação constitucional" posterior, envolvendo aquela lei ou ato já fulminado pela declaração de inconstitucionalidade.

cações e seu peso verdadeiramente *político* e pelos efeitos constitucionalmente fixados, uma tal decisão acaba gerando, digamos, uma "expectativa de estabilidade" junto à sociedade, sobretudo quando se trata de um entendimento pacificado e dominante por longo lapso de tempo.

Portanto, como adverte Celso de Albuquerque Silva, "embora se reconheça a possibilidade de abandono do precedente, bem de ver-se que um mesmo órgão jurisdicional não pode modificar arbitrariamente o sentido de suas decisões em casos substancialmente iguais", de modo que, "quando isso acontece, deve oferecer uma fundamentação suficiente e razoável", por imposição do princípio da igualdade[57] e em decorrência da ideia de segurança.

Assim, ao mudar o seu entendimento consolidado, em virtude da ocorrência de *mutação constitucional* e por utilização de uma adequada *interpretação evolutiva*, o tribunal terá o *ônus argumentativo* de demonstrar, de forma inequívoca, as razões de fato e de direito que o levaram a agir assim, de modo a deixar claro que, em face das novas circunstâncias surgidas, aquele antigo entendimento já não se sustenta mais.

Na parte final do § 1º do Art. 103-A da Constituição – *i.e.* a exigência de que exista *grave insegurança jurídica* ensejada pela controvérsia a respeito de certa norma do ordenamento, para que o STF possa editar uma súmula vinculante –, encontra-se, certamente, o grande fundamento não apenas da adoção desse novo instituto no direito brasileiro, mas também de um processo mais amplo, de paulatina *ascensão normativa e institucional da jurisprudência* dos tribunais e de valorização cada vez maior dos *precedentes judiciais*, mesmo sendo o nosso sistema filiado à tradição romano-germânica, e não à *common law*.[58] Esse fenômeno está ligado, a um só tempo, ao *direito à razoável duração do processo* (Constituição, Art. 5º, inc. LXXVIII, também introduzido pela EC 45/04) e a uma necessidade de *segurança jurídica*, aqui garantida pela *estabilização da jurisprudência*, como fator de *certeza* e de *previsibilidade* nas relações sociais.

---

[57] SILVA, Celso de Albuquerque. *Do Efeito Vinculante: sua Legitimação e Aplicação*. Rio de Janeiro: Lúmen Júris, 2005, p. 246.

[58] Sobre o tema, por exemplo, o instigante trabalho de MELLO, Patrícia Perrone Campos. Operando com Súmulas e Precedentes Vinculantes. *In*: BARROSO, Luís Roberto (Org.). *A Reconstrução Democrática do Direito Público no Brasil*. Rio de Janeiro: Renovar, 2007, p. 669-701.

Pode-se vislumbrar também no *princípio da igualdade* importante fundamento para a introdução da súmula vinculante no Brasil: a ideia de que a "liberdade" do juiz ao aplicar a lei não se pode sobrepor ao direito de todos (que se encontrem nas mesmas condições e circunstâncias) à mesma interpretação da lei, sobretudo nos chamados "litígios de massa", i.e. processos idênticos, calcados na mesma questão de direito.[59]

Assentada a ideia de que, aplicado com razoabilidade, o modelo de súmula vinculante implantado pela EC 45/04 e regulamentado pela Lei 11.417/2006 não levará, necessariamente, a um "congelamento" da jurisprudência do STF — pela possibilidade de revisão e cancelamento de enunciados de súmula pelo próprio tribunal —, cumpre assinalar que a necessária flexibilidade do sistema também pode ser alcançada pela aplicação do instituto do *distinguish* pelo STF e demais órgãos do Judiciário, ao decidirem casos concretos.

Esclareça-se a noção. Em princípio, a regra fixada no precedente judicial — notadamente tratando-se de súmula vinculante — deve ser aplicada em todos os casos que se incluam em seu âmbito normativo. O *distinguish* (ou *distinguishing*) ocorrerá quando o juiz decidir o caso concreto contrariamente àquela regra, abrindo justificadamente uma exceção para o caso que *deveria* ser por ela alcançado, pois *aparentemente* inclui-se em seu âmbito normativo. Tais temperamentos e flexibilizações podem ser realizados, consoante a sistematização de Celso de Albuquerque Silva, nas seguintes hipóteses:

a) quando houver concorrência com outras regras, derivadas de outros precedentes vinculantes não revogados;

b) quando a regra se baseou num claro e inadvertido erro;

c) quando o órgão jurisdicional vinculado se deparar com situações que claramente a corte vinculante não queria abranger quando fixou a regra;

d) quando houver um desenvolvimento posterior do direito,[60] hipótese esta análoga à ideia de *mutação constitucional*, já referida.

---

[59] A esse respeito, veja-se SIFUENTES, Mônica. *Súmula Vinculante*, cit., p. 285 e segs., com grande amparo em boa doutrina portuguesa, sobretudo em torno do instituto dos assentos, que guardam diversas similitudes com a nossa súmula vinculante.

[60] Cf. SILVA, Celso de Albuquerque. *Op. cit.*, p. 247-258, com diversos exemplos práticos. O autor, à página 247, adverte que, quando houver, no caso concreto, uma circunstância nova que não se insere no âmbito normativo do precedente, não é caso exatamente de *distinguish*. Em tal situação, a regra do precedente simplesmente não se aplica. Sobre o *distinguish*, além do

Tal concepção harmoniza-se, em grande medida, com o valioso estudo de Humberto Ávila – por sua vez, com influência das ideias de Frederick Schauer – acerca da distinção entre princípios e regras, analisando as hipóteses em que estas poderão sofrer certa flexibilização, inclusive em virtude de circunstâncias específicas presentes no caso concreto.[61]

Conferido pelo ordenamento jurídico o *status* de verdadeiras *normas* às súmulas vinculantes, isso gera uma situação de "expectativa de estabilidade" daquele entendimento jurisprudencial junto à sociedade. E Mônica Sifuentes adverte, com propriedade, que a estabilidade do entendimento dos tribunais acerca das normas jurídicas é um grande ponto de apoio do ordenamento, ligado à segurança das relações.[62]

Por isso, eventual mudança de entendimento por parte da Corte, que leve à revisão ou mesmo ao cancelamento de um enunciado de súmula vinculante, deverá cercar-se de toda cautela, em homenagem à *proteção da confiança* do cidadão. Deverá o STF fundamentar-se numa efetiva transformação na realidade dos fatos – seja de cunho social, político, econômico ou cultural – ou no próprio ordenamento jurídico (*v.g.* o advento de uma nova lei, tornando inócua ou absurda a súmula anterior), com a necessária e devida *motivação*. Enquanto forem as mesmas as circunstâncias nas quais editada a súmula, a tendência natural é a sua manutenção, a menos, é claro, que a Corte se convença de que se tratava de entendimento equivocado, até mesmo em virtude de críticas a ele dirigidas pela doutrina.

De todo modo, em atenção à grave repercussão social que pode ter uma decisão desse porte, cabe ao STF utilizar-se da faculdade – que, a depender das circunstâncias, pode mesmo transformar-se num dever – que lhe confere o Art. 4º da Lei 11.417/2006, dispositivo que, a despeito de sua redação textual,[63] pode aplicar-se tanto à edição quanto ao cancelamento e revisão de súmula vinculante.

---

valioso trabalho de Celso de Albuquerque Silva, confira-se também, e em sentido análogo, MELLO, Patrícia Perrone Campos. *Operando com Súmulas e Precedentes Vinculantes*, cit., p. 678-679, com amplas referências bibliográficas na doutrina norte-americana.

[61] Cf. ÁVILA, Humberto. *Teoria dos Princípios*, cit., especialmente p. 36-55, com inúmeros exemplos retirados da própria jurisprudência do STF.

[62] SIFUENTES, Mônica. *Op. cit.*, p. 293.

[63] Eis o texto do Art. 4º da Lei 11.417/2006: "A súmula com efeito vinculante tem eficácia imediata, mas o Supremo Tribunal Federal, por decisão de 2/3 (dois terços) dos seus membros, poderá restringir os efeitos vinculantes ou decidir que só tenha eficácia a partir de outro momento, tendo em vista razões de segurança jurídica ou de excepcional interesse público".

Da mesma forma, também em razão de imperativos de *segurança jurídica* e, sobretudo, por força do *princípio da igualdade* – segundo o qual situações idênticas devem receber um tratamento isonômico –, o *distinguish* também deve ser aplicado com cautela e sobriedade pelo Judiciário, ao afastar a súmula vinculante num certo caso concreto que, *prima facie*, estaria subsumido na sua hipótese de incidência.

Robert Alexy, em sua obra fundamental sobre argumentação jurídica, equaciona o problema com bastante lucidez: é possível ao intérprete/aplicador do Direito afastar um *precedente judicial* ao decidir um caso concreto, quando haja *fundamentos* e *justificativa* para isso. Entretanto, *em princípio* a jurisprudência dominante – e, com muito maior razão, aquela cristalizada em enunciados de *súmula vinculante* – deve ser seguida no julgamento de situações análogas (e, muitas vezes, idênticas), a fim de preservar a *certeza jurídica* e a *proteção da confiança* do jurisdicionado. Assim, o intérprete/aplicador do Direito, ao pretender afastar-se do precedente, e especialmente da súmula vinculante, terá o *ônus argumentativo* de justificar cabalmente a sua decisão,[64] demonstrando a presença, no caso concreto, de alguma daquelas situações que permitem abrir uma exceção à regra do precedente vinculante. É possível, por exemplo, cogitar-se da hipótese, já versada em doutrina,[65] de a norma extraída do precedente, embora *abstratamente* válida, gerar um resultado inconstitucional se for aplicada a um *caso concreto* determinado, justificando-se assim o afastamento do precedente, com a devida e necessária motivação.

5. Conclusão

Encerrando este trabalho, que teve a modesta pretensão de lançar algumas reflexões acerca do delicado equilíbrio entre justiça e segurança jurídica no contexto do neoconstitucionalismo, é possível compendiar, objetivamente, as principais ideias desenvolvidas ao longo da exposição.

---

[64] Cf. ALEXY, Robert. *Teoría de la Argumentación Jurídica: la Teoría del Discurso Racional como Teoría de la Fundamentación Jurídica*. Trad. Manuel Atienza e Isabel Espejo. Madrid: Centro de Estudios Constitucionales, 1989, p. 261.

[65] Cf., por exemplo: BARCELLOS, Ana Paula de. *Ponderação, Racionalidade e Atividade Jurisdicional*, cit., p. 29 e segs.; BARROSO, Luís Roberto, BARCELLOS, Ana Paula de. *O Começo da História: a Nova Interpretação Constitucional e o Papel dos Princípios no Direito Brasileiro*, cit., especialmente p. 375.

1) O neoconstitucionalismo é um conjunto amplo de ideias e reflexões ainda não inteiramente acabadas acerca da interpretação e aplicação do Direito. Sua base filosófica é o chamado póspositivismo, que pretende ser uma superação do jusnaturalismo e do juspositivismo em suas versões mais radicais.

2) Uma das grandes dificuldades do neoconstitucionalismo é a necessidade de trabalhar com enunciados normativos que não entregam ao intérprete/aplicador a solução "pronta" para o caso a decidir, eis que veiculam termos dotados de grande indeterminação ou com intensas implicações de ordem social, política, econômica e cultural. É preciso analisar as circunstâncias e peculiaridades do caso concreto, bem como fazer uma ponderação de razões para uma tomada de decisão constitucionalmente adequada, sopesando normas em sentido antagônico. Isso embute o perigo de a aplicação dessas normas de índole principiológica acabar resvalando para o "decisionismo" do intérprete, comprometendo a segurança a que o ordenamento jurídico deve almejar.

3) Além da exaltação dos princípios, não se pode descuidar da análise e valorização da eficácia jurídica das regras, espécie de norma que tem o papel de aproximar o sistema jurídico de uma maior estabilidade, determinação e certeza. As regras definem com maior precisão o seu campo de incidência e as suas consequências jurídicas, salvaguardando a segurança do cidadão e coibindo o arbítrio do intérprete/aplicador. Em geral, elas não foram concebidas para ser ponderadas, o que só ocorrerá em situações excepcionais, que a doutrina tem procurado investigar.

4) Assume especial importância a argumentação jurídica no neoconstitucionalismo. Ela cumpre a função de conferir a objetividade que permita fiscalizar as decisões judiciais. Sobretudo quando as normas jurídicas não forem passíveis de uma interpretação unívoca, será através de argumentos convincentes e razoáveis que a decisão obterá a adesão da comunidade à qual se dirige.

5) Há um verdadeiro fundamento republicano e democrático na imposição constitucional de motivação das decisões judiciais, como instrumento de controle do arbítrio. A motivação cumpre um papel extraprocessual, ao tornar a decisão compreensível para o cidadão, em nome do qual é administrada a Justiça.

6) Uma decisão vinculante oriunda da mais alta Corte do aparelho judiciário do País, o Supremo Tribunal Federal – quer se trate das decisões em sede de controle abstrato de constitucionalidade, quer se trate da edição de súmulas vinculantes –, traz consigo certa presunção de certeza e estabilidade. Em virtude de suas implicações sociais e políticas, uma decisão desse porte acaba gerando expectativas na sociedade, o que fica ainda mais potencializado quando se está diante de um entendimento pacificado e dominante por longo lapso de tempo.

7) Há hoje algum consenso em admitir-se a possibilidade de abandono do precedente vinculante. O próprio STF poderá mudar o seu entendimento quando ocorrer, por exemplo, a chamada "mutação constitucional", declarando inconstitucional uma norma que, no passado, fora considerada válida. Mas um mesmo órgão jurisdicional não pode modificar arbitrariamente o sentido de suas decisões em situações substancialmente idênticas. Quando isso ocorre, intensifica-se ainda mais o dever de motivação da decisão, por imposição do princípio da igualdade e da ideia de segurança jurídica. O tribunal terá o ônus argumentativo de demonstrar as razões de fato e de direito que o levaram a abandonar o precedente, em face das novas circunstâncias.

8) Uma certa flexibilização dos precedentes vinculantes também pode ser alcançada pela aplicação do *distinguish* pelo STF e demais órgãos do Judiciário, ao decidirem casos concretos. O *distinguish* ocorrerá quando o juiz ou tribunal decidir contrariamente à regra fixada no precedente, abrindo justificadamente uma exceção para o caso que deveria ser por ela alcançado (pois aparentemente inclui-se em seu âmbito normativo), mas que apresenta alguma peculiaridade que justifique, racional e razoavelmente, a sua não aplicação, em hipóteses que vêm sendo investigadas em sede doutrinária (e já com alguns casos interessantes na jurisprudência).

9) Em respeito à segurança jurídica e por força do princípio da igualdade – pois situações idênticas devem receber tratamento isonômico –, o *distinguish* deve ser aplicado com cautela pelo Judiciário, ao afastar a súmula vinculante num caso concreto que, *prima facie*, estaria subsumido na sua hipótese de incidência, bem como ao declarar em concreto a inconstitucionalidade

de uma norma já entendida pelo STF como válida em sede de controle abstrato, afastando assim a decisão vinculante daquele tribunal. Nesta última hipótese, será preciso demonstrar que a norma, embora abstratamente constitucional, geraria um resultado concretamente inconstitucional se fosse aplicada ao caso.

Referências Bibliográficas

ALEXY, Robert. *Teoría de los Derechos Fundamentales*. Trad. Ernesto Garzón Valdéz. Madrid: Centro de Estudios Constitucionales, 1993.

_____. *Teoría de la Argumentación Jurídica: la Teoría del Discurso Racional como Teoría de la Fundamentación Jurídica*. Trad. Manuel Atienza e Isabel Espejo. Madrid: Centro de Estudios Constitucionales, 1989.

_____. Ponderação, Jurisdição Constitucional e Representação Popular (Trad. do inglês por Thomas da Rosa de Bustamante). *In:* SOUZA NETO, Cláudio Pereira de; SARMENTO, Daniel (Coord.). *A Constitucionalização do Direito: Fundamentos Teóricos e Aplicações Específicas*. Rio de Janeiro: Lúmen Júris, 2007.

ARAGÃO, Alexandre Santos de. *Agências Reguladoras e a Evolução do Direito Administrativo Econômico*. 2ª ed. Rio de Janeiro: Forense, 2005.

ÁVILA, Humberto. *Teoria dos Princípios: da Definição à Aplicação dos Princípios Jurídicos*. 3ª ed. São Paulo: Malheiros, 2004.

BARCELLOS, Ana Paula de. *Ponderação, Racionalidade e Atividade Jurisdicional*. Rio de Janeiro: Renovar, 2005.

BARROSO, Luís Roberto. *O Direito Constitucional e a Efetividade de suas Normas: Limites e Possibilidades da Constituição Brasileira*. 8ª ed. Rio de Janeiro: Renovar, 2006.

_____. *Interpretação e Aplicação da Constituição: Fundamentos de uma Dogmática Constitucional Transformadora*. 3ª ed. São Paulo: Saraiva, 1999.

_____. *O Controle de Constitucionalidade no Direito Brasileiro: Exposição Sistemática da Doutrina e Análise Crítica da Jurisprudência*. São Paulo: Saraiva, 2004.

BARROSO, Luís Roberto; BARCELLOS, Ana Paula de. O Começo da História: a Nova Interpretação Constitucional e o Papel dos Princípios no Direito Brasileiro. *In:* BARROSO, Luís Roberto (Org.). *A Nova Interpretação Constitucional: Ponderação, Direitos Fundamentais e Relações Privadas*. Rio de Janeiro: Renovar, 2003.

BINENBOJM, Gustavo. *A Nova Jurisdição Constitucional Brasileira: Legitimidade Democrática e Instrumentos de Realização*. Rio de Janeiro: Renovar, 2001.

BOBBIO, Norberto; MATTEUCCI, Nicola e PASQUINO, Gianfranco. *Dicionário de Política*, vol. I. 11ª ed. Trad. coord. João Ferreira. Brasília: Ed. UnB, 1998.

CAMARGO, Margarida Maria Lacombe. *Hermenêutica e Argumentação: uma Contribuição ao Estudo do Direito*. 3ª ed. Rio de Janeiro: Renovar, 2003.

CARBONELL, Miguel (Org.). *Neoconstitucionalismo(s)*. Madrid: Editorial Trotta, 2003.

DERBLI, Felipe. *O Princípio da Proibição de Retrocesso Social na Constituição de 1988*. Rio de Janeiro: Renovar, 2007.

FERRAZ, Anna Cândida da Cunha. *Processos Informais de Mudança da Constituição*. São Paulo: Max Limonad, 1986.

FERRAZ JÚNIOR, Tércio Sampaio. Interpretação das Normas Constitucionais. *In:* QUARESMA, Regina; OLIVEIRA, Maria Lúcia de Paula (Coord.). *Direito Constitucional Brasileiro: Perspectivas e Controvérsias Contemporâneas*. Rio de Janeiro: Forense, 2006.

GARCÍA FIGUEROA, Alfonso. Princípios e Direitos Fundamentais. Trad. Fátima Vieira Henriques. *In:* SOUZA NETO, Cláudio Pereira de; SARMENTO, Daniel (Coord.). *A Constitucionalização do Direito: Fundamentos Teóricos e Aplicações Específicas*. Rio de Janeiro: Lúmen Júris, 2007.

HÄBERLE, Peter. *Hermenêutica Constitucional: a Sociedade Aberta dos Intérpretes da Constituição*. Trad. Gilmar Ferreira Mendes. Porto Alegre: Sérgio Antônio Fabris Editor, 1997.

JELLINEK, Georg. *Reforma y Mutación de la Constitución*. Trad. Pablo Lucas Verdú. Madrid: Centro de Estudios Constitucionales, 1991.

LIMA, Hermes. *Introdução à Ciência do Direito*. 30ª ed. Rio de Janeiro: Freitas Bastos, 1993.

LOEWENSTEIN, Karl. *Teoría de la Constitución*. Trad. Alfredo Gallego Anabitarte. Barcelona: Ariel, 1965.

MAIA, Antônio Cavalcanti; SOUZA NETO, Cláudio Pereira de. Os Princípios Gerais de Direito e as Perspectivas de Perelman, Dworkin e Alexy. *In: Revista de Direito da Associação dos Procuradores do Novo Estado do Rio de Janeiro*, vol. XII (Direitos Fundamentais). Rio de Janeiro: Lúmen Júris, 2003.

MELLO, Patrícia Perrone Campos. Operando com Súmulas e Precedentes Vinculantes. *In:* BARROSO, Luís Roberto (Org.). *A Reconstrução Democrática do Direito Público no Brasil.* Rio de Janeiro: Renovar, 2007.

MENDES, Gilmar Ferreira. *Direitos Fundamentais e Controle de Constitucionalidade: Estudos de Direito Constitucional.* São Paulo: Instituto Brasileiro de Direito Constitucional (IBDC) – Celso Bastos Editor, 1998.

MENDONÇA, Paulo Roberto Soares. *A Tópica e o Supremo Tribunal Federal.* Rio de Janeiro: Renovar, 2003.

MOREIRA NETO, Diogo de Figueiredo. *Mutações do Direito Público.* Rio de Janeiro: Renovar, 2006

NINO, Carlos Santiago. *La Constitución de la Democracía Deliberativa.* Barcelona: Gedisa, 1997.

POZZOLO, Susanna. Neoconstitucionalismo y Especificidad de la Interpretación Constitucional. Trad. Josep Vilajosana. *In: Revista Doxa – Actas del XVIII Congreso Mundial de la Asociación Internacional de Filosofía Jurídica y Social* (Buenos Aires, 1977), nº 21, Vol. II, 1998.

PRIETO SANCHÍS, Luís. Neoconstitucionalismo (verbete). In: CARBONELL, Miguel (Coord.). *Diccionario de Derecho Constitucional.* México: Ed. Porrúa/Univ. Nacional Autónoma de México, 2002.

QUARESMA, Regina; OLIVEIRA, Maria Lúcia de Paula (Orgs.). *Direito Constitucional Brasileiro: Perspectivas e Controvérsias Contemporâneas.* Rio de Janeiro: Forense, 2006.

QUARESMA, Regina; OLIVEIRA, Maria Lúcia de Paula; OLIVEIRA, Farlei Martins Riccio de (Orgs.). *Neoconstitucionalismo.* Rio de Janeiro: Forense, 2009.

REALE, Miguel. *Filosofia do Direito.* 17ª ed. São Paulo: Saraiva, 1996.

REIS, José Carlos Vasconcellos dos. *As Normas Constitucionais Programáticas e o Controle do Estado.* Rio de Janeiro: Renovar, 2003.

_____. Interpretação Evolutiva e Raciocínio Tópico no Direito Constitucional Contemporâneo. *In: Revista de Direito do Estado,* nº 6. Rio de Janeiro: Renovar, abr./jun. 2007.

_____. Constituição e Processo: o Dever de Motivação das Decisões Judiciais à Luz do Princípio Democrático. *In: Revista da Faculdade de Direito Candido Mendes,* nº 13. Rio de Janeiro: UCAM-FDCM, 2008.

SARLET, Ingo Wolfgang. A Eficácia do Direito Fundamental à Segurança Jurídica: Dignidade da Pessoa Humana, Direitos Fundamentais e Proibição de Retrocesso Social no Direito Constitucional Brasileiro. *In:* ROCHA, Carmen Lúcia Antunes (Org.). *Constituição e Segurança Jurídica: Direito Adquirido, Ato Jurídico Perfeito e Coisa Julgada.* Belo Horizonte: Fórum, 2004.

SARMENTO, Daniel. Ubiquidade Constitucional: os dois Lados da Moeda. *In:* SOUZA NETO, Cláudio Pereira de; SARMENTO, Daniel (Coord.). *A Constitucionalização do Direito: Fundamentos Teóricos e Aplicações Específicas.* Rio de Janeiro: Lúmen Júris, 2007.

SCHIER, Paulo Ricardo. Novos Desafios da Filtragem Constitucional no Momento do Neoconstitucionalismo. *In:* SOUZA NETO, Cláudio Pereira de; SARMENTO, Daniel (Coord.). *A Constitucionalização do Direito: Fundamentos Teóricos e Aplicações Específicas.* Rio de Janeiro: Lúmen Júris, 2007.

SIFUENTES, Mônica. *Súmula Vinculante: um Estudo sobre o Poder Normativo dos Tribunais.* São Paulo: Saraiva, 2005.

SILVA, Celso de Albuquerque. *Do Efeito Vinculante: sua Legitimação e Aplicação.* Rio de Janeiro: Lúmen Júris, 2005.

SILVA, José Afonso da. *Aplicabilidade das Normas Constitucionais.* 3ª ed. 2ª tir. São Paulo: Malheiros, 1999.

SOUZA NETO, Cláudio Pereira de. *Jurisdição Constitucional, Democracia e Racionalidade Prática.* Rio de Janeiro: Renovar, 2002.

_____. *Teoria Constitucional e Democracia Deliberativa.* Rio de Janeiro: Renovar, 2006.

SOUZA NETO, Cláudio Pereira de; SARMENTO, Daniel (Coord.). *A Constitucionalização do Direito: Fundamentos Teóricos e Aplicações Específicas.* Rio de Janeiro: Lúmen Júris, 2007.

STAMATO, Bianca. *Jurisdição Constitucional.* Rio de Janeiro: Lúmen Júris, 2005.

STRECK, Lenio Luiz. *Jurisdição Constitucional e Hermenêutica: uma Nova Crítica do Direito.* 2ª ed. Rio de Janeiro: Forense, 2004.

VIEHWEG, Theodor. *Tópica y Filosofia del Derecho.* Trad. Jorge Seña. Barcelona: Gedisa, 1991.

8 OS VINTE ANOS DE VIGÊNCIA DA CONSTITUIÇÃO FEDERAL DE 1988 NO MARCO DO ATIVISMO JUDICIAL

Os casos da manipulação das células-tronco embrionárias e do amianto

Alexandre Garrido da Silva
Bernardo Abreu de Medeiros
Daniella dos Santos Pessanha
Jorge Gomes de Souza Chaloub
José Ribas Vieira

Professor assistente da Faculdade de Direito da Universidade Federal de Uberlândia (UFU). Doutorando em Direito Público pela Universidade do Estado do Rio de Janeiro (UERJ).

Mestrando, bolsista CAPES do Programa de Pós-Graduação em Direito da Pontifícia Universidade Católica – Rio (PUC-RIO).

Graduanda em Direito pelo Instituto Brasileiro de Mercados de Capitais (Ibmec). Bolsista PIBIC/CNPq-Ibmec.

Mestrando, bolsista CNPq do Programa de Pós-Graduação em Direito da Pontifícia Universidade Católica – Rio (PUC-RIO).

Professor adjunto da Faculdade de Ciências Sociais Aplicadas do Instituto Brasileiro de Mercados de Capitais (Ibmec-RJ).

Resumo

As mudanças institucionais sofridas por um Estado marcam não só o seu ordenamento jurídico como, igualmente, o meio social ao qual estas se aplicam. A sua fixação ao longo de sua vigência, do mesmo modo, acompanha tal movimento, refletindo não apenas as vicissitudes sociais como, sobretudo, a construção de uma nova linha ideológica. Esses balizamentos devem ser considerados na própria trajetória dos vinte anos de vigência da Constituição Federal de 1988 pelo seu grau de apelo valorativo e de complexidade dos direitos fundamentais.

Dado tal elevado grau de complexidade é que se abre a possibilidade de um amplo poder de interpretação dos mesmos, recaindo sobre estes o fenômeno da mutação constitucional proveniente dos processos de judicialização da política e ativismo judicial. Estes últimos, contudo, embora façam parte de diversos trabalhos da literatura jurídica e científico-política, não raro são empregados de maneira discricionária, sob a qual não é possível auferir uma verdadeira significação e, principalmente, diferenciação. Nesse sentido, o presente trabalho tem como escopo o estudo de tais processos, identificando, para tanto, um conceito teórico dos mesmos, bem como as modalidades às quais estão esses vinculados, tendo como referência a sociedade de risco e seus desdobramentos num sistema normativo internacionalizado.

Trata-se, ademais, de uma aplicação prática de tal plano teórico nos casos da manipulação das células-tronco embrionárias e do uso do mineral amianto, figurando verdadeiro exercício de análise da hermenêutica utilizada pelos Ministros do STF, assim como dos desdobramentos destas interpretações nos votos prolatados. Trabalhando com uma diversidade de ativismos, permite-se, ademais, a constatação de que o contexto do ativismo judicial não se cerceia a apenas um caminho estático no qual o juiz mostra-se demasiadamente político, mas, ao contrário, que o caráter político pode estar vinculado ao próprio conservadorismo.

Sumário

1. Introdução. 2. O Caso das Células-tronco – Análise do Artigo 5º da Lei nº 11.105/05. 3. O Caso da Utilização do Amianto. 4. Conclusão. Referências Bibliográficas.

Palavras-chave

Ativismo Judicial; Judicialização da Política; Constituição; Direitos Fundamentais.

1. Introdução

O presente estudo é uma análise das decisões do STF sobre a Lei de Biossegurança (Lei nº 11.105/05), no exame da inconstitucionalidade do seu Artigo 5º, e, também, dos conflitos de competência legislativa a respeito da Lei nº 9.055/95, disciplinando a produção e a circulação de amianto, a partir dos fenômenos da judicialização da política e do ativismo judicial.

A análise dos mencionados casos foi materializada sob a responsabilidade do Grupo Interinstitucional sobre Ativismo Judicial – GIAJ –, iniciado em março de 2008 com o escopo de apreciar a atuação do Supremo Tribunal Federal considerando parâmetros como a sociedade de risco, a dinâmica de uma crescente internacionalização da ordem normativa e as consequências dos desdobramentos da Reforma do Judiciário (Emenda Constitucional nº 45/04).

Deste modo, passou-se a examinar, com destaque, o novo perfil de tal instituição político-jurídica, intensamente modificado após o primeiro mandato do presidente Luís Inácio Lula da Silva (2003-2006). Esse universo complexo de variáveis de análise vincula-se, naturalmente, no período de estudo de 2008, com o próprio transcurso dos vinte anos de vigência do Texto Maior.

Nesse ordenamento jurídico básico, em razão do seu caráter principiológico, é natural que prevaleça uma dinâmica de mutações constitucionais por força interpretativa. Abrigando, nessa direção, as novas concepções de Estado resultantes de um quadro de sociedade de risco e de internacionalização, em seus vários níveis, um tratamento ampliado de direitos fundamentais, e até mesmo da moralidade que cerceia as relações fáticas. As normas constitucionais estão sempre arraigadas a um movimento que propõe novos valores e disciplinamentos.

A fonte máxima de tal fenômeno encontra-se, na verdade, na exigência de um perfil de Constituição moldado para essa sociedade plural e conflitiva, nos seus distintos graus, como se apresenta na sua forma contemporânea. Nessa linha, quer seja na concepção de Lassale (1985), sob a qual se propugna a redução do texto constitucional a uma simples folha de papel,[1] ou quer na concepção de Konrad Hesse (1991),[2] na qual se tem em vista a própria mudança social e a função de coordenação do jurídico pela norma constitucional, as Constituições concretizadas no processo político e ideológico posterior à Segunda Guerra Mundial se viram obrigadas a enfrentar inúmeros desafios no final do século passado e início do presente século.

Não diferente se mostra o processo histórico brasileiro em termos constitucionais. Sob a égide de um quadro social mutante de dimensões internacionais que já se sentia crescer há décadas nas arestas do mundo, o modelo institucional autoritário de 1964 não apresentava mais condições de viabilidade, com o alto custo da repressão política ante uma moldura agonística dos segmentos sociais, surgidos ao longo desse período político de supressão do estado de direito.

A Carta Política ora consagrada em 1988, contudo, não se restringira à mudança tão somente normativa, em termos de materializar um Estado Constitucional democrático. Os princípios nela salvaguardados, seguindo modelos constitucionais bem-sucedidos em termos institucionais, como é o caso da Lei Fundamental de 1949, lastreados a um complexo conjunto de direitos fundamentais, marcavam o Texto Maior de forma bem distinta dos outros documentos constitucionais legitimamente ou não adotados no Brasil.

Transcorridos vinte anos na busca da concretização dos valores nela inscritos, mesmo diante de um quadro de adversidades como a manutenção de uma sociedade materialmente desigual, a existência de diversos crimes contra a economia popular e a questão ambiental, entre tantas outras insatisfações, emerge, novamente, o desejo de mudança. A mudança, entretanto, não é mais simplesmente reduzida ao jurídico, uma vez que os princípios se encontram consagrados, é, pois, uma decorrência dos eixos estruturantes já abrigados pelo ordenamento.

---

[1] Em relação à tal temática vale notar a ADI 2240/BA, também conhecida como ADI dos Municípios. Nesta ADI encontra-se um exemplo típico, segundo o voto do Min. Rel. Eros Grau, da força normativa dos fatos. Isto é, do reconhecimento de que o papel da Constituição atualmente deveria moldar-se na aceitação da realidade social.

[2] Konrad Hesse sintetiza, de forma original, o pensamento constitucional pós-45 no sentido de favorecer a prevalência e a efetivação do texto constitucional de modo a articular o jurídico com a própria realidade social. Segundo esse constitucionalista alemão, a função do documento constitucional, diante da dicotomia Estado e sociedade, refletiria e plasmaria, tensamente, esses dois universos, a saber: o da mutação e o normativo. Sobre tal questão ver: HESSE, Konrad, *A Força Normativa da Constituição*, Porto Alegre: Sergio Fabris, 1991.

Em meio à tal temática é que se traduzem e se aprofundam processos sócio-institucionais como o da judicialização da política e do ativismo judicial. Com a constatação de uma possível inércia decisória ou omissão do Legislativo, a sociedade passa, então, a direcionar as suas demandas ao Judiciário.

A obrigação de dar uma resposta, uma vez que seja incitado, converte-se em um mecanismo para a devida contraprestação do Estado. Ocorre que, dotado de vários princípios, o juiz transcende, não raro, para questões de análise essencialmente política e moral, passando, assim, a agir como se legislador fosse, seja através da criação de direitos, seja suprindo os vácuos de poder deixados pelo Legislativo.

A judicialização da política e o ativismo judicial brasileiro são o reflexo da maior visibilidade concedida ao Judiciário, em especial ao Supremo Tribunal Federal, em consequência do sentimento de perda de graus de legitimidade nas estruturas políticas instituídas em 1988. A falta de materialização mínima das normas programáticas pelos cargos legiferantes e administrativos propôs a mudança de foco para o Judiciário, no qual passa a se identificar a figura do verdadeiro guardião da Constituição e, sob a prestação jurisdicional, a figura da concretização dos princípios tão almejados.

Com um novo colegiado de Ministros integrantes do Supremo Tribunal Federal de caráter notadamente neoconstitucionalista, como já referido, a partir do primeiro mandato do Governo Luis Inácio Lula da Silva a demanda de amplos segmentos do corpo social se transforma em fonte legitimadora da atuação dos juízes.

Sob constantes reclamações e flagrantes desrespeitos ao ora idealizado pelo legislador constituinte, os juízes transformam-se no único meio capaz de fazer valer a vontade majoritária de certos setores sociais, mesmo que, para tanto, esses assumam o verdadeiro "superego"[3] da sociedade e, desse modo, detenham postura ativista.

Quanto à judicialização, vale mencionar que sua relevância analítica aqui ganhou corpo com os estudos de Tate e Vallinder (1997), em sua obra *The Global Expansion of Judicial Power*, formada por diversos estudos de caso sobre a judicialização da política nas mais diversas realidades nacionais. Não somente se explicitaram as bases e as conse-

---

[3] Cf. MAUS, 2000, p. 183-208.

quências fáticas do conceito, sendo a judicialização, também, detalhadamente caracterizada enquanto fenômeno global. É essa visão que se faz presente nos estudos concretizados por Luiz Werneck Vianna (VIANNA *et al.*, 1999; 2006) e por Ernani de Carvalho (2004) a respeito da magistratura brasileira.

Importa notar que a categoria de judicialização, como forjada por Tate e Vallinder (1997), era mais intensamente adotada, pelos referidos autores pátrios, para retratar os juízes de primeira instância. Tal fato prendia-se à postura expressiva dos jovens magistrados nos primeiros anos de vigência da Constituição Federal de 1988. A novidade deste estudo, assim, está em destacar o papel preponderante da jurisdição constitucional neste fenômeno.

O que se infere, ao fim, é que a sociedade vem percebendo que uma Constituição não se cerceia à sua promulgação. Conquanto represente uma vitória para a nação, esta deve ser vangloriada diariamente, no seio de uma sociedade que prime pelos valores democráticos. A não observância de seus ditames leva à mesma crise institucional que, porventura, lhe deu origem.

Portanto, é o objetivo central dessa reflexão estabelecer um balizamento para os processos políticos institucionais de judicialização e ativismo judicial, tendo como base um equilíbrio entre os condicionamentos sócio-institucionais enumerados e o lastro valorativo próprio de uma Constituição como a brasileira, oriunda do pensamento constitucional pós-45.

1.1. Marco Teórico: distinguindo judicialização e ativismo judicial

Tate e Vallinder estabelecem o seguinte conceito de judicialização: "Quando falamos de uma expansão global do poder judicial, referimo-nos à infusão de um processo decisório judicial e de procedimentos típicos das Cortes em uma arena política em que os mesmos não foram previamente inseridos."[4] (TATE, VALLINDER, 1997, p. 13)

Deste modo a judicialização seria marcada por dois processos distintos e não necessariamente vinculados, assim descritos por Vallinder:

---

[4] *"When we speak of the global expansion of judicial power, we refer to the infusion of judicial decision-making and of courtlike procedures into political arenas where they did not previously reside."*

Assim, a judicialização da política pode significar normalmente ou: 1) a expansão da jurisdição das Cortes ou dos juízes ao âmbito dos políticos e/ou administradores, que é a transferência dos direitos de tomada de decisão advindos da legislatura, dos Ministérios, ou do serviço civil das Cortes ou, ao menos, 2) a propagação dos métodos judiciais de tomada de decisão para além da jurisdição apropriada.[5] (TATE, VALLINDER, 1997, p. 13)

Quanto ao debate brasileiro, além de avanços dados pela aplicação do termo de judicialização, por parte de Luís Werneck Vianna (VIANNA et al., 1999), merece destaque nesse ponto o pensamento de Ernani de Carvalho (2004). Este cientista político elenca seis condições para o surgimento e a consolidação do fenômeno: a existência de um sistema político democrático, a separação dos poderes, o exercício dos direitos políticos, o uso dos tribunais pelos grupos de interesse, o uso dos tribunais pela oposição e, por último, a inefetividade das instituições majoritárias. Todos esses fatores, em maior ou menor intensidade, encontram-se presentes nos sistemas político e jurídico brasileiros da atualidade.

Marcus Faro de Castro (1997), por sua vez, menciona, entre outros, a constitucionalização do Direito após a Segunda Guerra Mundial, o resgate do tema sobre a legitimação dos direitos humanos, o exemplo institucional da Suprema Corte norte-americana e a tradição europeia (kelseniana) de controle concentrado de constitucionalidade das leis como fatores importantes para a explicação do fenômeno da judicialização.

Em obras mais recentes do que a de Tate e Vallinder, Ran Hirschl (2004) define esse processo como "juristocracia" (*juristocracy*), ou seja, como a progressiva transferência de poderes decisórios das instituições representativas para o Judiciário.[6] Este fenômeno é acompanhado e alimentado por uma mudança na ideologia jurídica, que consiste em uma crítica realizada pelas principais elites políticas, jurídicas e econômicas à premissa majoritária absoluta que compõe uma das

---

[5] "*Thus the judicialization of politics should normally mean either: 1) the expasion of the province of the courts or the judges at the expense of the politicians and/or the administrators, that is, the transfer of the decision-making rights from the legislature, the cabinet, or the civil service to the courts or, at leas; 2) the spread of judicial decision-making methods outside the judicial province proper.*"

[6] HIRSCHL, Ran, 2004, p. 1.

dimensões da democracia. Haveria, dessa forma, uma convergência entre distintos interesses políticos, econômicos e jurídicos na defesa da "democracia constitucional", por um lado, e no ataque à "democracia ou premissa majoritária", por outro.

Hirschl assume uma metodologia de análise que procura afastar o tema em questão dos debates normativos usuais neste campo de investigação,[7] procurando estudar empiricamente as origens e consequências das "revoluções constitucionais", isto é, da consolidação histórica do novo constitucionalismo (*new constitutionalism*) em diferentes sociedades. A hipótese explicativa desenvolvida pelo autor consiste na tese da preservação hegemônica (*hegemonic preservation thesis*).

Segundo Hirschl:

> "O poder judicial não cai do céu; ele é politicamente construído. Acredito que a constitucionalização dos direitos e o fortalecimento do controle de constitucionalidade das leis resultam de um pacto estratégico liderado por elites políticas hegemônicas continuamente ameaçadas, que buscam isolar suas preferências políticas contra mudanças em razão da política democrática, em associação com elites econômicas e jurídicas que possuem interesses compatíveis." (HIRSCHL, 2004, p. 49).

Segundo Alec Stone Sweet (2000), há um interesse institucional dos tribunais em "resolver conflitos legislativos sobre constitucionalidade, mantendo e reforçando, ao mesmo tempo, a legitimidade política da revisão constitucional para o futuro" (SWEET, 2000, p. 199-200). Neste sentido, a judicialização da política constitui, também, uma tendência de difusão das técnicas de argumentação e de adjudicação típicas do Direito Constitucional em outros poderes, ou seja:

> "o processo pelo qual os legisladores absorvem as normas de conduta da adjudicação constitucional, a gramática e o vocabulário do Direito Constitucional (...). Em uma política judicializada, o discurso legal é responsável pela mediação entre o debate partidário e as estruturas de exercício do poder legislativo" (SWEET, 2000, p. 203).

---

[7] O principal representante do debate em sua versão normativa é Ronald Dworkin, pois, segundo Hirschl, "nenhum dos seis livros de Dworkin sobre constitucionalismo cita qualquer estudo empírico sobre as origens e consequências da constitucionalização e da revisão judicial" (HIRSCHL, 2004, p. 3).

Outro ponto relevante é a distinção entre judicialização da política e ativismo judicial. Nesse caminho de reflexão será utilizada uma definição normativamente inerte de "ativismo judicial". A prática jurídica mostra que magistrados ativistas podem tanto adotar um posicionamento progressista quanto uma decisão conservadora. Ao mesmo tempo, não é possível afirmar, de antemão, que uma atitude ativista seja sempre a atitude correta ou incorreta diante de todos os casos jurídicos possíveis, especialmente em casos difíceis.[8]

Neste sentido, em uma primeira acepção, o ativismo judicial será medido pela frequência com que um determinado magistrado ou tribunal invalida as ações (normas e atos normativos) de outros poderes de Estado, especialmente do Poder Legislativo (SUNSTEIN, 2005, p. 41-44). Ou seja, com que frequência os tribunais "retiram a decisão das mãos dos eleitores" (SUNSTEIN, 2005, p. 43). Além disso, também será considerado ativista o magistrado ou tribunal que procura suprir omissões (reais ou aparentes) dos demais poderes[9] com suas decisões, como, por exemplo, no tocante à definição ou concretização de políticas públicas ou regulamentação das regras do jogo democrático.

Há de ser reconhecida, no corpo dessa investigação, a relevância dos dois conceitos, judicialização da política e ativismo judicial, para a análise das recentes decisões do STF nos casos de maior repercussão social, como os que abordaram a pesquisa científica com células-tronco embrionárias, a proibição da comercialização do amianto e a importação de pneus usados.

Entretanto, esse percurso de diferenciação entre judicialização e ativismo judicial denota a necessidade de adensar mais determinados aspectos, pois parte do pressuposto de que o contraste entre as duas categorias privilegiadas nesse estudo se apresenta mais no plano externo. Assim, o artigo defende a tese de que a jurisdição constitucional no Brasil está no horizonte não tanto de uma judicialização, como tradicionalmente é conceituada, nem propriamente da visão americana clássica de ativismo judicial.

---

[8] Neste sentido, Marshall e Stephen Smith.

[9] Essa definição é mais adequada, por exemplo, para a análise do caso da fidelidade partidária (MS no 26602, 26603 e 26604 – STF), que será estudado adiante. Por outro lado, a definição imediatamente anterior revela-se mais adequada para a análise do caso da cláusula de barreira (ADIS 1.351 e 1.354), no qual o STF decidiu pela inconstitucionalidade de inúmeros dispositivos da Lei 9.906/95 (Lei dos Partidos Políticos).

A hipótese assumida na investigação reconhece, por parte dos integrantes do STF, sim um "ativismo", mas de caráter jurisdicional. Isto é, um procedimento, construído a partir das mais relevantes decisões, objetivando, precipuamente, não a concretização de direitos, mas o alargamento de sua competência institucional.

Vale registrar que, na compreensão do fenômeno do ativismo, deve ser considerado o interesse dos Ministros na legitimação do próprio tribunal para a resolução – ativista e criativa – de problemas e questões controvertidas no futuro.[10] Tal procedimento pode ser vislumbrado, de modo claro, no voto do Ministro Gilmar Ferreira Mendes na ADI 1351-DF:

> (...) é possível antever que o Supremo Tribunal Federal acabe por se livrar do vetusto dogma do legislador negativo e se alie à mais progressiva linha jurisprudencial das decisões interpretativas com eficácia aditiva, já adotadas pelas principais Cortes Constitucionais europeias. A assunção de uma atuação criativa pelo Tribunal poderá ser determinante para a solução de antigos problemas relacionados à inconstitucionalidade por omissão, que muitas vezes causam entraves para a efetivação de direitos e garantias fundamentais assegurados pelo texto constitucional (MENDES, ADI nº 1351-DF, p. 53).

1.2. A tipificação

No debate norte-americano notam-se as dificuldades teórico-práticas para definir o ativismo judicial. Na maior parte das vezes, a categoria é reduzida de forma pragmática como "uma decisão que não se aprecia". Coube, entretanto, a Marshall (2002), em seu artigo *Conservatives and the seven sins of judicial activism*, a responsabilidade de viabilizar a aplicação da concepção estudada nessa pesquisa e, notadamente, apontar um direcionamento "introspectivo" do ativismo. Dessa forma, esse estudioso elenca sete tipos ideais de ativismo judicial, a saber:

a) ativismo contramajoritário: marcado pela relutância em relação às decisões dos poderes diretamente eleitos.

---

[10] O posicionamento do Ministro Gilmar Mendes em seu voto na ADI 1351 antecipa o ativismo judicial assumido pelo ministro em outros dois casos importantes, o do direito de greve dos servidores públicos (MI 670 e 708) e o da fidelidade partidária (MS nº 26602, 26603 e 26604).

b) ativismo não-originalista: caracterizado pelo não reconhecimento de qualquer originalismo na interpretação judicial, sendo as concepções mais estritas do texto legal e as considerações sobre intenção do legislador completamente abandonadas.

c) ativismo de precedentes: o qual consiste na rejeição aos precedentes anteriormente estabelecidos.

d) ativismo jurisdicional: marcado pela resistência das cortes em aceitar os limites legalmente estabelecidos para sua atuação.

e) ativismo criativo: resultante da criação de novos direitos e teorias na doutrina constitucional.

f) ativismo remediador: marcado pelo uso do poder judicial para impor atuações positivas dos outros poderes governamentais ou controlá-las como etapa de um corretivo judicialmente imposto.

g) ativismo *partisan:* o qual consiste no uso do poder judicial para atingir objetivos específicos de um determinado partido ou segmento social.

Cabe ressaltar que, tal como nos tipos ideais weberianos, estas classificações não representam formas puras absolutamente correlatas à realidade, mas conceitos que possibilitam uma melhor compreensão do fenômeno do ativismo, constituindo ferramentas analíticas relevantes para o estudo das decisões judiciais.

1.3. A matriz ideológica

Além das dificuldades teórico-práticas em distinguir ativismo judicial e judicialização, buscou-se também demonstrar a aplicação bastante flexível, e sem contornos definidos, do conceito de ativismo por parte dos estudiosos norte-americanos. Como bem assevera Stephen Smith (2002-2003) o conceito de ativismo carrega uma profunda carga ideológica em sua definição e utilização, referindo-se, comumente, às decisões das quais discordamos. Ademais, este conceito é mais comumente utilizado pelos teóricos da esquerda, o que faz com que as cortes conservadoras padeçam mais severamente das acusações de ativismo do que as liberais.

É de domínio comum que a teoria constitucional americana está, para o bem ou para o mal, atrelada à história de sua Corte Suprema. Desse modo, há um profundo debate teórico sobre as qualificações e legados de cada corte. Por tal razão, Smith busca delinear os contornos ideológicos e a apropriação liberal do supracitado conceito, para moldar uma definição analiticamente neutra de ativismo e, com isso, equiparar o tão prolatado ativismo das cortes conservadoras, como a Rehnquist, ao das cortes liberais, como a Warren.

Sua tese central é que a definição de uma decisão como ativista não se vincula a seu caráter liberal ou concessivo de direitos, mas a dois critérios; um formal e outro substancial. O formal se funda nos meios pelos quais a decisão é alcançada. Mesmo que ela seja substancialmente correta, cabe indagar se foi construída a partir de procedimentos que ultrapassam os limites jurisdicionais das cortes. O substancial, por sua vez, se vincula ao modo pelo qual se construiu a interpretação. Ele emerge nos casos em que a decisão não encontra apoio no texto legal, ou contraria precedente bem assentado sem justificação adequada.

A relevância desta construção não depende da crença em um conceito ideologicamente neutro de ativismo, ideia aqui entendida bem fantasiosa, mas se funda, principalmente, na construção de categorias que permitam uma mais adequada análise da atuação judicial.

1.4. Contextualização do ativismo: sociedade de risco e internacionalização

Os fenômenos de judicialização da política e ativismo judicial, embora guardem em si, conforme destacado, particularidades que os definem e diferenciam, também podem vir acompanhados de processos sociais outros que não só os legitimam como os fomentam, como é o caso da expansão da sociedade de risco e da internacionalização crescente dos direitos humanos. Acompanhados de expressivo caráter sociopolítico, esses se mostram cada vez mais correntes em um colegiado, como o Supremo Tribunal Federal, que tem como norte uma justificação essencialmente pragmática e não apenas jurídica.

A categoria de sociedade de risco central deste estudo, nessa linha, tem sua definição em Ulrich Beck (2002). Avaliando a constante tendência da sociedade de prever o que o autor denomina de catástrofes, o pensador social alemão assevera para a recente emergência de uma nova modalidade de riscos, isto é, de antecipação das catástrofes, representadas, sobretudo, por questões culturais.

Apesar dessa clareza e síntese teórica, o paradigma do risco, como arquitetado por Ulrich Beck, sofre uma série de restrições por parte de críticos como Gabe Mythen, em sua análise *Reappraising the Risk*

Society Thesis Telecospic Sight or Myopic Vision[11]. Após sumariar, de modo pontual, o pensamento de Beck, Mythen tece uma série de críticas à teoria do risco. Entre essas, vale destacar a preocupação universalizante adotada na concepção de risco. Contudo, Beck tenta superar essa restrição teórica ao fundamentar a sua concepção das diferenças culturais de cada sociedade.

A outra crítica percebida por Mythen ruma na direção da falta de uma comprobabilidade empírica da teoria do risco. Apesar dessas limitações exemplificadas, o autor em análise reconhece que, em hipótese nenhuma, a teoria do risco pode ficar "nas prateleiras" "sofrendo o problema do empoeiramento". Pelo contrário, tem de haver um esforço da teoria social contemporânea de reconhecer não só os seus méritos, mas também de conferir uma certa empiricidade ao contexto do risco. Mesmo com essa importante ressalva de Mythen, não podemos desconhecer que, no corpo doutrinário social, há, sem sombra de dúvida, dificuldades aplicativas para a teoria do risco.

Caminhando ao lado da sociedade de risco encontra-se a internacionalização dos direitos fundamentais, advinda, principalmente, de um momento cosmopolita no qual se insere aquela. Vale dizer, a percepção do risco em âmbito internacional levaria a um rompimento de fronteiras entre os diversos estados, capaz de suprimir o individualismo e a autonomia construída no período liberal e desencadear um processo de percepção una dos problemas mundiais.

Trata-se, na verdade, de um universalismo, não nos moldes tradicionais-normativos, mas sim de visualização mundial de catástrofes comuns que implicaria, contudo, a consideração das particularidades de cada local. Enquanto Immanuel Kant trabalharia muito mais com um conceito de obrigação mundial, Beck define o "Cosmopolitanismo, na sociedade de risco mundial, [como uma abertura de] olhos para as responsabilidades incontroláveis, para algo que acontece conosco, sucede conosco, mas ao mesmo tempo nos estimula a um novo começo que transcenda fronteiras".[12]

Registre-se, entretanto, que o STF, em especial após o voto do Ministro Ricardo Lewandowski sobre a internacionalização e status dos tratados de direitos humanos para delimitar o artigo 5º da Lei nº 11.105/05,

---

[11] Cf. *Current Sociology* – November 2007, vol. 55(6): 793-813.

[12] Cf. *Com Ciência,* sob a responsabilidade da SBPC, em dezembro de 2008. Acesso www.comciencia.br em 19 de dezembro de 2008.

vem trabalhando com o entendimento de uma internacionalização muito mais normativa, isto é, pautada em documentos de ordem internacional adotados pelo ordenamento jurídico brasileiro. A jurisprudência recente da Corte sobre o tema consolidou o entendimento de que as normas de tratados internacionais de direitos humanos, após a sua incorporação ao direito interno, assumem o *status* normativo de supralegalidade.

Este posicionamento recebeu, durante anos, inúmeras críticas por parte da doutrina constitucional e, sobretudo, internacionalista.[13] No início de 2008, o Ministro Celso de Mello, em seu voto no HC 87.585-8, afirmou que "o Supremo Tribunal Federal se defronta com um grande desafio, consistente em extrair, dessas mesmas declarações internacionais e das proclamações constitucionais de direitos, a sua máxima eficácia".[14]

A aplicação da judicialização da política e do ativismo judicial, desse modo, também pode encontrar-se abalizada em fenômenos de nuance política, identificados tanto pela ciência política como pelo próprio Direito Internacional. A previsão de catástrofes de maneira individual ou mundial, quer seja por uma perspectiva sociológica, quer sob uma perspectiva jurídica, leva a construção de novos entendimentos, intensificando a judicialização e o ativismo.

2. O Caso das Células-tronco – Análise do Artigo 5º da Lei nº 11.105/05

2.1. O estudo do caso da manipulação das células-tronco embrionárias e o ativismo judicial

Observadas as particularidades e as formas nas quais se manifesta o ativismo judicial, cabe agora um olhar mais atento a um determina-

---

[13] Cf. LAFER, Celso. *A Internacionalização dos Direitos Humanos: Constituição, Racismo e Relações Internacionais*. São Paulo: Manole, 2005, p. 15-18; MELLO, Celso Duvivier de Albuquerque. "O § 2º do Art. 5º da Constituição Federal". In: TORRES, Ricardo Lobo (Org.). *Teoria dos Direitos Fundamentais*. Rio de Janeiro: Editora Renovar, 1999; PIOVESAN, Flávia. *Direitos Humanos e o Direito Constitucional Internacional*. 7ª edição. São Paulo: Saraiva, 2006, p. 51-77.

[14] Voto do Min. Celso de Mello no HC 87.585-8 (STF), 3/12/2008, p. 6. Disponível em http//: www.stf.gov.br. O citado voto defende uma posição que, com base no bloco de constitucionalidade, as normas internacionais estariam postas acima da própria Constituição. Contudo a tese prevalecente hoje no STF é no sentido da supralegalidade. Isto é, a Constituição é o maior grau da ordem normativa, mas um tratado internacional estará acima das leis ordinárias e assemelhados.

do caso concreto no qual o mesmo pode ser identificado. Vangloriando uma correlação entre o pensamento teórico e as práticas judiciais, assim, procura-se agora uma visão pontual dos votos prolatados a favor da constitucionalidade e os que se colocaram na necessidade de adequar o artigo em exame ao texto constitucional.

No tocante aos votos da maioria, privilegiou-se tanto o voto do relator como também de determinadas decisões por parte de Ministros do STF marcadas por uma argumentação que porventura estaria dialogando com a própria noção de ativismo. Os pronunciamentos dissidentes, por seu turno, foram marcados por uma análise de todos os votos já publicados, dando-se, contudo, grande destaque à prolatação do Ministro Gilmar Ferreira Mendes pela consistência teórica mais próxima ao ativismo, sob o qual se identificam diversas manifestações do fenômeno.

2.1.1. A manipulação de células-tronco embrionárias: ADI nº 3510

Movida pelo ex-Procurador Geral da República Cláudio Fontelles, a Ação de Declaração de Inconstitucionalidade nº 3510-0, despertou não apenas no ordenamento pátrio, mas na sociedade como um todo, uma longa discussão que, não raro, faz parte dos pensamentos de qualquer indivíduo: o início da vida. O questionamento de constitucionalidade da manipulação das células-tronco embrionárias, abrigado pelo Art. 5º da Lei 11.105/05 (Lei de Biossegurança), nesse sentido, não se cerceou tão somente em um silogismo sob o qual se adéqua a norma ordinária à Constituição, mas, ao contrário, na identificação da vida.

Tal momento, na verdade, mostra-se importante para a discussão acerca do período em que se inicia a tutela do ordenamento. Vale dizer, como o legislador constituinte estabelecera o princípio da dignidade da pessoa humana como fonte basilar do ordenamento jurídico brasileiro, a consideração dos embriões, objeto da manipulação, como pessoas, isto é, dotados de vida, levaria à conclusão de que a pesquisa com os mesmos seria inconstitucional por violar tal princípio.

Ocorre, contudo, que muitos são os vieses para a explicação do início da vida. Se por um lado o discurso religioso prega o início da mesma no momento da concepção, certos setores da ciência, fazendo a correlação ao desenvolvimento do sistema nervoso, delimitam o marco temporal de quatorze dias após a concepção. Ademais, também ingressam na discussão posicionamentos filosóficos e até mesmo políticos.

Por essa razão, o caminho encontrado pelo relator foi prescindir de um consenso quanto ao seu início, bastando apenas identificar as diferentes formas de tratamento da vida pelo ordenamento jurídico.

É em meio a tal debate de visões, assim, que emerge na Corte Constitucional brasileira um dos maiores dilemas por ela já analisados, suscitando uma decisão que envolve múltiplas faces do conservadorismo e do ativismo. Com a ajuda, pela primeira vez, de audiências públicas, os Ministros do STF alcançam status dos próprios legisladores, levando a alguns a substituírem o seu papel de juízes.

Observemos os votos prolatados, agrupando-os, desde uma perspectiva metodológica, em favoráveis ou dissidentes à constitucionalidade do dispositivo.

2.2. Votos a favor

2.2.1. Ministro Relator Carlos Ayres de Britto

O Ministro Carlos Ayres de Britto estrutura sua relatoria em quatro blocos argumentativos. Num primeiro bloco, trata da proteção da vida no Direito brasileiro; no segundo trata do planejamento familiar e suas consequências; no terceiro, da atividade neurológica como marco de vida e, finalmente, adiciona um quarto bloco tratando da liberdade científica e o direito à saúde. Examinemos cada um deles.

Inicialmente, sustenta o relator ser o artigo em pauta "um todo necessário", um conjunto de regras para a manipulação de células-tronco embrionárias, um bloco normativo. Parte, então, para uma análise do ordenamento brasileiro no tratamento da vida. Seguindo o pressuposto de que a Carta Política não define o início da vida, mas que apenas apresenta uma proteção à pessoa concreta, o referido Ministro alude ao não abrigo de todo e qualquer estado de vida.

Além disso, num jogo de palavras, afirma que como "se trata de uma Constituição que sobre o início da vida é de um silêncio de morte" (BRITTO, ADI nº 3510-0, fls. 26), a questão não está em se determinar o início da vida, mas saber quais dos seus aspectos são validamente protegidos pelo direito. A pergunta sobre o início da vida remete a uma regressão infinita e possui caráter filosófico, e só a pessoa concreta, porque nativiva recebe a proteção plena da Constituição. Basta reconhecer isto para se decidir a causa, sem a necessidade de se chegar a um consenso sobre início da vida.

Num outro conjunto de argumentos, o Ministro Ayres de Britto parte da reprodução humana assistida no Direito brasileiro para concluir primeiramente que a utilização destas técnicas é permitida pelo ordenamento e que não há qualquer obrigação de inseminação de todos os embriões produzidos. Logo, surge o problema dos embriões excedentários, e três seriam as opções do legislador: deixá-los eternamente congelados, descartá-los ou utilizá-los para pesquisa, destacando ser esta última hipótese, adotada pela lei, a melhor delas.

O universo de argumentos seguinte é o mais problemático de todos porque volta à questão já superada no início do voto de se estabelecer o começo da vida. Mesmo depois de concluir ser uma questão filosófica e desnecessária para o julgamento da ação, o relator retoma o ponto traçando um paralelo com a Lei de Transplantes (Lei nº 9.434/97), que tem a atividade neurológica como marco de vida. Após algumas inferências e analogias entre ambas as leis, conclui que, como os embriões em questão não possuem e nem possuirão atividade neurológica, não há qualquer vício de inconstitucionalidade a ser sanado.

"Como se toda essa fundamentação não fosse bastante", o Ministro Ayres de Britto adiciona ainda dois elementos aos argumentos anteriores. Tendo em vista que a pesquisa com células-tronco pode ser o caminho para cura de doenças como o Mal de Parkinson e muitas outras degenerativas, o Direito não poderia deixar de se colocar ao lado dos que sofrem para se colocar ao lado do sofrimento, e em nome da liberdade científica e do direito à saúde, o dispositivo em questão deve ser tido como constitucional.

Assim, sob o influxo de um "olhar pós-positivista", o Ministro Carlos Ayres de Britto finaliza seu voto. Apesar de se referir reiteradamente à importância da Corte, a que se refere como "casa de fazer destino" (BRITTO, ADI nº 3.510, fls. 56), não se pode afirmar que ele adote uma postura de caráter ativista. Em sua análise, Britto se resumiu a examinar o ordenamento jurídico vigente para preservar a escolha de marcos regulatórios feita pelo legislador, sem procurar, como outros ministros, ir além do texto legal em sentenças aditivas, inovando na ordem jurídica.

2.2.2. Ministra Ellen Gracie

A Ministra Ellen Gracie inicia seu voto chamando a atenção para a necessidade de um controle jurídico e não técnico-científico ou, ainda, religioso ou filosófico da matéria. Desse modo, ao enquadrar o voto da Ministra, deve-se responder não se há presença da referida categoria analítica, mas sim como poderia ser explicada a sua possível ausência.

A ex-Presidente do Supremo Tribunal Federal, Ministra Ellen Gracie, importa notar, respalda a sua decisão no tocante ao citado tema para resolver o questionamento ético numa dicotomia: a função do juiz *versus* o saber. Isto é, a mencionada Ministra trabalha o "saber" com duplo aspecto. Um no sentido de que há uma expectativa por parte da sociedade de que o Judiciário, ao dominar o chamado conhecimento científico, poderia dirimir, com segurança, *hard cases*, tais quais o colocado pela Lei de Biossegurança. Outro, no sentido de conhecimento a respeito da manipulação dos embriões, sob o qual seria possível a identificação da compatibilidade do referido artigo 5º da Lei de Biossegurança com a Constituição de 1988.

Quanto à indagação se o Judiciário pode dominar a "ciência" para resolver questões postas pela sociedade, a resposta da Ministra Ellen Gracie é bastante nítida. O STF tem uma função apenas da busca da "harmonia" e essa instituição não pretende ser uma "academia de ciência". No outro ponto da presença do "saber", de forma comparativa utilizando principalmente a legislação inglesa, a Ministra Ellen Gracie adota uma postura para validar a posição do legislador no tocante ao disciplinamento das questões postas pelo desenvolvimento da genética.

A postura de afastar o STF como portador de um conhecimento técnico para dirimir os problemas morais como ora examinado, reforça-se na medida em que a Ministra Ellen Gracie introduz certo componente democrático. A jurisdição constitucional brasileira não pode pretender atuar de uma forma que nem o Poder Constituinte originário e nem o Poder Constituinte derivado ousaram. E reforça: há de respeitar, também, o legislador democrático.

O voto da Ministra Ellen Gracie, com os fundamentos acima expostos, é uma clara manifestação de uma posição não ativista. No entanto, mesmo diante do fato de não constatar um ativismo na sua decisão judicial, a aplicação dessa categoria significou-se válida. É de notar, pois, que em relação às exigências de conteúdo moral do referido artigo 5º obrigando aos seus julgadores uma saída ativista, fortaleceu por parte da Ministra Ellen Gracie um rigor maior de argumentação em termos de "saber" e de "democracia" para não adotar o ativismo.

Possivelmente, crê-se que, na proporção de como o problema moral divide a sociedade, alguns dos ministros do STF, como é o caso da Ministra Ellen Gracie, optam por uma "neutralidade" ao limitar a presença do "saber" e afirmando a prevalência do fundamento democrático.

2.3. Votos dissidentes

2.3.1. Ministro Eros Grau

Enquanto a maioria se formou tendo como centro o acompanhamento do voto da relatoria no sentido de que o artigo em pauta é compatível constitucionalmente com a Carta Maior, o Ministro Eros Grau afasta-se dessa concordância sobre a essência da constitucionalidade expressa pela maioria dos Ministros do STF.

A compreensão da dissidência expressa no voto do Ministro Eros Grau, seguindo a orientação do nosso marco teórico, deve ser delimitada nos padrões do ativismo judicial, ativismo este que pode ser visualizado no texto importante de Willian Marshall (2002), o qual, como já denotado, aponta sete modelos de ativismo judicial.

Desses modelos, entretanto, opta-se a enquadrar o voto dissidente do Ministro nas fronteiras de um ativismo judicial de criatividade fundamentado na concretização de "uma nova teoria e novos direitos" (MARSHALL, 2002, p. 104).

Da parte dessa análise, cabe acentuar que a criatividade nesse voto dissidente em exame se destaca pela preocupação do Ministro Eros Grau pela busca de uma nova interpretação e uma "nova teoria" para enquadrar o Artigo 5º da Lei de Biossegurança em termos de inconstitucionalidade ou não.

No exame dessa categoria de bloco de constitucionalidade, assim, tendo como origem decisão do Conselho Constitucional da França nos anos 1970 do século passado no sentido de efetivar um catálogo de Direitos Fundamentais para o texto da Constituição de 1958, o Ministro Eros Grau dá uma nova direção. Ao indicar um universo outro para traduzir o bloco de constitucionalidade, reitera o mesmo a perspectiva de um ativismo judicial de criatividade.

Para o referido Ministro do STF, o seu bloco de constitucionalidade, seguindo, aliás, a sua metodologia interpretativa, corporifica-se nas decisões da jurisdição constitucional.

O Ministro aqui em estudo pontua, ademais, sua análise no sentido de que o papel do juiz há de ser pautado pela prudência. Alegando a impossibilidade de, no caso em discussão, negar os "fatores reais do poder" (GRAU, ADI nº 3510, fls. 1), isto é, o fator histórico, o intérprete deveria ter sempre em vista a compreensão de duas dimensões, quais sejam, a textual e normativa, sob as quais, em um processo de interpretação, identifica-se o juiz atuando no aspecto construtivo do normativo.

A análise do voto dissidente do Ministro Eros Grau mostrou, desse modo, o acerto de aplicar o parâmetro do ativismo judicial, sem, contudo, desconsiderar o plano da prudência do próprio juiz. Nesse citado voto há, pois, um binômio, no qual se verifica uma postura de *phronesis* contra uma perspectiva de ativismo judicial de criatividade – bloco de constitucionalidade.

2.3.2. Ministro Cezar Peluso

O Ministro Cezar Peluso, conquanto trabalhe com a identificação de medidas a serem adotadas pelo legislador a fim de circunscrever a possibilidade de atuação dos particulares, não chega propriamente a desempenhar o papel de juiz ativista de forma plena. Nesse sentido, por mais que se enquadre nos votos dissidentes, sob o qual se identifica o pleito de uma complementação legislativa, este não se subsume ao clássico ativismo judicial.

O Ministro, na verdade, mostra-se até certo ponto demasiado conservador. Ao atentar para a necessidade de um olhar sob o Estado de direito, o mesmo desconstitui, por diversas vezes, as alusões correntes a questões religiosas, políticas ou mesmo filosóficas que cerceiam o tema. Em alguns momentos chega, inclusive, a ironizar a discussão em torno das teorias de início da vida ou, ainda, do método de fertilização *in vitro*. Nesse sentido, *verbis gratia*:

> Tal **irracionalidade**, que está em distinguir posições substancialmente jurídicas idênticas sem razão palpável, é que, a meu aviso, compromete, sem remédio, a tese da demanda.
> [...]
> A manterem alguma coerência, os opositores das pesquisas com células-tronco embrionárias deveriam, ademais, conceder que as **próprias técnicas** de fertilização artificial são, do ângulo das suas premissas, em tudo e por tudo **inaceitáveis**. (grifamos) (PELUSO, ADI nº 3510, p. 28 e 34)

Mesmo diante de tal postura essencialmente conservadora, contudo, é possível identificar um viés ativista no Ministro. Trata-se aqui do estudo do ativismo conservador vangloriado por Stephen Smith (2002-2003) em estudo da Corte Rehnquist. Visa esse uma política da *Constitution itself*,[15] sob a qual o jurista, embora pareça mais conservador no sentido em que prega a aplicação da Constituição, mostra-se, ao mesmo tempo, ativista, vez que se utiliza da interpretação conforme a Constituição para desdobramentos não previstos pela lei e correlatos a uma atuação política.

Embora carregue em si grande caráter conservador ou mesmo normativamente atrativo,[16] o voto do Ministro Cezar Peluso também pode ser considerado ativista em virtude de uma ação tendente à expansão da autoridade judiciária de julgamento de um caso, ainda que em abstrato. Expondo uma lista de afazeres legislativos que encontram justificativa no corpo constitucional, o Ministro assume, assim, postura ativista, mesmo que aja, novamente, conforme a Constituição.

2.3.3. Ministro Ricardo Lewandowski

A discussão acerca do início da vida, por mais que tenha sido vangloriada até o momento como objeto de estudo da sociedade e, principalmente, de entes políticos, emerge no voto do Ministro Lewandowski não apenas como ponto de partida a um estudo mais cuidadoso acerca do tema que se propõe, mas, sobretudo, verdadeiro posicionamento que norteia toda a sua argumentação em prol de uma verdadeira revisão legislativa da norma. Mais do que o papel do jurista diante da norma, o Ministro transcende a posição de imparcialidade, adotando, para tanto, uma postura ativista de filiação a caracteres extrajudiciais de natureza essencialmente política.

Conquanto por vezes possa parecer que o Ministro se fixa em uma interpretação sistemática do ordenamento e que, assim, o mesmo estaria agindo de forma conservadora e até certo ponto próxima à noção do juiz do Estado de direito, a definição da dignidade da pessoa humana como um postulado normativo, que impõe significação a outras normas, incita, na verdade, uma postura ativista pelo mesmo.

---

[15] Chemerinsky (SMITH, 2002-2003).

[16] Nós finalmente suprimimos a hipocrisia de virar um olho cego para o ativismo que produz resultados que nós achamos normativamente atrativos enquanto condenamos o ativismo que produz resultados aos quais nós nos opomos. ("we finally drop the hypocrisy of turning a blind eye to ativism that produce results that we find normatively attractive while condemning activism the produce results we oppose.") (SMITH, 2002-2003, p. 58).

É partindo de tal perspectiva que trata este de expandir o mérito a uma questão de regularização legal das pesquisas de manipulação. Vale dizer, visando à garantia dos preceitos auferidos do princípio da dignidade da pessoa humana, seria necessário um estudo legal das pesquisas com células-tronco embrionárias. Assim dispõe:

> "entendo que o fulcro da discussão, ora submetida a esta Suprema Corte, *não* se restringe *meramente ao estatuto jurídico* do embrião gerado *in vitro* ou das células-tronco que dele podem ser extraídas, devendo abranger, para muito além desse estreito horizonte, a *disciplina das pesquisas* genéticas e das ações e todos os seus protagonistas, [...] tendo como parâmetro a dignidade humana, enquanto valor fundante do texto Constitucional" (grifamos) (LEWANDOWSKI, ADI nº 3.510, p. 32).

O ativismo ora vangloriado deve ser analisado, importa notar, sob um dos modelos analisados na obra de Marshall. Na real iminência de uma não contraprestação do Legislativo, o Ministro Lewandowski assume a postura de legislador tendo como norte o remediar de tal omissão. É, pois, forma de ativismo remediador, tal qual traduzira o autor aqui citado.

Configurando-se como uma das formas mais bruscas de ativismo, este requer um frontal monitoramento das instituições governamentais. Como não se tem a resposta esperada – enquanto mora e não apenas enquanto desejo – do Legislativo, transfere-se a responsabilidade ao jurista que, agora, passa a ter a tarefa de não apenas consertar o vácuo legiferante, mas, sobretudo, de oferecer o adequado remédio à problemática.

De certo, é sob a égide do legislador e não do juiz que se guia o voto do Ministro Cezar Peluso. Apresentando caracteres próprios da prática legislativa, tal qual a previsão das possíveis consequências e a inclusão de aspectos da moralidade coletiva, este, pela inexistência de norma reguladora, aproxima para si o papel do legislador.

2.3.4. Ministro Gilmar Ferreira Mendes

É possível relacionar a argumentação desenvolvida pelo Ministro Gilmar Mendes em seu voto com quatro das sete dimensões do ativismo judicial mencionadas por William P. Marshall, quais sejam: o ativismo contramajoritário (*counter-majoritarian activism*), jurisdicional (*jurisdictional activism*), a criatividade judicial (*judicial criativity*) e, por último, o ativismo remedial (*remedial activism*).

Marshall (2002, p.104) define o ativismo contramajoritário como "a relutância dos tribunais em aceitar as decisões dos poderes democraticamente eleitos". Esta dimensão ativista é explicitada, de modo claro, em diferentes passagens ao longo do voto do Ministro Gilmar Mendes, sempre recorrendo ao pensamento de autores identificados com o (novo) constitucionalismo e o pós-positivismo e, deste modo, críticos da identificação da democracia com a premissa majoritária.[17] Neste sentido, assevera o Min. Gilmar Mendes:

> É em momentos como este que podemos perceber, despidos de qualquer dúvida relevante, que a aparente onipotência ou o caráter contramajoritário do Tribunal Constitucional em face do legislador democrático não pode configurar subterfúgio para restringir as competências da Jurisdição na resolução de questões socialmente relevantes e axiologicamente carregadas de valores fundamentalmente contrapostos. [...]
>
> [...] Importantes questões nas sociedades contemporâneas têm sido decididas não pelos representantes do povo reunidos no parlamento, mas pelos Tribunais Constitucionais (MENDES, ADI nº 3.510, p. 2).

O ativismo contramajoritário também pode ser verificado na compreensão desenvolvida pelo Ministro Gilmar Mendes acerca da jurisdição constitucional como uma continuação do debate democrático sobre a Lei de Biossegurança, "com a nota distintiva da racionalidade argumentativa e procedimental de uma Jurisdição Constitucional" (MENDES, ADI nº 3.510, p. 5). Em síntese, a Corte Suprema não se encontra constrangida, segundo esse entendimento, pelas decisões provenientes dos poderes democraticamente eleitos, podendo, assim, julgá-las inconstitucionais em um caso extremo, mas também, ao adotar sentenças de perfil aditivo, modificá-las, corrigi-las ou, nas palavras do Ministro, "repará-las".

Com relação ao ativismo em sua dimensão jurisdicional, com apoio no voto do Ministro Gilmar Mendes, cabe destacar a revisão dos limites e das competências da jurisdição constitucional para a apreciação e decisão de casos políticos e morais profundamente controversos. O Ministro Gilmar Mendes assume uma postura ativista no sentido acima ao criticar, por exemplo, o "dogma kelseniano" (MENDES, ADI nº 3.510, p. 32) do legislador negativo.

---

[17] Robert Alexy e Ronald Dworkin, por exemplo.

O ativismo jurisdicional representa uma postura por parte dos ministros da Suprema Corte no sentido de uma concentração decisória e um fortalecimento da eficácia vinculante da jurisdição constitucional, por exemplo, via reclamação constitucional. Cabe ressaltar que idêntica argumentação foi utilizada pelo Ministro em outros importantes casos, como o da cláusula de barreira, citado no primeiro capítulo do artigo. Neste sentido, argumenta o Ministro:

> Portanto, é possível antever que o Supremo Tribunal Federal acabe por se livrar do vetusto dogma do legislador negativo e se alie à mais progressiva linha jurisprudencial com eficácia aditiva, já adotadas pelas principais Cortes Constitucionais europeias (MENDES, ADI nº 3.510, p. 35).

Deste modo, a estratégia de justificação empreendida pelo Ministro Gilmar Mendes com relação às sentenças de perfil aditivo objetiva redefinir, de um ponto de vista hermenêutico, "os limites jurisdicionais" do próprio poder do STF,[18] permitindo, assim, que o tribunal corrija, modifique ou complemente o conteúdo normativo das leis democraticamente estabelecidas.

Marshall destaca, também, a dimensão da "criatividade judicial", com um viés mais teórico, ao referir-se à "criação de novas teorias e direitos na doutrina constitucional" (MARSHALL, 2002, p. 104). No presente caso, de fato, o Ministro Gilmar Mendes não cria novas teorias ou direitos, no entanto recorre, de modo original e inovador, a importantes teorias, sobretudo estrangeiras, para a justificação de seu voto. Os autores, princípios e teorias mencionados, que dão suporte à "criatividade judicial", refletem sobre as outras modalidades de ativismo já mencionadas, pois representam a sua fundamentação jurídico-filosófica. Neste ponto é importante destacar a utilização e aplicação, com apoio nas reflexões éticas de Hans Jonas, do "princípio responsabilidade" à interpretação constitucional, assim como o princípio de "proibição de proteção insuficiente" (Konrad Hesse) ou "imperativos de tutela" (Claus-Wilhelm Canaris) para a aferição do caráter deficiente da proteção assegurada pela legislação brasileira ao "elemento vital digno de proteção jurídica". No entanto, a manifestação mais cristalina de utilização de teorias recentes para a justificação dos ativismos – contramajoritário e jurisdicional – anteriormente analisados, consiste na noção alexyana de "representação argumentativa".

---
[18] MARSHALL, 2002, p. 104.

A representação argumentativa encontra-se intimamente relacionada com a temática acerca da legitimação e da reconciliação do sistema de controle de constitucionalidade das leis com a democracia representativa. O Tribunal Constitucional, segundo Robert Alexy, exerce o importante papel de "instância de reflexão do processo político" (ALEXY, 1999, p. 66), responsável pela representação argumentativa dos cidadãos.

Esta inovadora e também polêmica tese apoia-se na seguinte intuição fundamental sustentada pelo autor: os direitos fundamentais têm uma importância tão grande que a decisão sobre a sua proteção e promoção não pode ser confiada, de modo exclusivo, às maiorias parlamentares ordinárias.

A argumentação jurídica, a participação da sociedade civil[19] e o método da ponderação, este último aperfeiçoado analiticamente,[20] constituiriam a fundamentação racional para a representação argumentativa que, por sua vez, competiria com a representação política dos cidadãos no Poder Legislativo sobre a última palavra na definição de políticas públicas responsáveis pela garantia e concretização dos direitos fundamentais

De acordo com Robert Alexy, o fato de os magistrados encontrarem-se constrangidos institucionalmente pelas regras da argumentação jurídica e, sobretudo, pelos princípios da publicidade e da motivação de suas decisões contribuiria, em tese, para um maior grau de racionalidade da jurisdição constitucional em comparação com o debate político, fortemente marcado pela negociação e pela barganha com base nos interesses em conflito.

Segundo o autor, "a representação do povo no tribunal constitucional é puramente argumentativa" (ALEXY, 2005, p. 100), enquanto que a representação parlamentar constitui um conjunto, nem sempre coerente, composto por elementos decisionistas e discursivos.

A tese da representação argumentativa repousa sobre condições ou pressupostos excessivamente idealistas, cuja exigência é contrafática. Duas são as condições fundamentais para uma "verdadeira representação argumentativa" (ALEXY, 2005, p. 102): em primeiro lugar, a exis-

---

[19] Por exemplo, na qualidade de *amici curiae* e na participação em audiências públicas sobre temas controvertidos na sociedade.

[20] ALEXY, 2003.

tência de argumentos corretos ou razoáveis; em segundo lugar, a existência de pessoas racionais e razoáveis – em especial, os magistrados – que estejam dispostas e sejam capazes de aceitar argumentos razoáveis pela simples razão de sua própria correção. A representação argumentativa institucionaliza, segundo o autor, o ideal de correção no Direito e, deste modo, possui prioridade epistêmica e moral sobre a representação baseada em eleições, negociações e barganha política. Neste sentido, conclui Robert Alexy:

> O constitucionalismo discursivo, como um todo, é uma empresa para institucionalizar a razão e a correção. Se existem argumentos corretos e razoáveis, assim como, também, pessoas racionais, a razão e a correção estarão mais bem institucionalizadas mediante o controle de constitucionalidade do que sem este controle (ALEXY, 2005, p. 103).

Não é difícil perceber a força do discurso neoconstitucionalista com apoio nas reflexões de Robert Alexy para a legitimação da jurisdição constitucional. A tese da representação argumentativa foi recentemente recepcionada pelo discurso do Ministro Gilmar Mendes como uma estratégia para a legitimação da expansão da competência institucional do tribunal por meio de um ativismo jurisdicional e também contramajoritário.

Em entrevista recente, o Ministro Gilmar Mendes afirmou que o STF é "um espaço democrático [...] aberto à reflexão e à argumentação jurídica e moral, com ampla repercussão na coletividade e nas instituições democráticas",[21] citando expressamente a teoria do jusfilósofo alemão. Conforme a declaração do atual Presidente do STF, que foi voto vencido no caso sob exame, a inovação mais importante no julgamento refere-se à legitimação do papel do tribunal como "casa do povo" para suprir as deficiências normativas, mediante a prolatação de sentenças de perfil aditivo, no processo de deliberação e elaboração das leis. Segundo o Ministro Gilmar Mendes, a representação pela argumentação é concretizada em audiências públicas, mediante a atuação do Ministério Público e da Advocacia-Geral da União, a participação da advocacia privada e, por fim, a presença dos *amici curiae*.

Deste modo, o tribunal receberia todo tipo de argumentos, razões e de pontos de vista diferenciados sobre temas polêmicos na sociedade,

---

[21] Jornal *O Valor Econômico*, 9/6/2008, disponível em: http//:www.valor.com.br.

como é o caso da pesquisa com células-tronco embrionárias para fins terapêuticos. Além disso, diferentemente das decisões do Poder Legislativo, as decisões dos tribunais, em especial as do STF, "só ganham peso se conseguem convencer".[22] Nas decisões do poder político existiria, segundo esta visão, um déficit na argumentação, pois o Congresso, ao contrário dos tribunais, não se encontraria limitado por um dever expresso de fundamentação discursiva de suas decisões.

A estratégia de legitimação discursiva da jurisdição constitucional é retomada pelo Ministro Gilmar Mendes em sua argumentação na ADI 3.510 (p. 1-2). No início do voto, refere-se ao STF como "um foro de argumentação e de reflexão com eco na coletividade e nas instituições democráticas". Em seguida, desenvolve uma estratégia de legitimação da atuação do tribunal em casos constitucionais difíceis, com forte conotação moral e política, destacando a competência do STF "[em] dar a última palavra sobre quais direitos a Constituição protege",[23] com fundamento nas teorias de Ronald Dworkin e Robert Alexy. Com apoio expressamente na tese sobre a representação argumentativa, o Min. Gilmar Mendes assevera:

> O Supremo Tribunal Federal demonstra, com este julgamento, que pode, sim, ser uma Casa do povo, tal qual o parlamento. Um lugar onde os diversos anseios sociais e o pluralismo político, ético e religioso encontram guarida nos debates procedimental e argumentativamente organizados em normas previamente estabelecidas. As audiências públicas, nas quais são ouvidos os expertos sobre a matéria em debate, a intervenção dos *amici curiae*, com suas contribuições jurídicas e socialmente relevantes, assim como a intervenção do Ministério Público, como representante de toda a sociedade perante o Tribunal, e das advocacias pública e privada, na defesa de seus interesses, fazem desta Corte também um *espaço democrático*. Um espaço aberto à reflexão e à argumentação jurídica e moral, com ampla repercussão na coletividade e nas instituições democráticas (grifamos) (MENDES, ADI nº 3.510, p. 3-4).

Segundo o presidente do STF, o debate democrático sobre o tema da pesquisa com células-tronco embrionárias para fins terapêuticos não terminou no âmbito do Congresso Nacional com a discussão e aprova-

---
[22] Idem.

[23] Idem, p. 2.

ção da Lei sobre Biossegurança, particularmente a controvérsia em torno do seu artigo 5º. O debate "democrático" permanece e se intensifica, como se fosse um "terceiro turno" de deliberação e votação, no âmbito do STF com a "nota distintiva da racionalidade argumentativa e procedimental própria de uma jurisdição Constitucional" (MENDES, ADI nº 3.510, p. 5). Neste momento, mais uma vez, os ativismos jurisdicional e contramajoritário aproximam-se da criatividade judicial.

Seguindo o raciocínio acima, com apoio nas técnicas de decisão atípicas no controle de constitucionalidade, os ministros do STF podem suprir eventuais deficiências ou omissões na legislação, modificando, corrigindo e incluindo, mediante sentenças aditivas, novas regras ou requisitos normativos com a intenção de aperfeiçoá-la, tendo como parâmetro de decisão "o princípio da proporcionalidade como proibição da proteção insuficiente" (MENDES, ADI nº 3.510, p. 18). Este posicionamento favorável às decisões modificativas, no entanto, encontrou objeção levantada pelo Ministro Marco Aurélio de Mello em seu voto:

> Também é de todo impróprio o Supremo, ao julgar, fazer recomendações. Não é órgão de aconselhamento. Em processo como este, de duas uma: ou declara a constitucionalidade ou a inconstitucionalidade, total ou parcial, do ato normativo abstrato atacado. Nestes praticamente dezoito anos de Tribunal jamais presenciei, consideradas as diversas composições, adoção desse critério, a conclusão de julgamento no sentido de recomendar esta ou aquela providência, seja para adoção pelo Poder Legislativo, seja pelo Executivo, em substituição de todo extravagante (MENDES, ADI nº 3.510, p. 2).

Diferentemente do Ministro Gilmar Mendes, no presente caso, o Ministro Marco Aurélio não assumiu uma postura configuradora de um ativismo em sua dimensão contramajoritária.

Aliado ao excessivo idealismo na concepção do tribunal como um representante argumentativo dos cidadãos, lastreada em uma compreensão da democracia dissociada da premissa majoritária,[24] percebe-se a seletividade do tribunal na definição de quais temas serão abertos à participação da sociedade civil em audiências públicas.

---

[24] Sobre a distinção entre democracia majoritária e democracia constitucional, com forte defesa desta, confira: DWORKIN, Ronald. "A leitura moral e a premissa majoritária". *In*: DWORKIN, Ronald. *O Direito da Liberdade: A Leitura Moral da Constituição Norte-americana*. Tradução de Marcelo Brandão Cipolla. São Paulo: Martins Fontes, 2006, p. 1-60.

Nos casos sobre a cláusula de barreira[25] e a fidelidade partidária,[26] apesar do caráter extremamente complexo, político e polêmico de ambos os temas, não houve a realização de audiência pública com a participação dos diferentes atores políticos, institucionais ou não, interessados na decisão.

Também não foram ouvidos especialistas com diferentes formações e contribuições acadêmicas sobre os temas em questão. Idêntica postura institucional foi adotada pelo Supremo Tribunal Federal no importante caso sobre a greve dos servidores públicos civis,[27] oportunidade na qual também poderia ter sido realizada uma audiência pública com ampla participação da sociedade civil e dos segmentos corporativos interessados. Neste sentido, podemos concluir que, de um modo altamente seletivo, alguns temas escolhidos pelo tribunal dão ensejo a uma concepção alargada de acesso à justiça,[28] enquanto que outros não.

Por último, cabe destacar a quarta dimensão do ativismo judicial desempenhada pelo Ministro Gilmar Mendes, qual seja: o ativismo remediador. O ativismo remediador é definido pela "imposição" pelo Poder Judiciário de obrigações positivas (políticas públicas, criação ou remodelação de instituições e regulamentação legal, por exemplo) aos poderes eleitos democraticamente.

No caso analisado, o voto do Ministro Gilmar Mendes estabeleceu uma obrigação positiva dirigida ao Poder Executivo no sentido de criar, à semelhança do modelo alemão (*Zentrale Ethik-komission für Stammzellenforschung*), um órgão ou comitê central de ética e pesquisa vinculado ao Ministério da Saúde como requisito fundamental para suprir a "deficiência" de proteção verificada na legislação brasileira. Ao determinar, como requisito de constitucionalidade, a criação de uma nova instituição pelo Poder Executivo, o Ministro Gilmar Mendes assume uma postura ativista no sentido supramencionado, ao estabelecer obrigações positivas (que envolvem recursos financeiros) que devem ser concretizadas pelo Poder Executivo.

---

[25] ADI nº 1351-3 e ADI nº 1354-8.
[26] MS nº 26602, MS nº 26603 e MS nº 26604 (STF) e Resolução nº 22526 (TSE).
[27] MIs 670, 708 e 712 (STF).
[28] Cf. SOUZA JÚNIOR, J. G. et al. Por uma Concepção Alargada de Acesso à Justiça. *Revista Jurídica*, Brasília, Vol. 10, nº 90, Edição Especial, Abril/Maio 2008. Disponível em http//: www.planalto.gov.br/ccivil_03/revista/revistajuridica/index.htm.

3. O Caso da Utilização do Amianto

A Lei nº 9.055/95, ao permitir em seu Artigo 2º a extração, industrialização e comercialização de amianto branco, deu início a um complexo debate jurídico. Diversos Estados da federação elaboraram leis em sentido contrário, vedando o uso de qualquer forma de amianto em seus territórios, e acabaram por levar a discussão para o Supremo Tribunal Federal.

Nas primeiras ADIs julgadas, 2.396 e 2.656, referentes às leis dos Estados de Mato Grosso e de São Paulo, o Tribunal limitou-se a discutir a competência legislativa estadual, evitando adentrar em questões científicas sobre o amianto. Entendeu a Corte que havia sido excedida a margem de competência concorrente, sendo as leis, portanto, inconstitucionais.

Num segundo momento, o STF começa a se voltar incidentalmente para a inconstitucionalidade da Lei Federal. O julgamento das ADIs 3.356/PE e 3.937/SP (esta última questionando nova lei editada pelo Estado de São Paulo após declaração de inconstitucionalidade da lei anterior) é suspenso por pedidos de vista do Min. Joaquim Barbosa e retomado em 2008, quando já havia sido ajuizada a ADI 4066, esta para contestar não uma lei estadual, mas a própria Lei nº 9.055, que violaria o direito à saúde (Art. 196 CF)

O exame dos votos proferidos nesse denominado caso do amianto terá como fulcro a ADI 3.937-SP que foi privilegiada em virtude da consolidação de uma postura divergente. Isto é, é aberto um processo argumentativo na orientação de afastar uma linha predominante de aplicar o processo formal de competência legislativa.

Ao contrário de como se procedeu a análise do caso dos embriões, não haverá o critério de votos majoritários e dissidentes. Será seguida uma pauta de estudo dos votos considerando que a discussão, conforme já foi assinalado, está ainda na esfera de um processo cautelar. Nada impede, contudo, que, nesse universo de estudo, adjetive-se cada postura assumida pelos integrantes da jurisdição constitucional brasileira.

3.1. Histórico do caso

A dignidade da pessoa humana, conquanto tenha sido vangloriada no caso da manipulação das células-tronco embrionárias de forma direta, assume no STF posição multifacetada, sob a qual se protege o seu fundamento em correlação a outros princípios constitucionais. É, pois, por meio da análise da utilização do mineral amianto, que emerge uma discussão que abriga outros corolários, vinculados à questão da competência legislativa, nos parâmetros de internacionalização, no direito à saúde e na proteção do meio ambiente.

Nessa linha de raciocínio, é incontestável que os dois casos examinados traduzem, de forma paradigmática, o modelo valorativo e complexo, em termos de disciplina dos Direitos Fundamentais, adotado na Constituição Federal de 1988 e explicitado ao longo desses vinte anos de sua vigência.

Tendo como escopo o ora transposto pelo legislador no Art. 2º da Lei Federal nº 9.055/95, regulando a produção e a circulação do amianto nas suas várias modalidades no Brasil, perquiriram as partes, além da própria autorização, acerca da possibilidade de lei ordinária estadual assumir regulação divergente da prolatada em âmbito federal, vez que a competência seria aqui concorrente.

É em meio a tal perspectiva, então, que se assenta uma das partes no sentido de questionar a norma federal sob o tratamento material, dado pela Carta Política vigente, a princípios por ela enunciados. Ao identificar a dignidade humana como princípio fundante do ordenamento jurídico, o constituinte teria, assim, instituído um eixo de condutas e direitos que devem ser sempre observados, dentre os quais se destacam aqueles com efeitos diretos, bem como reflexos. O direito à saúde, nesse sentido, influenciando de maneira imediata a vida humana, deve ser assim assegurado, do mesmo modo que o direito a um ambiente saudável, sem o qual não se faz possível um desenvolvimento social e físico adequado.

De certo, é sob tais preceitos que se fundam seus percussores. Reunindo diversos estudos médicos que atentam aos males causados pela inalação do pó de amianto, em suas mais variadas espécies, bem como provas da iminente ameaça ao meio ambiente face a sua propagação pelo ar, estes discutem a inconstitucionalidade do seu uso pela lei federal.

Ademais, em uma interpretação histórica, de busca de vontade do legislador, também se realça o discurso dos parlamentares quando do projeto de lei. Como este, originalmente, vedava o uso do amianto em razão dos seus efeitos nefastos, alega-se que o Art. 2º da Lei nº 9.055/95 seria, na verdade, frontal contradição aos próprios princípios que fundamentaram a sua feitura.

Em movimento oposto, todavia, a discussão em âmbito estadual assume a própria norma federal como paradigma. Trata-se de debate sobre a violação da competência concorrente instituída pela Constituição de 1988 no Art. 24. Nesta se tem como pressuposto que o Estado-membro deve cuidar da matéria de maneira subsidiária, deixando à União a construção das normas gerais. Deste modo, destaca-se que aquele não pode, ainda que de maneira residual, ir de encontro a esta, isto é, contrariar os preceitos por ela adotados quando da liberação da utilização do amianto, verificada no art. 2º do diploma federal.

Registre-se, por oportuno, que a maior parte da discussão encontra-se ainda em âmbito cautelar. Como as ADINs de iniciativa estadual contêm um pedido de medida cautelar para o caso, autorizando-se a utilização do amianto a partir da decisão, os Ministros restringiram-se, até o momento, a apreciações preliminares e não quanto ao mérito e sua completude.

Desse modo, em um embate de princípios e interesses econômicos e sociais, o STF depara-se, mais uma vez, com um caso que lhe eleva a condição de alter ego da sociedade, na expressão de Ingbor Maus,[29] mostrando-se como verdadeira Corte ativista. Sob a pluralidade de concepções acerca da utilização do mineral amianto, eis que emerge, novamente, a face ativista de determinados Ministros integrantes do Supremo Tribunal Federal, na linha estabelecida anteriormente nessa reflexão.

3.2. Decidindo e divergindo

3.2.1. Ministros Marco Aurélio e Ellen Gracie

As recentes decisões do STF afastam os ministros Marco Aurélio e Ellen Gracie do ativismo que, recentemente, caracteriza a Corte. Neste sentido, ambos adotaram uma postura distinta da maioria em dois dos mais relevantes casos de 2008, quais sejam as ações diretas de inconstitucionalidade que versavam sobre a Leis de Biossegurança, de acordo com as conclusões anteriores dessa análise, e da proibição de uso do amianto, esta uma lei do estado de São Paulo (ADI 3.937-SP).

---
[29] MAUS, *op. cit.*

O Ministro Marco Aurélio ressalta os limites da atuação do tribunal constitucional no caso dos embriões, salientando os problemas de se questionar a constitucionalidade de uma lei que foi objeto de ampla deliberação pública e aprovação quase unânime no Congresso Nacional. Ele, deste modo, rechaça o ativismo formal que vem marcando a corte, mesmo quando da ausência de um ativismo propriamente material.

Não caberia ao STF rediscutir todas as questões polêmicas egressas do parlamento, já que não se trata de casa revisora, mas de corte que deve retirar leis do ordenamento jurídico em casos de manifesta inconstitucionalidade, não por divergir das posições políticas adotadas pelos representantes diretamente eleitos. Tal postura é semelhante ao conceito de infraconstitucionalidade identificado por Sager (2008) na atuação da suprema corte americana.[30] O tribunal simplesmente se absteria, em alguns casos, de exercer a revisão judicial em leis de forte conteúdo político, às quais se revela mais apropriada a dinâmica parlamentar.

A postura não-ativista perdura na ADI 3.937-SP sobre a lei paulista do amianto. A partir de uma reflexão sobre a estrutura da federação brasileira, Marco Aurélio adverte para os perigos da lei paulista, que contraria o parâmetro legislativo da lei federal. Mesmo no caso de um eventual acerto no conteúdo legislativo, sendo a utilização do amianto realmente nociva, o Ministro teme um possível caos federativo e afirma o necessário respeito à repartição constitucional de competências. Far-se-ia necessária a proteção de todos os trabalhadores brasileiros, não somente dos paulistas.

Não caberia ao STF relativizar o centralismo, que caracteriza a Constituição de 1988 na repartição das competências. Deste modo, ele decide pela inconstitucionalidade da lei paulista, com fulcro na violação à disposição constitucional de competências, que dá ao Estado federado a possibilidade de legislar dentro do interesse regional e em conformidade à legislação federal. A afirmação da constitucionalidade, postura mais ativista do STF, que acabou vencendo em sede de cautelar, poderia resultar em uma desorganização do princípio federativo.

A Ministra Ellen Gracie, por sua vez, adere nos dois casos à argumentação do Ministro Marco Aurélio, além de demonstrar preocupa-

---

[30] Cf. *Jueces y Democracia: Una Teoria de la Pratica Constitucional Norteamericana*, 2008.

ção acerca da crescente deliberação de questões técnicas pelo STF. Ela reitera nos dois votos que "o STF não é uma academia de ciências", explicitando as limitações da corte em relação a determinadas decisões. Com efeito, distintamente da dinâmica parlamentar, que dispõe de uma assessoria técnica mais apurada e possibilita um espaço mais propício a tal tipo de debate, os procedimentos de um tribunal não se mostram adequados para enfrentar debates de grande complexidade técnica. As profundas relações entre discurso científico e controle democrático estão neste ponto inseridas. Questão que, em outra ordem, deve pautar até mesmo a reflexão sobre a legitimidade democrática do STF para enfrentar questões de fundo eminentemente político.

Não se deve, todavia, atribuir ao ativismo um caráter necessariamente negativo, no elogio a uma suposta neutralidade do tribunal. Como antes salientado, todo tribunal carrega consigo certa dose de ativismo.[31] Ademais, a definição do caráter ativista das decisões implica uma posição política. Nossa própria história constitucional, tão escassamente abordada, pode nos proporcionar exemplos de grandes avanços construídos a partir de decisões ativistas, como a doutrina brasileira do *habeas corpus*, formulada sob a égide da Constituição de 1891.

O problema, entretanto, é quando o ativismo formal alcança grande intensidade, como tem recentemente ocorrido, sendo a competência da Corte ampliada de modo reiterado e constante, sob argumentos de eficiência nem sempre condizentes com a institucionalidade democrática. De fato, é a partir deste ponto que se devem analisar as decisões neste presente caso. Considerando-se, de um lado, a ampliação de direitos promovida pela lei paulista e, de outro, o papel do Supremo na interpretação da estrutura federativa brasileira e da distribuição constitucional de competências.

3.2.2. Ministro Joaquim Barbosa

O voto vista do Ministro Joaquim Barbosa, na medida cautelar da ADIN nº 3.937-7 São Paulo, integra o quadro da maioria que não referendou a medida cautelar manifestada favoravelmente pelo Ministro Relator Marco Aurélio Mello.

A posição do Ministro pauta-se pelo enumerar das Ações Diretas de Inconstitucionalidade interpostas, em especial pela Confederação

---
[31] MARSHALL, 2002.

Nacional dos Trabalhadores (CNTI). Lembra o voto em análise que grande parte de variedades de amianto já se encontra proibida no Brasil à exceção do amianto denominado de "crisotila". No entanto, o esforço do jurista em enumerar as ADIs em curso no STF sobre a vedação do amianto "crisotila" por parte de legislações estaduais é para apontar, também, o fato de que essas normas questionadas adotam outras limitações. Trata-se do caso de impor à Administração Pública estadual a limitação de usar o mencionado amianto.

Cumprida essa etapa de contextualização das interposições de inconstitucionalidade no STF, o Ministro Joaquim Barbosa destaca que a resolução do conflito se situa no campo de competências, ponderando, contudo, que a argumentação não deve ser direcionada nessa linha, tendo em vista que "as conclusões (sobre a competência) sendo as mais corretas" não fazem parte do seu convencimento.

Para fundamentar essa linha de raciocínio, nesse sentido, historia todo o tratamento científico sobre o amianto "crisotila". Indica a posição, por exemplo, no seu voto, do Conselho Nacional do Meio Ambiente (Conama) em 2004 adotada, aliás, pela Organização Mundial da Saúde.

Do mesmo modo discute, de forma bastante nítida, a jurisprudência do STF a respeito da inconstitucionalidade de limitações estaduais à livre circulação de mercadoria. É o caso, v.g., das considerações sobre os atos normativos estaduais tendo impacto sobre a liberdade de comércio de defensivos agrícolas.

Reportando-se a Diogo Figueiredo Moreira Neto, o Ministro Joaquim Barbosa trata, outrossim, da distinção de normas gerais das normas específicas baixadas pela União, atentando que estas últimas não têm aplicação muitas vezes para os Estados da federação, pois se revelam mais disciplinamentos para o próprio governo federal.

A argumentação a ser seguida é que estamos diante da tese de "ofensa indireta ou reflexa". Isto é, o conflito refere-se à lei estadual diante de lei federal e não da Constituição. Os Estados, vale dizer, não têm legislado contra a Constituição, vez que a postura argumentativa correta está direcionada no fato das normas estaduais encontrarem respaldo na Convenção nº 162 da OIT.[32]

---

[32] Cabe notar que tal Convenção fora incorporada na nossa ordem interna pelo Decreto nº 126, de 22 de maio de 1991.

A Convenção traduz um sistema protetivo de Direitos Fundamentais, em especial ao direito à saúde e ao meio ambiente. Esta reveste-se, segundo o Ministro Joaquim Barbosa, de status de dupla natureza, a saber: supralegal e infraconstitucional. O voto fundamenta-se, nesse sentido, na concepção teórica de Antonio Cançado Trindade (2002), no tocante às obrigações administrativas, legislativas e judiciais por parte do Estado ao demonstrar o fato de o compromisso de substituir o amianto "crisotila" é de responsabildade de todos os entes da ordem interna. Seria um contrassenso se o Estado brasileiro ratificasse essa obrigação de cumprir a mencionada regulação da OIT se os demais entes federativos não estivessem vinculados a sua concretização.

Outro argumento importante da sua perspectiva de dar um tratamento diferenciado ao tema do conflito de competências sustenta-se na concepção de que da convenção em exame infere-se, na realidade, "tintas de generalidade".

Apesar do voto do Ministro Joaquim Barbosa não ter sido o raciocínio matriz para indeferir a medida cautelar referendada pelo voto do Min. Relator Marco Aurélio de Mello, há de se reconhecer que as suas fundamentações se lastreiam num ativismo criativo.

Na baliza da internacionalização, o Min. Joaquim Barbosa estabelece uma outra leitura para o sistema de competência adotado pela Carta Política de 1988 em termos dos parâmetros "gerais" e específicos no que se refere à presença legislativa da União e de seus entes federativos. É no ativismo criativo, sublinhe-se, William Marshall (2002), que se orienta, portanto, a análise expressa sobre o voto do Min. Joaquim Barbosa.

3.2.3. Ministro Eros Grau

Eros Grau profere inicialmente seu voto na Medida Cautelar em análise, destacando que a matéria não pode ser examinada sob o ponto de vista formal simplesmente, como havia sido feito por ele em outros julgamentos sobre a questão do amianto, em especial o da ADI 3.356 que questiona lei análoga do Estado de Pernambuco e da qual ele é relator, já que no seu entender, a Lei Federal nº 9.055 é inconstitucio-nal. Dessa forma, incumbiria ao Supremo a apreciação de qualquer inconstitucionalidade que chegue ao seu conhecimento, e, portanto, tal questão deveria ser enfrentada.

Assim, além da questão formal de usurpação de competência da União por ter o Estado de São Paulo legislado sobre o tema, avançando indevidamente em sua competência supletiva, haveria uma afronta da lei federal ao artigo 196 da Constituição.

No entanto, posteriormente, reconhece o Ministro que errou, pois não haveria qualquer vício formal em verdade, pois a competência para legislar sobre dano ao meio ambiente é concorrente (art. 24, VIII, CF), e, sendo a lei federal inconstitucional, não haveria qualquer usurpação por parte da lei estadual.

Além disso, apesar da lei federal mencionada não ser objeto da ação em tela, não há outra solução para o caso que não a declaração de sua inconstitucionalidade:

> Somos uma Corte Constitucional. O que eu digo é que a causa de pedir nos feitos de declaração de inconstitucionalidade é aberta. Estamos aqui para controlar, para conferir força normativa à Constituição e há uma lei federal, que – em verdade – não é objeto desta ação, mas que desafia a Constituição (p. 118).

Inicia-se então um intenso debate entre os Ministros Eros Grau e Marco Aurélio sobre o objeto da ação em julgamento. Eros sustenta que "não pode fazer de conta" que a afronta à Constituição inexiste, e, sendo flagrantemente inconstitucional a lei federal, esta sim inexistiria, o que tornaria perfeitamente compatível com a Constituição a competência dos Estados-membros para legislar, resolvendo assim a questão formal antes mencionada.

O Ministro Eros conclui com um apelo para que os Ministros tenham coragem para enfrentar o tema e se declarar a inconstitucionalidade da lei federal, assumindo a Corte o seu papel, ou, pelo menos, se suspenda o feito até a apreciação da ADI 4.066 (cujo objeto é exatamente a Lei Federal nº 9.055)

O Ministro Marco Aurélio, por seu turno, ressalta os limites da atuação do tribunal constitucional no caso dos embriões, salientando os problemas de se questionar a constitucionalidade de uma lei que foi objeto de ampla deliberação pública e aprovação quase unânime no Congresso Nacional. Ele, deste modo, rechaça o ativismo formal que vem marcando a Corte, mesmo quando da ausência de um ativismo propriamente material.

3.2.4. Ministro Gilmar Mendes

Após o voto do Ministro Eros Grau, foi instalado um amplo debate sobre a questão do amianto entre os Ministros do Supremo, no qual, destaca-se o posicionamento do Ministro Gilmar Mendes. A compreensão da argumentação do citado integrante do STF só pode ser dimensionada de acordo com o contexto de fundamentação a seguir.

O Ministro Eros Grau, como visto, lançou um novo olhar sobre o presente caso ao deslocar o debate sobre a inconstitucionalidade da lei estadual do Estado de São Paulo para aquele sobre a inconstitucionalidade da própria lei federal.

Distintamente do Ministro Joaquim Barbosa, que levantou os temas da internacionalização e da incorporação das normas internacionais consagradoras de direitos fundamentais e, particularmente, o direito de proteção da saúde dos trabalhadores (OIT), o Ministro Eros Grau limitou-se à violação do texto constitucional pela lei federal, conferindo uma dimensão de eficácia direta para as normas constitucionais de caráter social, particularmente do direito à saúde.

O Ministro destacou em seu voto que "a esta Corte incumbe apreciar toda e qualquer inconstitucionalidade que lhe chegue ao conhecimento direta ou indiretamente",[33] mesmo que não faça parte expressamente do objeto do pedido apreciado pela Corte.

Este posicionamento, conforme será visto, revela uma ampliação da competência da Corte no sentido de apreciar a constitucionalidade de leis que não foram expressamente questionadas em sede constitucional, revelando, assim, uma importante manifestação do ativismo jurisdicional como definido por Marshall (2002).

O Ministro Cezar Peluso, por sua vez, suscitou a importância do art. 23, II, da CF, que disciplina a competência comum da União, Estados, municípios e Distrito Federal na questão da saúde para a interpretação e solução do caso. Neste ponto inicia-se a argumentação do Ministro Gilmar Mendes que, assumindo uma postura consequencialista, preocupada com as repercussões jurídicas, sociais e econômicas da decisão, destaca três pontos fundamentais.

---

[33] Cf. voto do Min. Eros Grau na ADI nº 3.937-7, p. 74 do acórdão na íntegra disponível em: http//www.stf.jus.br.

Em primeiro lugar, o Min. Gilmar Mendes destaca o caráter complexo do caso, que possui repercussões não apenas formais na definição da divisão das competências legislativas entre os entes federativos, mas, sobretudo, práticas. Neste ponto, o Ministro assume uma perspectiva pragmatista ao destacar a insegurança jurídica e a ausência de uniformização legislativa resultante de uma compreensão da competência concorrente na qual "a União e os Estados comecem a se digladiar sobre os mais diversos produtos segundo critérios científicos os mais diversos, na matéria que exige um mínimo de uniformização, de algum critério".[34]

Em segundo lugar, ressalta o caráter contraditório que marca muitos debates científicos, no Brasil e no mundo, sobre o caráter benéfico ou maléfico à saúde de muitos produtos polêmicos como, por exemplo, o caso dos alimentos transgênicos. Além disso, destaca a importância de subsídios técnicos adicionais – talvez a realização de uma audiência pública ou, então, a participação de especialistas no curso da ação – para a correta solução do problema.

Por último, seguindo o posicionamento do Ministro Eros Grau sobre a ampliação do objeto do controle de constitucionalidade no sentido da apreciação da própria lei federal que disciplina a matéria, o Ministro Gilmar Mendes menciona a possível necessidade, no futuro, de aplicar ao caso as modalidades atípicas de decisão em sede de controle de constitucionalidade, em razão da provável apreciação, para além do objeto do pedido da ADI, da constitucionalidade de outra lei, no caso federal, no âmbito do controle abstrato das normas.

Esta nova possibilidade – singular e nunca antes imaginada pelo Ministro –,[35] caso implementada, significará um novo passo para a ampliação decisória do sistema de controle concentrado de constitucionalidade e, consequentemente, mais uma manifestação do ativismo jurisdicional apontado por William Marshall (2002).[36]

Em razão do receio da adoção pelos Estados de soluções singulares para problemas complexos, inclusive do ponto de vista científico, que

---

[34] Cf. voto do Min. Gilmar Mendes na ADI nº 3.937-7, p. 76 do acórdão na íntegra disponível em: http//www.stf.jus.br.
[35] Cf. voto do Min. Gilmar Mendes na ADI nº 3.937-7, p. 77 do acórdão na íntegra disponível em: http//www.stf.jus.br.
[36] MARSHALL, cit., p. 104.

necessitam de uma disciplina jurídica uniforme e, também, em razão do acúmulo de competências legislativas – não apenas relativas à saúde, mas também à política industrial – o Ministro Gilmar Mendes posicionou-se, de modo antecipado no curso do debate, na linha do entendimento desenvolvido pelo relator do caso, o Ministro Marco Aurélio.

3.2.5. Ministra Cármen Lúcia e Ministro Ricardo Lewandowisk

Os dois ministros revisaram os seus entendimentos originais sobre o caso do amianto. Inicialmente, seguiram o posicionamento do Ministro Relator Marco Aurélio, concedendo a medida cautelar que suspende a lei paulista nº 12.684/07, a qual proibiu o uso, no Estado de São Paulo, de produtos, materiais ou artefatos que contenham quaisquer tipos de amianto ou asbesto, incluindo o amianto branco ou "crisotila". Após os votos dos Ministros Eros Grau e Joaquim Barbosa, ambos reformularam seu entendimento sobre a temática.

A Ministra Cármen Lúcia destaca que a matéria sob exame é tanto de competência concorrente quanto de competência comum, razão que justificaria a edição da lei paulista sobre o amianto.

O Ministro Ricardo Lewandowski, por sua vez, destaca os princípios federativo, democrático e republicano para justificar a revisão de seu voto na medida cautelar. Citando o voto do Ministro Joaquim Barbosa, perfilhou também o posicionamento internacionalista do Ministro, destacando a Convenção nº 162 da OIT, incorporada ao Direito pátrio por meio do Decreto nº 126/1991.

Ele destacou, também, que em matéria de defesa da saúde pública e ambiental, nada impede que as legislações estaduais e municipais sejam mais restritivas do que, respectivamente, as legislações da União e dos Estados e que, portanto, também sejam mais protetivas. Neste sentido, o Ministro Lewandowski citou a legislação de proteção aos mananciais do Estado de São Paulo que, segundo o seu entendimento, é mais rigorosa do que o Código Florestal ou de Águas.

3.2.6. Ministros Carlos Britto e Cezar Peluso

O Ministro Carlos Britto retoma o tema da internacionalização ao mencionar que a lei federal faz remissão expressa à Convenção nº 162 da OIT e que tal diploma internacional tem, após a sua incorporação, status de norma supralegal, porém não constitucional.

Segundo o Ministro Carlos Britto, a própria lei reconhece a nocividade de todas as formas de amianto, incluindo a "crisotila", pois o seu Art. 3º, 1, dispõe sobre "prevenir e controlar os riscos, para a saúde, oriundos da exposição profissional ao amianto [de um modo geral]". De acordo com a Convenção da OIT, a legislação sobre amianto consiste em um exemplo de normas de eficácia progressivamente atenuada, ao ponto, de um dia, ser proibida a permanência de qualquer forma de amianto no mercado. Além disso, o Ministro pontua outro paradoxo inscrito na lei federal: ao mesmo tempo em que excepciona a comercialização da "crisotila", define-a como "fibras naturais e artificiais comprovadamente nocivas à saúde humana" (Art. 2º, parágrafo único) cujo "transporte (...) é considerado de alto risco e, no caso de acidente, a área deverá ser isolada, com todo o material sendo reembalado dentro de normas de segurança, sob a responsabilidade da empresa transportadora" (Art. 10 da Lei nº 12.684/07).

Deste modo, retomando a argumentação do Ministro Joaquim Barbosa, o Ministro Carlos Britto afirma que a legislação estadual, muito mais do que a federal, cumpre os mandamentos constitucionais e supralegais (a Convenção da OIT) de proteção à saúde humana e de evitar riscos aos trabalhadores, à população em geral e ao meio ambiente. Por último, o Ministro Carlos Britto destacou dois princípios, em um contexto de risco, que justificam a negativa do referendo da medida cautelar, a saber: o princípio da precaução, que objetiva evitar riscos ou danos à saúde e ao meio ambiente para gerações presentes, e o princípio da prevenção, que tem a mesma finalidade para as gerações futuras.

O Ministro Cezar Peluso também acompanhou o entendimento perfilhado pelos Ministros Eros Grau e Joaquim Barbosa, citando a Convenção da OIT e o reconhecido perigo e nocividade do uso do amianto em todas as suas formas.[37] Antecipou, ainda, o seu entendimento sobre a lei federal que está sendo questionada pela ADI 4.066 (relatoria do Ministro Carlos Britto), considerando-a inconstitucional principalmente por violação dos artigos 6º e 196 da Constituição. Deste modo, à semelhança dos Ministros Eros Grau, Joaquim Barbosa, Cármen Lúcia, Ricardo Lewandowski e Carlos Britto, o Ministro Cezar Peluso posicionou-se de modo contrário ao referendo da medida cautelar concedida anteriormente pelo relator, o Ministro Marco Aurélio de Mello.

---

[37] Cf. voto do Min. Cezar Peluso na ADI nº 3.937-7, p. 140 do acórdão na íntegra disponível em: http//www.stf.jus.br.

4. Conclusão

Mais do que utilizar indiscriminadamente os conceitos de ativismo judicial e judicialização da política, o presente estudo buscou delimitar precisamente tais construções, com o escopo de adequá-las à compreensão da realidade brasileira, tendo em conta os fenômenos da sociedade de risco e da internacionalização. Deste modo, através do recurso a distintos autores estrangeiros e nacionais, a preocupação inicial era estabelecer marcos teóricos que permitissem um uso não apenas retórico de tais conceitos.

A escolha por tal método se ampara na tese de que o ativismo judicial é categoria fundamental para compreender a atuação e relevância social do STF, especialmente após as profundas mudanças da Corte, decorrentes da renovação do tribunal no início do governo do Presidente Luís Inácio Lula da Silva (2003-2006). Sem tal conceito, não se podem perceber as nuances e transformações do novo modelo de jurisdição constitucional atualmente em construção no Brasil. Projeto protagonizado e intensificado pelo presidente do STF (2008-2010), Ministro Gilmar Ferreira Mendes, que almeja a partir de inspiração europeia, especialmente germânica, afirmar a centralidade do STF na esfera pública brasileira.

Somente através de um refinamento metodológico, com a apurada construção de um conceito de ativismo afeito à realidade nacional, resta possível compreendê-lo em seus diversos aspectos, como no estudo dos casos abordados. Não se pode analisar apenas materialmente o ativismo, levando-se em conta somente os "resultados" determinados. Deve-se atentar também para os limites da discussão empreendida pelo STF, para o ativismo formal aí muitas vezes escamoteado.

Com efeito, como nas decisões examinadas, muitas vezes, temas substancialmente não ativistas (exemplificados pelo direito à vida, direito à saúde e a um meio ambiente equilibrado) transferem para o Judiciário conflitos que, pela sua natureza jurídica e política, competem à sociedade civil e aos poderes democraticamente eleitos, enfraquecendo, nessa direção, a viabilidade da ordem democrática no Brasil. Tal procedimento permite que um projeto de lei democraticamente debatido e quase unanimemente aprovado no Legislativo recaia na chancela do STF, sendo "reavaliado" por essa jurisdição constitucional. Mesmo sem ser essencialmente ativista, a própria natureza da análise empreendida já revela concepções de política e atividade jurisdicional profundamente temerárias para o próprio destino da estabilidade institucional adotado nesses vinte anos de vigência da Constituição Federal de 1988.

O marco histórico dos 20 anos de vigência da Constituição é propício para tal reflexão. Com efeito, é o período de maior vigência de uma carta constitucional garantidora do sufrágio universal no Brasil, suplantando os 18 anos da ordem constitucional de 1946. Constitui, portanto, época adequada à avaliação do atual estado da democracia brasileira, em seus mais distintos aspectos.

Não cabe uma análise meramente formal, mas a indagação dos caminhos e problemas para a efetiva implantação de uma democracia material e econômica em terras brasileiras. Não seria este protagonismo do STF, em detrimento da democracia representativa, um obstáculo à efetiva participação política dos inúmeros estratos excluídos da população? O risco de mais um recurso à "estadania",[38] da asfixia das expressões da sociedade civil pelo Estado, em detrimento da construção de uma real cidadania é alarmante.

---

[38] Sobre o conceito de "estadania", ver CARVALHO, José Murilo, *Cidadania no Brasil: O Longo Caminho*, Rio de Janeiro: Civilização Brasileira, 2002.

Referências Bibliográficas

ALEXY, Robert. "Ponderación, control de constitucionalidad y representación". In: ALEXY, Robert. *Teoría del Discurso y Derechos Constitucionales*. México: Distribuciones Fontamara, 2005.

_____. Direitos Fundamentais no Estado Constitucional Democrático: Para a Relação entre Direitos do Homem, Direitos Fundamentais, Democracia e Jurisdição Constitucional. *Revista de Direito Administrativo*, 217, 1999.

_____. *On Balancing and Subsumption: A Structural Comparison*. Ratio Juris, vol. 16, nº 4, 433-449, dez. 2003.

BASILE, Juliano. Para Presidente do STF, tribunal supre deficiências do Legislativo. 9/6/2008. Disponível em: http//:www.valor.com.br. Jornal *O Valor Econômico*.

BECK, Ulrich. *La Sociedad del Riesgo Global*. Trad. Jesús Albores Rey. Madrid. Siglo Veintiuno de España Editores, 2002.

_____. "Momento Cosmopolita" da sociedade de risco *in* revista eletrônica *Com Ciência* – dezembro de 2008 – trad. Germana Barata e Rodrigo Cunha (acesso www.conciencia.br em 19 de dezembro de 2008).

CANÇADO TRINDADE, Antonio. *O Direito Internacional em um Mundo em Transformação*. Rio de Janeiro: Renovar, 2002.

CARVALHO, Ernani Rodrigues de. Em busca da judicialização da política no Brasil: apontamentos para uma nova abordagem. *Revista de Sociologia e Política*. Curitiba, 23, p. 115-126, nov. 2004.

CARVALHO, José Murilo. *Cidadania no Brasil: O Longo Caminho*. Rio de Janeiro: Civilização Brasileira, 2002.

CASTRO, Marcos Faro. O STF e a judicialização da política. São Paulo: *Revista Brasileira de Ciências Sociais*, vol. 12, nº 34, p. 147-156, junho de 1997.

DWORKIN, Ronald. "A leitura moral e a premissa majoritária". *In:* DWORKIN, Ronald. *O Direito da Liberdade: A Leitura Moral da Constituição Norte-americana*. Tradução de Marcelo Brandão Cipolla. São Paulo: Martins Fontes, 2006, p. 01-60.

HIRSCHL, Ran. *Towards Juristocracy: The Origins and Consequences of the new Constitutionalism*. Cambridge, Massachusetts: Harvard University Press, 2004.

LAFER, Celso. *A Internacionalização dos Direitos Humanos: Constituição, Racismo e Relações Internacionais*. São Paulo: Manole, 2005.

LASSALLE, Ferdinand. *A Essência da Constituição*. Rio de Janeiro: Líber Júris, 1985.

MARSHALL, Willian. *Conservatism and the Seven Signs of Judicial Activism*. Publicado pela University of Colorado Law Review, 2002. Acessado em 2 de outubro de 2008 in: <http://ssrn.com/abstract_id=330266>.

MAUS, Ingeborg. Judiciário como Superego da Sociedade – O Papel da Atividade Jurisprudencial na "Sociedade Órfã". *In Novos Estudos CEBRAP*, nº 58, p. 183-208, 2000.

SAGER, Lawrence. Resenha preliminar do livro Jueces y Democracia: una teoria de la pratica constitucional norteamericana. *Revista Forense*, Vol. 397, p. 199-219, 2008.

SMITH, Stephen F., Taking lessons from the left?: judicial activism on the right. *The Georgetown Journal of law and Public Policy*, nº 58, 2002-2003.

SOUZA JÚNIOR, J. G. et al. Por uma concepção alargada de acesso à justiça. *Revista Jurídica*, Brasília, vol. 10, nº 90, Edição Especial, Abril/Maio 2008. Disponível em: <http//: www.planalto.gov.br/ccivil_03/revista/revistajuridica/index.htm>.

SUNSTEIN, Cass. *Radicals in Robes: Why Extreme Right-wing Courts are Wrong for America*. New York: Basic Books, 2005.

SWEET, Alec Stone. *Governing with Judges: Constitutional Politics in Europe*. New York: Oxford University Press, 2000.

TATE, C., VALLINDER, T. *The Global Expansion of Judicial Power*. New York, New York University Press, 1997.

VIANNA, Luiz Werneck; BURGOS, Marcelo Baumann e SALLES, Paula Martins. Dezessete anos de judicialização da política. *Cadernos CEDES*, Rio de Janeiro, nº 8, p. 1-71, Dez. 2008.

VIANNA, Luiz Werneck; CARVALHO, Maria Alice R. de; MELO, Manuel P. Cunha e BURGOS, Marcelo Baumann. *A Judicialização da Política e das Relações Sociais no Brasil*. Rio de Janeiro: Revan, 1999.

9 A Constituição Financeira nos seus 20 Anos

Ricardo Lobo Torres

Professor Titular de Direito Financeiro na Universidade do Estado do Rio de Janeiro – UERJ (Aposentado).

Sumário

1. A Constituição Financeira. 2. A Constituição Tributária. 3. A Constituição Orçamentária. 4. As Relações entre a Constituição Tributária e a Orçamentária. 5. Conclusões.

1. A Constituição Financeira

A Constituição Financeira, do ponto de vista formal, está contida no Título VI do Texto de 1988, sob a denominação "Da Tributação e do Orçamento". Estende-se do art. 145 ao art. 169.

É uma das mais problemáticas Subconstituições do sistema constitucional brasileiro. Trouxe, como grande virtude, a melhor proteção aos direitos fundamentais do contribuinte. Mas exibe alguns defeitos graves, ainda à espera de solução, nas partes referentes à tributação e ao orçamento.

2. A Constituição Tributária

A Constituição Tributária, subsistema da Constituição Financeira, radicado nos arts. 145 a 156, apresenta as mesmas virtudes e defeitos. Estampa normas e princípios vinculados à liberdade do contribuinte de apreciável contemporaneidade, ao mesmo tempo em que desenha sistema de tributação problemático, seja na vertente do sistema tributário nacional, seja na da partilha no federalismo.

2.1. O sistema tributário nacional

O sistema tributário nacional, entendido como conjunto de tributos estruturado sob a ótica da racionalidade econômica, apresenta como áreas mais problemáticas, e por isso interligadas, a das exóticas contribuições sociais e a da incidência sobre a circulação das riquezas.

2.1.1. As contribuições sociais exóticas

A CF 1988 ampliou e fortaleceu o quadro das contribuições sociais anômalas. Localizou-as contraditoriamente na Constituição Tributária (Art. 149) e na Constituição Social (Arts. 195, 212, § 5º, 239 e 240). O Art. 149 é que garante a natureza tributária das contribuições sociais, com a sua coorte de consequências jurídicas: legalidade, reserva parcial de lei complementar, proibição de retroatividade e anterioridade. Mas são os Arts. 195, 212, § 5º, 239 e 240 que as vinculam finalisticamente à seguridade social e à educação.

Com o advento da CF 88 as contribuições sociais voltaram à Constituição Tributária, reaparecendo no elenco das contribuições especiais da competência privativa da União (art. 149). Claro que o argumento topográfico, que prevalecera quando da edição da EC 8/77, deve ser invocado no sentido inverso para se reconhecer às contribuições sociais a recuperação da natureza tributária, não obstante seja formalista e epidérmico. Estariam essas contribuições sociais, a nosso ver, mais bem conceituadas se incluídas integralmente no campo da Constituição Social; porém, desde que o constituinte fez a opção pelo seu retorno à Constituição Tributária, mantida embora a sua validação finalística na Constituição Social, não há fundamento para se buscar uma natureza supraconstitucional para o ingresso que sirva de obstáculo a sua movimentação pelo texto fundamental.

Mas não é apenas o argumento topográfico que pode ser utilizado na controvérsia até hoje existente no direito brasileiro, pois que se devem levar em consideração alguns outros pontos:

1) havia, por parte do constituinte de 1988, a atitude socializante e paternalista da indiscriminada intervenção no domínio social, o que conduzia ao engordamento da noção de tributo e de Estado;

2) copiou-se o sistema da Dinamarca, Noruega, Suécia e Cuba, de prestações públicas gratuitas na área da saúde (art. 196), abandonando-se o regime contributivo até então vigente no Brasil e ainda hoje seguido nos Estados Unidos, Alemanha e demais países europeus, inclusive nos do Leste, egressos do socialismo real: adotou-se o critério de transferir para as empresas e a sociedade em geral a obrigação de financiá-lo através de "impostos" sobre o faturamento e o lucro, embora apelidados de contribuições sociais. O STF deu pela natureza tributária das contribuições sociais,[1] mantendo-se fiel ao argumento topográfico e rejeitando a categoria de impostos com destinação especial.[2]

Não obstante as modificações introduzidas pela EC 33/2001, o sistema das contribuições sociais continuou a denotar a irracionalidade econômica que o conspurcou a partir de 1988.

---

[1] Cf. RE 138.284, Ac. do Pleno de 1/7/92, Rel. Min. Carlos Mario Vellosos, RTJ 143:313; RE 150.755, Ac. do Pleno, de 18/11/92, Rel. Min. Sepúlveda Pertence, RDA 193:107, 1993.

[2] Em razão desses desencontros é que Marco Aurélio Greco prefere falar em regime das contribuições sociais, e não em natureza. *Contribuição (uma Figura "Sui Generis")*. São Paulo: Dialética, 2000.

Hoje é o principal objeto da reforma tributária enviada pelo Presidente Lula ao Congresso Nacional (PEC 233/2008), segundo a qual seria criado o IVA federal, nele se amalgamando todas as contribuições sociais anômalas (PIS/PASEP, COFINS, salário-educação e contribuição social sobre o lucro líquido).

2.1.2. O Imposto sobre o Valor Acrescido (IVA)

No Brasil a primeira experiência com o imposto não-cumulativo fez-se com o IPI, em 1958, quando ainda se denominava imposto de consumo. Pouco depois, em 1965, com a Emenda Constitucional nº 18, substituiu-se o IVC, de incidência em cascata, pelo ICM, tributo incidente sobre todas as operações de circulação de mercadorias promovidas por industriais, comerciantes e produtores, que adotou a técnica da não-cumulatividade pelos abatimentos globais do tributo pago nas operações anteriores ao mesmo ou a outros Estados.

O IVA brasileiro afastou-se inicialmente do modelo europeu, na tentativa de compatibilizar a tripartição da sua incidência (IPI, ICM e ISS) com o tridimensionalismo da nossa Federação.

Mas, pouco a pouco o modelo estrangeiro do IVA foi se aclimatando no Brasil, chegando à posição de grande confluência com os nossos impostos não-cumulativos. Algumas causas colaboraram para o aperfeiçoamento do sistema:

a) a globalização da economia, com a necessidade de maior exposição da legislação e da cultura fiscal brasileiras aos problemas universais da tributação, como aconteceu com a recepção das leis de combate à elisão fiscal (LC 104/01), ao sigilo bancário (LC 105/01) e aos preços de transferência (L. 9430/96);

b) o avanço da técnica legislativa, principalmente a partir da LC 87/96;

c) a mudança da jurisprudência do STF;

d) o trabalho de parte da doutrina brasileira, que continuou atenta ao desafio de compatibilizar os impostos não-cumulativos dos países do Mercosul com os da União Europeia.[3]

---

[3] Cf. RODRÍGUEZ DO AMARAL, Antonio Carlos. *Imposto sobre o Valor Agregado – IVA – Value Added Tax-VAT: Brasil, Mercosul, União Europeia*. São Paulo: ABTD/Rumo, 1995, p. 29 e seguintes.

Todavia, até hoje não se unificou o sistema dos impostos sobre o valor acrescido (IPI, ICMS e ISS), com a criação do IVA. A PEC 233/2008, do Presidente Lula, passou ao largo do problema.

2.2. Sistema de partilha tributária

Os dois pontos de maior atrito no sistema de partilha tributária são exatamente os dois tributos anteriormente analisados: as contribuições sociais e os impostos sobre a circulação.

2.2.1. Contribuições sociais

A disciplina das contribuições sociais na CF 88 conduziu a grande distorção no sistema do nosso federalismo fiscal. Como as contribuições sociais não entravam na partilha tributária, seguiu-se, nos anos posteriores à Constituição, a prática de a União aumentar de preferência aquela espécie tributária, com o que evitava o repasse para Estados e Municípios de cerca de 47% de sua arrecadação do IR e do IPI, engordando apenas os seus próprios cofres.

2.2.2. A federalização dos tributos sobre o valor acrescido

O imposto sobre o valor acrescido, transposto de Estado Unitário como a França para uma estrutura federativa, teria que trazer problemas de difícil solução. Além dos objetivos propriamente econômicos do ICMS (combater a integração vertical das empresas e criar mecanismo simples para os incentivos à exportação), visava o novo imposto a resolver o relacionamento fiscal entre os Estados-membros e entre estes e os Municípios. A integração vertical Estados/Municípios, inicialmente prevista em termos de repartição de competência impositiva, consolidou-se posteriormente sob a forma de participação na arrecadação. Já as relações entre os Estados-membros tentou a Constituição racionalizá-las através de dispositivos específicos sobre as alíquotas e as isenções, complementados por normas do CTN sobre a base de cálculo. Quarenta anos depois de imaginado o sistema, pode-se dizer que os problemas os mais intrincados do ICMS não decorrem de seus aspectos estruturais e econômicos, mas de sua colocação no contexto do nosso federalismo.[4]

---

[4] Cf. SOUZA, Rubens Gomes de. Os Impostos sobre o Valor Acrescido no Sistema Tributário. RDA 110:17-26: "... passada a fase 'bíblica' da reforma tributária, as críticas de hoje não são mais contra o método de rateá-lo – matéria que a rigor nem é de direito tributário e que, não fossem as contingências inevitáveis em toda reforma de sistema, nunca deveria ter sequer figurado no CTN".

Diversas propostas de reforma tributária no Brasil procuraram unificar o ICMS e os seus gêmeos (IPI e ISS) num único IVA, mas esbarraram no problema até hoje insolúvel da harmonização das competências tributárias no plano do federalismo fiscal. A PEC 175/95, do Presidente Fernando Henrique, e a PEC 41/03, do Presidente Lula, nunca aprovadas na parte referente aos tributos sobre o valor acrescido, chegaram a acenar para a federalização da competência impositiva de um novo ICMS, sem contudo abolirem a competência administrativa e judicial dos Estados-membros e sem ousarem tocar no IPI. A PEC 233/2008, do Presidente Lula, ora sob a apreciação do Congresso Nacional, preocupou-se apenas em introduzir o IVA-federal, que seria o resultado da reunião das contribuições exóticas (PIS/COFINS e CSLL); mas conserva separados o IPI, o ICMS e o ISS, com a regulamentação atual, salvo no que concerne à tributação interestadual.

Vê-se, portanto, que o maior óbice à unificação dos impostos sobre a circulação de riqueza encontra-se no plano do nosso federalismo fiscal. Há alguns modelos no Direito Comparado, como o da Alemanha, que poderiam fornecer subsídios para a implantação do IVA no Brasil. Mas a desconfiança permanente entre a União e os Estados-membros e a ausência de projeto político de repactuação do federalismo têm postergado indefinidamente a adoção do tributo.

2.3. A reforma tributária permanente

No Brasil estamos na busca de uma utópica revisão total do sistema tributário.

Recorde-se que, em 1965, vivemos também a utopia da reforma tributária, com inegável sucesso. Mas a época e as condições sociais eram outras. O sistema então vigente, caótico e retrógrado, não se ajustava à reforma econômica a ser implantada. Além disso, a Emenda Constitucional 18/65 foi muito bem elaborada, trazendo para o Brasil soluções modemíssimas, que acabavam de ser institucionalizadas na Europa, como foi o caso do imposto sobre o valor acrescido (ICM e IPI).

A partir da década de 90 nos defrontamos com a necessidade de rever a Constituição de 1988, em razão das irracionalidades presentes nos seus diversos subsistemas, como já analisamos.

Todas as propostas de reforma da Constituição Tributária de 1988 já apresentadas exibem estes defeitos: ou lançam a novidade tupiniquim e utópica ou incorporam teses arcaicas, já em desuso em outros países, inclusive nos subdesenvolvidos.

O envelhecimento precoce da Constituição Tributária de 1988 levou a que já em 1991 o Presidente Collor enviasse ao Congresso Nacional extenso projeto de reforma fiscal, que ficou conhecido como Emendão. A ambição do utópico projeto conduziu a sua divisão em várias emendas menores, que não chegaram a ser apreciadas pelo Legislativo.

No Governo do Presidente Itamar Franco aprovou-se a EC 3/93, que, entre outras medidas, criou o Imposto Provisório sobre Movimentação Financeira.

Em 1995 o Presidente Fernando Henrique remeteu ao Congresso Nacional extenso e utópico projeto de reforma tributária (PEC 175/95), que tramitou durante os 8 anos do seu Governo, mas não foi aprovado. Criava o ICMS federal ao lado do ICMS estadual, o que era uma complicação desnecessária para o sistema. Trazia importante proposta de ampliar a não-incidência do ICMS para todas as exportações e de permitir o aproveitamento do crédito fiscal daquele tributo nas aquisições de bens do ativo fixo; frustrada a possibilidade de aprovação da PEC 175/95, resolveu o Governo incluir aquelas modificações na Lei Kandir (LC 87/96), com evidente déficit de legitimidade constitucional.

A EC 33/01, aprovada ainda na gestão do Presidente Fernando Henrique, trouxe relevantes modificações: a) ampliou a imunidade tributária das exportações, livrando-as das contribuições sociais e econômicas; b) regulou a CIDE do petróleo; c) procedeu a correções tópicas na sistemática do ICMS (incidência na importação de bens por pessoas físicas), ao fito de corrigir errônea orientação jurisprudencial.

A reforma do Presidente Lula, aprovada pela EC 42/2003, foi pífia: destacou-se por prorrogar a finada CPMF e a DRU (desvinculação das receitas da União). A nova proposta de reforma do Presidente Lula (PEC 233/2008), pelas suas insuficiências e contradições, dificilmente vingará.

3. A Constituição Orçamentária

Em simetria com a Constituição Tributária, a Constituição Orçamentária apoia-se em apreciável sistema de valores e princípios jurídicos. Mas exibe, como pontos negativos, a recepção acrítica do esquema normativo da Constituição Orçamentária da Alemanha, a inclusão da seguridade social no orçamento do Estado e a política das vinculações constitucionais da receita pública a órgãos ou funções.

3.1. A recepção do sistema constitucional orçamentário de países parlamentaristas

Em 1988 a Constituição Financeira do Brasil sofreu, inegavelmente, a influência do constitucionalismo liberal estrangeiro. Serviu-lhe de inspiração, em grande parte, a Constituição Financeira da Alemanha, formalizada nos arts. 109 a 115 da Lei Fundamental (*Grundgesetz*), de 1949, reformada em 1967 e 1969, incluídos no capítulo intitulado "Regime Financeiro" (*Das Finanzwesen*). Outras influências, em menor escala, podem ser detectadas, como as recebidas das Constituições da Itália (1947), da França (1958) e da Espanha (1978).

Ao constituinte de 1988 incumbia elaborar os dispositivos capazes de solucionar a gravíssima crise financeira que eclodira a partir de 1979, ou, pelo menos, impedir que permanecesse o País mergulhado no caos financeiro.

O modelo autoritário das finanças públicas, inaugurado em 1964, se esgotara, com a sua falta de transparência, com a manipulação dos orçamentos pelo Executivo, com a fragilidade do controle do gasto público, com o comprometimento da moralidade administrativa, com a centralização de recursos e de tarefas em mãos do Governo Federal, com o descontrole do endividamento público e com o ranço do patrimonialismo observado nos privilégios, nos subsídios e na concessão indiscriminada de favores com o dinheiro arrecadado do povo.

Na Constituição de Bonn e em outros textos estrangeiros encontrava-se a solução para diversos desses impasses. E a CF 88 os incorporou (Arts. 165 a 169).

O art. 165 estabeleceu a tripartição das leis orçamentárias: plano plurianual, diretrizes orçamentárias e orçamento anual. A Constituição alemã prevê a edição do plano plurianual (*mehrjährige Finanzplanung* – Art. 109, 3), do plano orçamentário (*Haushatsplanung* – Art. 110, 1) e da lei orçamentária (*Haushaltsgesetz* – Art. 110, 2). Na França a Constituição (Art. 47) se refere à *Loi de Finances*, que, baixada de conformidade com uma lei orgânica, divide-se em duas partes: as diretrizes do planejamento e o *budget*.

O Art. 70 da CF trouxe uma grande novidade ao estabelecer que a fiscalização contábil, financeira, orçamentária, operacional e patrimonial da União se estenderá aos aspectos da legalidade, legitimidade e economicidade. O Art. 115, 2, da Constituição de Bonn prevê que o Tribunal Federal de Contas (*Bundesrechnungshof*) "controlará as contas assim como a economicidade (*Wirtschaftlichkeit*) e a legalidade (*Ordnungsmässigkeit*) da gestão orçamentária. Na Espanha, o princípio da eficiência e da economia nos gastos públicos aparece na Declaração de Direitos e Deveres do Cidadão (Art. 31, 2).

Pena é que alguns dispositivos das Constituições da Alemanha e da França não tenham transmigrado para a Constituição do Brasil. Por exemplo: as emendas ao orçamento são rigidamente controladas naqueles sistemas constitucionais e os parlamentares não têm liberdade para alterar a proposta do Executivo. No nosso texto de 1988 concedeu-se demasiado poder aos deputados e senadores, reservando-se-lhes a competência para apresentar emendas, o que se tornou uma das causas dos escândalos da chamada "máfia do orçamento", investigados pela CPI em 1993, e dos "vampiros" e "sanguessugas", objeto de CPI instalada em 2006, que quase nada apurou.

Outra distorção ocorrida com a transplantação dos modelos estrangeiros prende-se à questão política. Na França e na Alemanha o sistema de governo é parlamentarista. No Brasil a tendência da Constituinte era também no sentido da adoção do parlamentarismo. Preponderou, todavia, na fase final dos trabalhos, a opção presidencialista, ratificada pelo plebiscito de 1993. De modo que hoje temos uma séria contradição constitucional: adotamos o modelo de orçamento próprio do parlamentarismo praticado na França e na Alemanha dentro de uma estrutura política presidencialista! A Lei de Diretrizes Orçamentárias e a Comissão Mista do Congresso Nacional, por exemplo, são figuras típicas do regime parlamentarista, que nem a martelo se adaptam ao presidencialismo!

Ainda um desencontro de ordem ideológica: a reforma da Constituição Orçamentária alemã de 1969 se fez sob a inspiração das ideias keynesianas, logo depois reinterpretadas pela doutrina liberal;[5] no Brasil traduzimos literalmente as normas da reforma alemã, inclusive na sua orientação intervencionista e patrimonialista.

---

[5] PÜTNER, G. *Staatsvershuldung als Rechtsproblem*. Berlim: Walter de Gruyter, 1980, p. 9.

3.2. O orçamento da seguridade social

A Constituição de 1988 criou a figura do "orçamento da seguridade social", que se integra à lei orçamentária anual segundo o princípio da unidade. Diz o art. 165, III, que o orçamento da seguridade social abrange todas as entidades e órgãos, da administração direta ou indireta, bem como os fundos e fundações instituídas e mantidas pelo Poder Público. A complementação normativa do orçamento da seguridade social tem vindo com as LDO anuais, na ausência de uma lei complementar sobre o orçamento.

A seguridade social compreende as ações e prestações do Estado tendentes a garantir os direitos sociais dos cidadãos, protegendo-os contra os riscos do trabalho e as contingências da própria existência humana (velhice, maternidade, desemprego involuntário etc.). Distingue-se perfeitamente da *segurança jurídica*, que abrange a garantia dos direitos fundamentais e pode compreender as prestações positivas para a sua defesa, inclusive contra os riscos da vida. Segue-se daí que a proteção estatal à vida, à propriedade, à locomoção e aos demais direitos enumerados no art. 5º da CF, enquadram-se na ideia de *segurança dos direitos individuais*; ao passo que a proteção aos direitos sociais e aos riscos provenientes da idade, do trabalho ou das demais contingências existenciais entende com a *seguridade social*.[6] Ficam indefinidos, entretanto, os direitos às prestações positivas relacionadas com o mínimo existencial e as condições necessárias ao exercício da liberdade, que, a rigor, se subsumem na ideia de segurança dos direitos da liberdade, mas que a CF remeteu à de assistência social, subordinada à seguridade social. A consequência foi a de que os orçamentos brasileiros, a partir de 1988, embrulharam as dotações e as fontes de financiamento dos orçamentos da saúde, da previdência e da assistência social; só agora, no Governo Lula, que adotou posição favorável à focalização do direito à assistência social nos miseráveis, é que o orçamento passa a discriminar em categorias de programação específicas as diversas dotações destinadas à seguridade social.[7] Demais disso, a constitucionalização do orçamento da seguridade levou à confusão entre a parafiscalidade e a fiscalidade, com projeções negativas para o campo das contribuições sociais exóticas.

---

[6] Cf. ISENSEE, J. *Das Grundrecht auf Sicherheit*. Berlim: Walter de Gruyter, 1983, p. 22; ZACHER, Hans. Grundtypen des Sozialrechts. *Festschrift für Wofgang Zeidler*, 1987, p. 583.
[7] Cf. Lei nº 11.439, de 29/12/2006 (LDO para 2007).

3.3. As exceções ao princípio da não-afetação

O princípio da não-afetação enuncia a vedação constitucional, dirigida ao legislador, de vincular a receita pública a certas despesas. Frequenta o texto básico desde 1967. Vem sofrendo sucessivas modificações a partir de 1988.[8]

3.3.1. As vinculações constitucionais

A principal crítica às vinculações constitucionais é que engessam o orçamento, retirando da Administração e do próprio Legislativo a competência discricionária para as escolhas acerca dos investimentos e das políticas sociais. Constituem instrumento pouco democrático porque transformam em regras superiores as escolhas dos partidos políticos, que deveriam ficar ao sabor das manifestações da cidadania nas eleições periódicas.

A constitucionalização das políticas públicas por meio das vinculações abre o caminho ao controle jurisdicional não democrático e contramajoritário, introduzindo um novo ator no jogo político entre o Legislativo e o Executivo em torno do dinheiro público.

A expansão do quadro constitucional das vinculações, nos governos Fernando Henrique e Lula, denota a preocupação de institucionalizar as políticas liberais de que contraditoriamente não escaparam aquelas Presidências.

A moda da vinculação da receita a despesas específicas está crescendo e já há projetos de emenda constitucional para criar o orçamento impositivo, absurdo que não encontra paralelo no constitucionalismo hodierno.[9]

---

[8] A redação originária do art. 167, IV, da CF 88 era a seguinte: "São vedados... a vinculação de receita de impostos a órgão, fundo ou despesa, ressalvadas a repartição do produto da arrecadação dos impostos a que se referem os arts. 158 e 159, a destinação de recursos para manutenção e desenvolvimento do ensino, como determinado pelo art. 212, e a prestação de garantias às operações de crédito por antecipação de receita, previstas no art. 165, § 8º". A redação foi alterada pela EC 3/93 e pela EC 29, de 2000. Hoje, vigora a modificação da EC 42/2003: "São vedados... a vinculação de receita de impostos a órgão, fundo ou despesa, ressalvadas a repartição do produto da arrecadação dos impostos a que se referem os arts. 158 e 159, a destinação de recursos para as ações e serviços públicos de saúde, para manutenção e desenvolvimento do ensino e para realização de atividades da administração tributária, como determinado, respectivamente, pelos arts. 198, § 2º, 212 e 37, XXII, e a prestação da garantia às operações de crédito por antecipação de receita, previstas no art. 165, § 8º, bem como o disposto no § 4º deste artigo".

[9] Cf. PEC 565/2006, de autoria do Senador Antonio Carlos Magalhães.

3.3.2. As titulações em favor de terceiros ou direitos de crédito contra o orçamento

Fenômeno financeiro importante que vem crescendo nos últimos anos é o da titulação em favor de terceiros ou da formação de direitos de crédito contra o orçamento público. A lei ou a sentença judicial passam a criar os títulos de crédito, que muitas vezes oneram o orçamento a ponto de se tornarem impagáveis. O fenômeno é universal e tem a sua principal causa na emergência dos direitos fundamentais sociais ou mínimo existencial, que geram a obrigação estatal de garanti-los.

Nos Estados Unidos a questão vem sendo muito debatida, eis que cresceram as vinculações orçamentárias pelos direitos fundamentais, assim em virtude de lei como em decorrência de mandados de injunção, que muitas vezes desrespeitam o princípio da legalidade do orçamento, determinando a imediata implementação das medidas administrativas. Observou J. Straussman que a despesa pública tem crescido substancialmente em vista do reconhecimento dos "direitos constitucionais mínimos" (*constitutional minimums*) pelo Judiciário na *institutional reform litigation*, principalmente no que concerne à manutenção de hospitais, penitenciárias e escolas públicas, tudo o que gera a "titulação" (*entitlement*) dos beneficiários às verbas orçamentárias, sem possibilidade de discricionariedade administrativa na entrega da prestação.[10] Alguns autores vêm criticando asperamente os *entitlements*, que acabam por introduzir diferenças entre os assistidos, pela grandeza da concessão e pela sua extensão no tempo.[11]

4. As Relações entre a Constituição Tributária e a Orçamentária

4.1. A razão dualista no Brasil

As relações conflitivas entre a Constituição Tributária e a Orçamentária, que afinal se sintetizam no desencontro entre as receitas e as despesas, têm marcado a cultura financeira no Brasil.

---

[10] Rights-Based Budgeting. *In:* RUBIN, Irene S. *New Directions in Budget Theory.* New York: State University, 1988, p. 11.

[11] Cf. WILDAWSKY, A. *The New Politics of the Budgetary Process.* Glenview: Scott, Foresman and Company, 1987, p. 189: "*All entitlements are not created equal*"; A. SCHICK (Can National Legislatures Regain an Effective Voice in Budget Policy? *OECD Journal in Budgeting*, Vol. 1, nº 3, p. 32) observa que a modificação das leis do *entitlement* é difícil porque implica redistribuição de direitos e privilégios.

Parece-nos que a desarmonia entre o pensar sobre as receitas e as despesas é fruto de uma razão dualista, que tem sido bem examinada pelos sociólogos brasileiros. Wanderley Guilherme dos Santos, a partir do conceito de "híbrido institucional brasileiro"[12], desvenda inúmeros aspectos da nossa cultura cívica predatória, com a privatização da coisa pública e da renda nacional.[13]

No período do autoritarismo militar era claro o desencontro entre as ideologias que orientaram a fixação da receita e da despesa públicas. A Emenda Constitucional 18, de 1965, à Constituição de 1946, e o CTN (Lei nº 5.172, de 25/10/1966) foram elaborados por juristas e economistas de índole protoliberal, no sentido de que cultivavam o liberalismo em sua visão típica do século XIX, apoiada na "teoria do bolo" (deixar a economia crescer para a ulterior redistribuição de rendas), na exacerbação do conceito de legalidade absoluta e tipicidade cerrada e na minimização do papel do juiz, relegado a segundo plano pelas normas de interpretação literal.

4.2. A Constituição financeira de 1988 na fase inicial da redemocratização

Na etapa da redemocratização, compreendida entre a promulgação da CF 88 e o início das reformas constitucionais de Fernando Henrique (1995), continuou a se manifestar a falta de sintonia entre a receita e a despesa.

O sistema tributário brasileiro, redesenhado em 1988, trouxe novas desarmonias nas finanças públicas. Privilegiou Estados e Municípios, com a ampliação de suas fontes de receitas. Diminuiu, simetricamente, os tributos da União. Introduziu as perversas e exóticas contribuições sociais (COFINS, PIS/PASEP, CSLL, CPMF), que na realidade são impostos com destinação especial, que geraram enorme contencioso fiscal nos anos seguintes.

---

[12] Cf. *Razões da Desordem*. Rio de Janeiro: Rocco, 1993, p. 79: "O denominador comum das reflexões sobre ingovernabilidade consiste em localizar excessos, do lado da sociedade, e carências, incapacidades, por parte do governo ou do Estado... Suspeito que *uma* das principais fontes das dificuldades governativas encontra-se justamente no híbrido institucional que associa uma morfologia poliárquica, *excessivamente legisladora* e *regulatória*, a um hobbesianismo social pré-participatório e estatofóbico".

[13] *Id. ibid.*, p. 147: "... em contrapartida, as instituições públicas são fundamentalmente um circuito alternativo às transações de mercado para a acumulação de riqueza privada. Legislação de classe, privilégios legais, abdicação fiscal e subsídios do governo são todos parte de um inventário de falhas alocativas cujo resultado é o de fazer do Governo dos países pobres a principal fonte de desordem econômica e social".

A União aproveitou essas anômalas contribuições, que não eram repassadas a Estados e Municípios, para ampliar as suas receitas. Manteve-se a estrutura arcaica e ultraliberal do CTN.

A CF 88 trouxe também novos gastos sociais, principalmente aqueles representados pelo sistema público de saúde, que, copiado de regimes políticos socialistas (Cuba), pretendia ser único, universal e gratuito. Como o seu financiamento se fazia pelas esdrúxulas contribuições sociais, acabou gerando o efeito perverso contrário: empurrou a classe média para os planos de saúde, reservando para os pobres o sistema público ineficiente, e ainda prejudicou as empresas brasileiras, retirando, afinal, o emprego dos trabalhadores. Os gastos com as estatais se ampliaram também e já não havia fontes de recursos para sustentá-las.

O Estado Fiscal brasileiro, em decorrência dessa desarmonia, entrou em crise. Avolumou-se o estoque da dívida pública, exacerbou-se a inflação e descontrolou-se a despesa, o que conduziu inexoravelmente ao ciclo das reformas constitucionais.

4.3. A razão dualista e a reforma do estado fiscal

A contar de 1995, com Fernando Henrique, e depois de 2002, com Lula, o Estado Fiscal passa por grande reforma tributária, patrimonial e previdenciária.

Não obstante a necessidade de reforma da seguridade para a superação da crise do Estado Fiscal, tornou-se impossível no Brasil tocar-se nos subsistemas de saúde e da assistência social, em face da falta de vontade política dos Governos (Fernando Henrique e Lula) para a substituição do seu suporte financeiro constituído pelas exóticas contribuições sociais por tributos racionais e economicamente neutros. A reforma, por isso mesmo, se limitou à parte da previdência social e da sua fonte financeira – a contribuição previdenciária, inclusive do inativo (Emendas Constitucionais 20/98 e 41/03).

Na vertente dos gastos públicos houve controle e diminuição principalmente nas despesas de investimentos. Mas se abusou na fixação dos juros, gerando grande déficit para o Tesouro, camuflado de superávit primário.

Digna de nota também foi a política de privatizações, que conseguiu transferir para a iniciativa particular amplos setores das empresas estatais. Foi a primeira grande reforma tendente a permitir o florescimento do Estado Fiscal, com o desmonte do patrimonialismo, na sua vertente relativa à propriedade de empresas e à manutenção dos monopólios.

Sobre ser fonte permanente de despesa para a Fazenda Pública, pelas deficiências administrativas, pelos problemas de gestão, pela insignificância dos dividendos, pelo assistencialismo e corporativismo, a manutenção do patrimônio gera ainda a mentalidade que anula os esforços para o desenvolvimento capitalista. Mas é inegável que o programa de privatização vem encontrando séria resistência. Saliente-se que outros países, que fizeram marcante intervenção na economia, já encerraram os seus programas de privatização (Inglaterra, França e Alemanha), o que também aconteceu com os do Leste Europeu saído do neopatrimonialismo marxista.

De observar que a importância da privatização sobe de ponto no contexto da reforma do Estado Fiscal, quando os seus resultados financeiros poderão contribuir para diminuir a dívida da União, permitindo o implemento das demais medidas fiscais.

Ficaram pendentes, ainda, a reforma tributária (PEC 233/08) e a privatização de alguns setores da economia. A causa da incompletude foi a persistência da razão financeira dualista.

A reforma constitucional tributária só se realizará plenamente com a concomitante reformulação do Código Tributário Nacional. A natureza protoliberal deste vem impedindo a adesão da fiscalidade brasileira aos avanços trazidos no plano da globalização e do direito internacional tributário pelas novas formas de tributação e pela moderna gestão fiscal, com o respeito aos direitos fundamentais do contribuinte e a prevalência da jurisprudência dos princípios.[14]

A reforma patrimonial também esbarrou na razão dualista que prevaleceu no Brasil nas presidências de Fernando Henrique e Lula. A privatização em certas áreas (bancos, energia elétrica, petróleo etc.) ficou prejudicada pelo apego à propriedade do Estado.

---

[14] Cf. TIPKE, Klaus. "Über richtiges Steuerrechts". *Steuer und Wirtschaft* 65 (3): 281, 1988: "O Estado é o intermediário entre o cidadão contribuinte (*gebenden Bürger*) e o cidadão beneficiário (*nehmenden Bürger*). Se o cidadão pudesse exigir diretamente do seu concidadão as prestações sociais e as subvenções, talvez se lhe tornasse evidente que não se deve exigir mais de estranhos (contribuintes) do que de seus parentes próximos – antes pelo contrário".

Enquanto não se completar a reforma do Estado Fiscal brasileiro continuará o País a procurar o seu equilíbrio econômico artificialmente na política de empréstimos garantidos por juros elevados, o que é característica tipicamente patrimonialista, que impede a estabilidade econômica e o desenvolvimento sustentados.

5. Conclusões

Em síntese, a equação tributos e gastos públicos evoluiu significativamente nos últimos anos. Conseguiu-se razoável equilíbrio financeiro e orçamentário, embora se continue com grande déficit na entrega das prestações públicas, nomeadamente as vinculadas aos direitos fundamentais.

Mas o problema básico se abre para as definições políticas e as escolhas orçamentárias nos próximos anos, a ver realmente qual o nível suportável de despesas que a população está disposta a pagar na via dos tributos e dos empréstimos.

A solução dependerá da unificação da razão financeira, superando-se o conflito entre as justificativas das receitas e das despesas.

Não se pode simultaneamente adotar o positivismo na vertente da receita e o pós-positivismo no da despesa pública; nem é possível se aderir à interpretação literal e à restrição ao trabalho do juiz no que concerne aos tributos e à interpretação generosa e ao ativismo judicial nos gastos públicos; muito menos é sustentável a prática do liberalismo radical na tributação e do paternalismo e do intervencionismo estatal nas benesses e na entrega de bens públicos.

10 CIDADANIA E PARTICIPAÇÃO DEMOCRÁTICA: O CASO BRASILEIRO

Sérgio Cademartori
Daniela Mesquita Leutchuk de Cademartori

Sérgio Cademartori é Doutor em Direito pela UFSC. Professor do Curso de Pós-Graduação em Direito da UFSC.
E-mail: scademartori@uol.com.br

Daniela Mesquita é Doutora em Direito do Estado e Mestre em Instituições Jurídico-Políticas pela UFSC. Professora do Curso de Pós-Graduação *Stricto Sensu* em Ciência Jurídica da UNIVALI e de graduação em Direito da Faculdade de Ciências Sociais de Florianópolis – CESUSC e da UNIVALI.
E-mail: daniela_cademartori@yahoo.com.br.

Sumário

1. Introdução. 2. As Ambiguidades Conceituais da Categoria "Cidadania". 3. A Construção da Cidadania no Brasil. Referências Bibliográficas.

1. Introdução

A presente comunicação pretende investigar a construção histórico-política da cidadania no Brasil, a partir do modelo teórico fornecido pela teoria de Thomas Humphrey Marshall e à luz das discussões acadêmicas acerca dessa categoria, com a finalidade de fornecer subsídios a uma compreensão da mesma no momento atual da sociedade brasileira. Para isso, parte-se da abordagem teórica de Marshall, quem, postulando que a cidadania é um status concedido àqueles que são considerados membros integrais de uma comunidade, a distinguiu em três tipos de direitos (civis, políticos e sociais). Abandona-se assim o vínculo censitário que a mesma possuía na concepção liberal dos séculos XVIII e XIX. Isso determina que hoje a busca por uma nova conceituação do termo se torne uma questão em aberto, típica das sociedades complexas do final do século XX e do início do século XXI que se debatem em busca de instituições políticas e jurídicas adequadas à realidade de um cidadão cosmopolita.

O objetivo deste artigo será então confrontar, à luz dos subsídios teóricos referidos, tal modelo de cidadania com a sua efetiva implementação no Brasil, a partir de sua gênese e evolução histórica no quadro de uma sociedade marcada pela exclusão e negação de direitos.

2. As Ambiguidades Conceituais da Categoria "Cidadania"

A premissa de linha teórica para a pesquisa que está sendo proposta parte da análise dos significados que tradicionalmente são atribuídos à noção de cidadania para tentar estabelecer um acordo semântico que possa se revelar operativo aos fins desta comunicação.

De imediato, pode-se distinguir dois significados para o termo, com diferentes espécies e subespécies.[1] O primeiro, diz respeito à nacionalidade, ao pertencimento nacional: ser cidadão de um Estado significa, assim, estar submetido a um ordenamento jurídico composto por direitos e deveres.

---

[1] Vide VITALE, Ermanno. *Ciudadanía, ultimo privilegio?* Tradução de Pedro Salazar. In: CARBONELL, Miguel; SALAZAR, Pedro (orgs.). *Garantismo: estudios en homenaje a Luigi Ferrajoli*. Madrid: Trotta, 2005, p. 466-467.

A princípio, não há nenhum significado pré-político (étnico-cultural) embutido no mesmo. Daí se dizer que alguns possuem ou não a cidadania brasileira, francesa etc. Neste caso, como já é sabido, os títulos tradicionais para adquirir uma cidadania são o *ius sanguinis* e o *ius soli*. Tal definição passou a predominar na modernidade, constituindo-se em uma definição estritamente fática, geográfica, que depende da dimensão territorial do poder político, qualquer que seja ele.

Já a segunda noção vincula-se à forma de governo e às determinações institucionais dos Estados territoriais. É a ela que se refere Aristóteles, no século IV a.C. quando considera como cidadão aquele que participa nos cargos públicos da *polis*.[2] Caso a forma de governo fosse outra, mudavam também aqueles que eram cidadãos. "Neste sentido, o critério mínimo da cidadania ativa, da cidadania plena, é uma espécie de consenso, quando menos hipotético e inicial, em torno do poder político ao que está submetido" (VITALE, 2005, p. 467).

Mas há uma terceira e mais complexa noção de cidadania, extraída das várias dimensões de direitos da contemporaneidade: é aquela postulada pelo sociólogo Thomas Humphrey Marshall,[3] quem, nos anos 50 do século XX, analisando o processo de ampliação da cidadania de forma conexa ao desenvolvimento do capitalismo na Inglaterra, explicita um conceito que supera a dimensão censitária, mas não a condição de pertencimento nacional. Assim sendo, em princípio ela adquire a forma de uma associação voluntária a uma coletividade política sem condições, nem patrimoniais e nem culturais (VITALE, 2005, p. 474).

Refere o autor que no período anterior ao século XVIII, estes direitos encontravam-se fundidos, já que as instituições que os engendravam também estavam "amalgamadas" (MARSHALL, 1967, p.64). No momento seguinte, inicia-se o processo de distanciamento dos três elementos que compõem a cidadania. Este distanciamento tornou-se tão completo, diz Marshall, que é possível atribuí-los a períodos de formação distintos, quais sejam, aos direitos civis, o século XVIII, aos políticos, o século XIX e, aos sociais o século XX. Todavia, "Estes períodos, é evidente, devem ser tratados com uma elasticidade razoável, e há al-

---

[2] Vide ARISTÓTELES. *Política*. Tradução de Mário Kury. Brasília: UnB, 1985, 317 p.
[3] MARSHALL, Thomas H. *Cidadania, Classe Social e Status*. Tradução de M. Porto Gadelha. Rio de Janeiro: Zahar, 1967.

gum entrelaçamento, especialmente entre estes dois últimos" (MARSHALL, 1967, p. 66).

É assim que a cada um dos direitos corresponde uma etapa determinada da história em que os mesmos surgem e se consolidam. Os direitos civis compreendem de modo confuso direitos de liberdade, como a liberdade de pensamento, e os direitos de autonomia privada, como o direito de comparecer frente a um juízo ou de participar em uma compra e venda – são os primeiros e estendem sua consolidação até depois do século XVIII.

Essa paulatina conquista de direitos civis abriu espaço para a penetração dos chamados direitos políticos, na medida em que o sufrágio deixou o substrato puramente econômico para ligar-se ao substrato político: ampliou-se o direito de voto a todas as classes e às mulheres tornando-o, desta forma, universal (COELHO, 1990, p. 12).

Na medida em que os direitos sociais "representam fatias de distribuição de renda nem sempre vistas como 'distribuíveis'", são os direitos de mais difícil consolidação. Eles se dão inicialmente através das instituições educacionais e pela regulamentação dos salários, podada num momento posterior pelo princípio do contrato livre de trabalho. Neste sentido, a obra de Marshall tem, entre outros, o mérito de estabelecer um estreito vínculo entre a cidadania e a aquisição de direitos sociais através do Estado, observado a partir do binômio renda × ampliação dos serviços sociais (COELHO, 1990, p. 12-13).

Em suma, a fórmula marshalliana reflete uma cidadania fundamentada na ideologia liberal, na qual "A cidadania é um status concedido àqueles que são membros integrais de sua comunidade" (MARSHALL, 1967, p. 76).

Como se vê, partindo-se da concepção de T. H. Marshall, por cidadania se entende o reconhecimento por parte de um Estado aos indivíduos que o integram do direito ao desfrute dos direitos civis, políticos e sociais. Em consequência, considera-se como sendo cidadão pleno aquele que goze dos três tipos; cidadão incompleto o que possui apenas alguns e não-cidadãos os que não se beneficiam com nenhum deles.

Além da tripartição dos direitos da cidadania, é de Marshall a ideia do surgimento sequencial dos mesmos na Inglaterra. A sequência, além de ser cronológica, é também lógica. Foi o exercício dos direitos civis e das liberdades civis que fez com que os ingleses reivindicassem o direito à participação nos destinos do governo de seu país. Esta intervenção levou à eleição de candidatos populares e à organização de partidos de trabalhadores que introduziram na legislação os direitos sociais.

Este modelo (inglês) não pode ser aplicado ao desenvolvimento histórico destes direitos no Brasil, assim como também não se aplica aos desenvolvimentos históricos latino-americanos. Para José Murilo de Carvalho é preciso acrescentar aos direitos de cidadania de Marshall o sentimento de pertinência a uma comunidade, de identidade coletiva, conferido pela língua, pela religião e pela história, necessários à existência das nações democráticas modernas. Embora a identidade nacional quase sempre se encontre vinculada aos direitos, em especial aos direitos civis, ela é mais do que a soma dos direitos, "é o cimento que une entre si os indivíduos e mantém unida a comunidade em momento de crise. Identidade nacional e cidadania, sem confundir-se, reforçam-se mutuamente" (CARVALHO, 1995, p. 11).

De seu lado, Antonio-Enrique Pérez Luño menciona a existência, no interior das teorias analítico-linguísticas sobre a cidadania, das definições lexicais. Nesta perspectiva, considerando a definição de cidadania é possível perceber os seguintes pares: descritivo e prescritivo, teórico e pragmático, natural e político, global e local, universal e particular e os pares unilateral e multilateral (2002, p. 162).

Definições descritivas de cidadania são aquelas adotadas pelos constitucionalistas e administrativistas, pelas quais ela pode ser traduzida num conjunto de normas que regulam o *status* jurídico dos cidadãos. Sendo assim, a categoria emana do direito positivo estatal e para sua definição contribuem a análise empírica e a exegese deste setor normativo do ordenamento jurídico.

Por outro lado, as definições prescritivas são aquelas em que a noção se reveste de um significado deontológico, enquanto modelo ideal de status que deveria ser reconhecido aos membros da sociedade política.

A utilização teórica da noção de cidadania é concretizada nos aportes doutrinais multidisciplinares da filosofia, do direito, da sociologia, etc., enquanto a intencionalidade pragmática é percebida naqueles que invocam a mesma como bandeira de luta na consecução de determinadas liberdades. A última situação pôde ser percebida no movimento a favor dos direitos civis na segunda metade do século passado ou mesmo na luta contra o *apartheid*. Importa salientar que a versão teórica da cidadania não exclui sua possível dimensão pragmática (PÉREZ LUÑO, 2002, p. 162, 181).

A contraposição entre as definições naturais e políticas de cidadania deriva da diferenciação produzida pelos primeiros tipos de definição. Elas surgem a partir das teorias contemporâneas de orientação comunitarista que concebem a cidadania como um fator inato e necessário que determina a inserção do indivíduo em um grupo étnico e/ou cultural.

Consequentemente, tais definições opõem-se às concepções liberais – tais como a de John Rawls – que a percebem como um conceito estritamente político, isto é, um vínculo decorrente da relação contratual (pacto social) e da adesão livre das pessoas à sociedade.

Para Pérez Luño, a acepção natural de cidadania tem como pressuposto ideológico e se inscreve na tradição nacionalista herderiana, enquanto o ideal político de cidadania sustentado pelo pensamento liberal tem como antecedente o humanismo cosmopolita kantiano.

Por seu turno, a percepção global de cidadania é sustentada por aqueles que a concebem como o conjunto de todos os direitos fundamentais, uma noção que compreende não só os direitos civis e políticos como também os econômicos, sociais e culturais. Como para um amplo setor da doutrina jus-publicista a cidadania possui uma significação limitada e fica circunscrita a seu sentido técnico-jurídico implicado pela determinação da qualidade de cidadão ou do vínculo de pertencimento a uma determinada organização política e os consequentes direitos de participação democrática, é possível opor à definição global uma definição local da mesma.

É possível também apontar em determinadas teorias a invocação de uma cidadania tão ampla a ponto de fazê-la coincidir com um *status universal*. "En estas versiones, de inequívoca impronta cosmopolita ligadas al proyecto humanista de la modernidad, se proyecta un modelo de ciudadanía que haga posible una *universales civitatis* en la que se consagre plenamente el auspiciado *status mundiales hominis*" (PÉREZ LUÑO, 2002, p. 180).

Este último significado apresenta uma grande afinidade com a noção política, sendo incompatível com a sua acepção natural (PÉREZ LUÑO, 2002, p. 181).

Por outro lado, são mais frequentes as concepções particulares da cidadania, a começar pela tradição doutrinária do direito público que a faz coincidir com ideia de pertencimento a um Estado.

> Incluso en algunos estudios de Derecho municipal, se aboga por limitar, todavía más, el ámbito espacial de la ciudadanía. [...] se hace coincidir, en función de lo que su propia raíz terminológica evoca, la ciudadanía con la adscripción a la ciudad. [...] En los últimos años, se aprecia la tendencia a acentuar la vecindad civil como presupuesto básico para el ejercicio de los derechos cívicos (Rivero, 1993) (PÉREZ LUÑO, 2002, p. 180-181).

Se, por muito tempo, o uso linguístico do termo cidadania fazia referência a um vínculo único e exclusivo entre o indivíduo e o Estado – uma relação unilateral e onicompreensiva de toda a atividade política entre o indivíduo e o Estado – nas circunstâncias atuais é possível admitir uma pluralidade de cidadanias. Substituir a cidadania unilateral por uma cidadania multilateral.

> El reconocimiento del desbordamiento político y jurídico del Estado a través de los fenómenos de 'supraestatalidad' (supeditación del Estado a organizaciones internacionales) y de 'infraestatalidad' (asunción de competencias jurídico-políticas por entes menores que el Estado) (Pérez Luño, 1993), invita a admitir ese uso linguístico multilateral de la idea de ciudadanía (PÉREZ LUÑO, 2002, p. 181).

Cabe lembrar que esta classificação não é estanque, sendo possível usos linguísticos descritivos da cidadania, ao mesmo tempo que teóricos, políticos, globais, universais e multilaterais.

2.1. A concepção jurídico-formal de cidadania: a contribuição garantista

Para além das análises política e sociológica, o conceito de cidadania pode ser analisado em sua dimensão estritamente **jurídica**, o que permite lançar novas luzes sobre os problemas que eventualmente aquelas abordagens poderiam implicar.

Para debruçar-se sobre o específico conceito jurídico de cidadania, Ferrajoli[4] parte de sua definição formal – isto é, de teoria geral do direito – de direitos fundamentais, entendendo por isso todos aqueles direitos subjetivos que correspondem universalmente a todos os seres

---
[4] Cf. FERRAJOLI, 1999, p. 37 ss. e FERRAJOLI, 2001, p. 19 ss.

humanos enquanto dotados do *status* de pessoas, de cidadãos ou pessoas com capacidade de fato. Detendo-se sobre cada um dos elementos do conceito, define direitos subjetivos como qualquer expectativa positiva (de prestações) ou negativa (de não sofrer lesões) atribuída a um sujeito por uma norma jurídica. No mesmo passo, entende por *status* a condição de um sujeito, prevista por uma norma jurídica positiva, como pressuposto de sua idoneidade para ser titular de situações jurídicas e/ou autor dos atos que são exercício das mesmas.

Já a universalidade é aquela relativa à classe dos sujeitos a quem sua titularidade está normativamente reconhecida.

Essa definição formal permite-lhe estabelecer uma categorização dos direitos fundamentais com base nos critérios de cidadania e capacidade de fato.

Assim, estabelece uma primeira divisão, resultando nas seguintes subcategorias:

1) **direitos da personalidade**: aqueles que correspondem a todas as pessoas, sem distinção;

2) **direitos de cidadania**: aqueles direitos atribuídos pelas normas jurídicas de cada ordenamento somente aos cidadãos;

1b) **direitos primários ou substanciais**: os que são deferidos a todas as pessoas, independentemente de sua capacidade de exercício; e

2b) **direitos secundários ou instrumentais**: os conferidos apenas às pessoas com capacidade de fato.

Cruzando os dois critérios teremos quatro classes de direitos:

1) **direitos humanos**: direitos substanciais das pessoas concernentes a todos os seres humanos (ex.: vida, integridade, liberdade, direito à saúde e educação, garantias penais e processuais);

2) **direitos públicos**: direitos substanciais reconhecidos somente aos cidadãos (direito ao trabalho em certos casos, assistência em caso de inabilitação para o trabalho);

3) **direitos civis**: direitos instrumentais atribuídos a todas as pessoas com capacidade de fato (poder negocial, liberdade contratual, liberdade de empresa, direito de postular em juízo e todos os potestativos nos quais se manifesta a autonomia privada e se funda o mercado); e

4) **direitos políticos:** direitos instrumentais reservados somente aos cidadãos com capacidade de fato (votar e ser votado).[5]

Coerente com sua definição e sua classificação de direitos fundamentais, que estabelece a separação entre direitos de todas as pessoas e direitos reservados à cidadania, Ferrajoli questiona a conceituação de Marshall, eis que este identifica toda a classe de direitos fundamentais como sendo direitos de cidadania.[6]

Com efeito, como visto anteriormente, Marshall distingue três classes de direitos fundamentais: os civis, os políticos e os sociais, todos atribuíveis aos cidadãos. Isto o coloca em confronto não só com as declarações de direitos da ONU quanto com a maioria das constituições democráticas, que conferem esses direitos às pessoas em geral e não somente àquelas com *status* de cidadania.

Ora, no contexto atual, o debilitamento da soberania, no qual a interdependência e a globalização provocam um deslocamento das sedes de poder, aliado ao crescente fenômeno das migrações em massa dos habitantes das regiões carentes rumo aos países prósperos, são sinais de uma progressiva integração mundial.

Nessas circunstâncias, a categoria cidadania arrisca-se a ser instrumento regressivo a serviço da exclusão dos imigrantes que batem às portas do mundo abastado.

Assim, se os direitos fundamentais apresentam um caráter de reafirmação da igualdade, esta se vê posta em xeque perante uma indevida assimilação daqueles apenas a uma de suas dimensões, que é parcial e contingente, subtraindo assim o seu caráter universalista.

A solução, para Ferrajoli,[7] deverá ser a progressiva superação da ideia de cidadania rumo a uma desestatalização das nacionalidades.

A cidadania, para Marshall, seria o status ao qual se associam todos os direitos, o que a torna uma denominação abrangente de todos os direitos fundamentais.[8] Isto implica uma superposição ao conceito de pessoa, que na tradição jurídica tem-se mantido separada da noção de cidadão: a diferença conhecida entre *status civitates* e *status personae*.

---

[5] FERRAJOLI, 2001, p. 22-3.
[6] FERRAJOLI, 1999, p. 55.
[7] FERRAJOLI, 1999, p. 57.
[8] FERRAJOLI, 1999, p. 98-9.

A classe dos direitos da pessoa abrange inteiramente a categoria dos direitos que Marshall denomina de "civis": as liberdades de pensamento, de crença etc., ou seja, não se atribuem aos cidadãos enquanto cidadãos, mas enquanto pessoas.[9] Advirta-se que, atualmente, enquadram-se nessa categoria também os direitos sociais, de acordo com muitos ordenamentos, entre os quais o nosso.

Dessarte, parece desprovida de toda utilidade uma noção ampliada de cidadania que abranja também os direitos de personalidade, já que, em termos jurídicos, a cidadania se define pela classe de direitos atribuídos a algumas pessoas, quais sejam os direitos políticos.

Além desta primeira redução, Ferrajoli aponta para outra, em seu entender mais grave, que diz respeito à consistência teórica da noção de direitos civis, já que incluem direitos estruturalmente diferentes: os direitos de liberdade, os de autonomia privada (*e.g.* contratar e aceder à prestação jurisdicional) e o direito de propriedade.[10]

Ora, nenhum desses direitos é atribuído pelas constituições contemporâneas somente aos cidadãos, mas sim às pessoas de um modo geral. Ademais disso, a redução desses direitos à categoria de direitos de liberdade é fruto de uma enganosa tradição, iniciada pelo liberalismo e avalizada pelo marxismo.

Com efeito, o liberalismo erigiu a propriedade ao mesmo status da liberdade, enquanto que a crítica marxista reduziu esta ao mesmo nível daquela.

Ora, a propriedade não é de forma alguma universal, como a liberdade, já que aquela é, por sua própria natureza, disponível.

Universais são outros direitos patrimoniais muito diferentes do de propriedade (o qual tem por objeto bens singularmente determinados): o de converter-se em proprietário e o de dispor de seus próprios bens.[11]

Estes direitos, como se vê na classificação de Ferrajoli, derivam da capacidade jurídica e da capacidade de exercício, ou seja, são direitos instrumentais, nitidamente diferentes das imunidades constituídas pelas liberdades, as quais são indisponíveis ao mercado e aos poderes privados.

---

[9] FERRAJOLI, 1999, p. 99.
[10] FERRAJOLI, 1999, p. 101.
[11] FERRAJOLI, 1999, p. 102.

Se verificarmos os quatro critérios axiológicos postulados por Ferrajoli para estabelecer quais direitos devem ser considerados fundamentais (igualdade, democracia, paz e proteção dos mais fracos),[12] essas ilegítimas reduções afrontam diretamente o primeiro desses valores, já que excluem do gozo dos direitos fundamentais a todos os não-cidadãos.[13]

2.2. A crítica à concepção formal

Talvez uma das mais percucientes críticas dirigidas à concepção de Ferrajoli sobre a cidadania haja sido a de Pérez Luño,[14] que coloca o professor italiano dentre aqueles que negam a existência dessa categoria.

Centra suas críticas em vários argumentos:

a) para Pérez Luño, Ferrajoli incorre no mesmo erro que este havia atribuído a Marshall (onicompreensividade do conceito de cidadania), estabelecendo uma redução de todos os direitos aos de personalidade;

b) esta noção de "direitos de personalidade" é, por seu lado, tão equívoca e excludente quanto a de cidadania (o autor espanhol lembra que o Código de Napoleão restringia a abrangência desses direitos, excluindo mulheres, menores, estrangeiros, mendigos sem endereço fixo...);

c) Ferrajoli se colocaria em tendência contrária ao constitucionalismo mundial, que estabelece uma nítida diferença entre os direitos fundamentais e os direitos subjetivos privados;

d) da mesma forma, Ferrajoli confunde direitos humanos e direitos fundamentais: aqueles possuem uma inevitável dimensão deontológica, pois exprimem faculdades das pessoas que devem ser reconhecidas pelos ordenamentos positivos, enquanto estes são fruto desse mesmo reconhecimento;

e) além disso, Ferrajoli negaria, ao reclamar a positividade dos direitos da personalidade, a sua dimensão universal.

---

[12] FERRAJOLI, 2001, p. 314 ss.
[13] FERRAJOLI, 2001, p. 329 ss.
[14] PÉREZ LUÑO, 2002, p. 197 ss.

As críticas de Pérez Luño não parecem pertinentes, a julgar pelas postulações de Ferrajoli a respeito do tema, anteriormente expostas. Examinando-se cada um dos argumentos citados, pode-se concluir o seguinte:

a) Se bem é certo que a noção de "direitos de personalidade" corresponde a todas as pessoas sem distinção, Ferrajoli estabelece subdivisões necessárias em função dos ordenamentos positivos existentes, que não implicam desigualdade de tratamento irrazoável entre as pessoas em função de sua origem, raça.

b) A equivocidade da expressão "direitos de personalidade" denunciada por Pérez Luño é o que realmente se verifica nos diversos ordenamentos: não se pode esquecer que o termo "universalidade" empregado por Ferrajoli é aquela relativa à classe dos sujeitos a quem sua titularidade está normativamente reconhecida; trata-se, nunca é demais enfatizar, de uma conceituação *formal* de direitos fundamentais que designam o que eles *são* nos distintos ordenamentos positivos, e não o que eles *deveriam ser*, nem *quais* são. É uma abordagem a partir da teoria do direito, não de dogmática positiva nem de filosofia jurídica.

c) Ao contrário do que reivindica Pérez Luño, Ferrajoli estabelece sim uma distinção entre direitos fundamentais e direitos subjetivos privados, conceituando estes últimos como *poderes*, como se pode ler acima.

d) Quanto à confusão entre direitos humanos e direitos fundamentais, isso nada mais é do que um problema semântico: Ferrajoli designa direitos humanos como uma classe dos direitos fundamentais atribuídos a todos por cada um dos ordenamentos particulares, enquanto que, para o autor espanhol, são apenas aqueles proclamados em Declarações internacionais.

e) Por último, cabe repetir: o termo "universalidade" refere-se a categorias de pessoas sem distinção, e não relativa a todos os países em todos os tempos, posição derivada de conexões jusnaturalistas e que é adotada por Pérez Luño.[15]

De qualquer sorte, as críticas de Pérez Luño parecem advir de uma compreensão equivocada da aproximação **formal** e de **teoria jurídica**

---

[15] PÉREZ LUÑO, 2002, p. 199-200.

a respeito dos direitos de cidadania, empreendida por Ferrajoli, e que tantas críticas lhe valeram até o esclarecimento de suas posições ao longo dos debates travados nos últimos anos.[16]

3. A Construção da Cidadania no Brasil

O século XIX no Brasil mostra uma situação de escassez quanto aos direitos civis conquistados. Estes direitos não foram colocados a serviço dos direitos políticos, formando o que se convencionou chamar de cidadania política. Firmou-se, no dizer de José Murilo de Carvalho, uma tradição de buscar melhoras na situação geral da sociedade através da aliança com o Estado, isto é, através do contato direto com o poder público. Uma atitude que mais do que cidadã era estatista (CARVALHO, 1995, p. 46).

De outro lado, o Brasil do século XIX, cuja organização jurídico-política foi marcada pela Constituição de 1824, apoiava-se em uma organização escravista da produção. Essa estrutura de poder, "... ao desconhecer a existência de um problema social, por um lado, e ao recusar-se a *regular profissões,* abolindo as remanescentes corporações coloniais de ofício, por outro... acertava seu passo com a modernidade de início do século XIX" (SANTOS, 1987, p. 16).

Essa recusa de regulamentar profissões, importante passo para a consagração de direitos sociais, permanecerá na primeira Constituição republicana em 1891.

De qualquer sorte, é no período compreendido entre a promulgação da Constituição de 1891 e a entrada em vigor da Constituição de 1934 que começam a surgir legislações sobre proteção social. Num primeiro momento, essa normatividade protetiva tem por alvo os empregados do Estado, posteriormente estendendo-se a outras categorias (direito a férias, aposentadorias, pensões, proteção ao trabalho infantil, sindicalização, condições de trabalho, responsabilidade do empregador em caso de acidentes no trabalho etc.).

Até a década de 20 só 16,6% da população brasileira viviam nas cidades. No campo, o pouco de assistência social que existia era devida

---
[16] Para um resumo dos debates sobre este e outros temas. Cf. FERRAJOLI, L. *Garantismo. Una Discusión sobre el Derecho y la Democracia.* Traducción de Perfecto Andrés Ibáñez *et al.* Madrid: Trotta, 2006.

aos aspectos paternalistas da dominação dos "coronéis" (FAORO, 1985, p. 620). Nas cidades, prevalecia uma herança colonial de deixar estas atribuições a associações particulares – principalmente religiosas – aliadas a escassas medidas por parte dos poderes públicos – ampliadas principalmente após a assinatura do Tratado de Versalhes pelo Brasil e ingresso na Organização Internacional do Trabalho, ambas do ano de 1919.

A Revolução de 1930 – que encontrará o seu corolário institucional da Constituição republicana de 1934 – demarca uma viragem do Estado brasileiro em relação à questão social. De fato, a Carta de 1934 apresenta pela primeira vez no país um capítulo dedicado aos direitos sociais, que, paradoxalmente, serão implementados de forma parcial sob a ditadura varguista de 1937-45.

A marca normativa mais emblemática deste período foi a promulgação da Consolidação das Leis do Trabalho, de 1943, inspirada na mussoliniana *Carta del Lavoro*, como uma resposta estatal às reivindicações operárias.

A construção da cidadania nesse período – e nas fases históricas subsequentes, até 1988 – passa a enquadrar-se na lógica da concessão de direitos sociais em função da posição do trabalhador no processo produtivo formal.

Como refere Wanderley Guilherme dos Santos,

> A lei assegurava o mesmo regime de benefícios, independente da categoria profissional de cada um, a todos os trabalhadores regulados pela Consolidação das Leis do Trabalho – o que quer dizer, a todas as pessoas ocupando posições no processo de acumulação, reconhecidas e reguladas pelo poder estatal (1987, p. 30-31).

Isso permite a esse autor formular a categoria de *cidadania regulada*, definida por ele como "o conceito de cidadania cujas raízes encontram-se, não em um código de valores políticos, mas em um sistema de estratificação ocupacional, e que, ademais, tal sistema de estratificação ocupacional é definido por norma legal.

Em outras palavras, são cidadãos todos aqueles membros da comunidade que se encontram localizados em qualquer uma das ocupações *reconhecidas* e *definidas* em lei" (SANTOS, 1987, p. 68).

No interregno democrático de 1946-1964, os sindicatos fortalecidos empreendem diversas lutas pelo reconhecimento de direitos, principalmente no âmbito das relações de trabalho no campo, mas com pouco sucesso.

Mas é no período ditatorial de 1964-85 que surge uma série de benefícios aos trabalhadores rurais e urbanos, tanto na área de previdência quanto nas de saúde e educação, mas sempre mantendo a estratificação implícita na cidadania regulada. Ao lado da violenta repressão política aperfeiçoa-se o sistema de benefícios, como contrapartida legitimatória do regime. De qualquer forma, nesse período, "pode-se concluir que permanece a noção de cidadania destituída de qualquer conotação pública e universal. Grande parte da população é pré-cívica e nela não se encontra ínsita nenhuma pauta fundamental de direitos" (SANTOS, 1987, p. 78).

Assim, se a aquisição da cidadania se dá num contexto dialético de conquista/concessão de direitos, o que se verificou entre nós foi um solapamento desse processo, dado o caráter historicamente estamental de nossa sociedade (FAORO, 1985, p. 741). Tal aspecto vai conformar práticas governamentais de tipo autoritário-paternalista a conviver com uma vestimenta constitucional, historicamente sem força normativa, pelo menos até 1988.

De fato, ao longo de nossa história institucional, tem prevalecido um constitucionalismo nominal, no qual a Carta Magna tem validade jurídica, mas não se adapta ao processo político, ou o constitucionalismo semântico, no qual o ordenamento jurídico apenas reconhece a situação de poder dos detentores autoritários (LOEWENSTEIN, 1964, p. 76). Em tal quadro político-institucional, a cidadania não podia existir senão como fachada.

Com a Constituição de 1988 esse panorama começa a apresentar mudanças. Essa Carta dirigente e garantista passa a consagrar uma série de direitos numa estrutura jurídico-institucional de favorecimento da busca de uma cidadania plena. Mas tal intento defronta-se com uma cultura política forjada no paternalismo, que molda historicamente não só o patronato político como também – e em decorrência – uma cidadania distorcida e incompleta. Afinal, "a tradição de todas as gerações mortas oprime como um pesadelo o cérebro dos vivos" (MARX, 1985, p. 329).

Como pode-se observar do dito anteriormente, o cotejo desse modelo teórico com a implantação e desenvolvimento da cidadania no Brasil permite vislumbrar as características que esta adotou entre nós, permeada por distorções e privilégios típicos de uma sociedade que ainda mantém importantes resquícios de patrimonialismo e clientelismo, perfis adequados a uma estrutura jurídico-política tradicional.

Com efeito, se etimologicamente a palavra cidadão refere-se ao membro livre que adota ou origina-se de uma cidade determinada, tem-se que, se "adotamos" ou "somos" de determinada cidade, há um conglomerado de raízes culturais, políticas e sociais nesse local e nós nele não existimos sozinhos; há outros "indivíduos" nessa mesma condição. Isto nos leva a perscrutar o sentido coletivo contido no termo cidadania e a ideia plural que o conceito de cidadão encerra para nós enquanto membros de uma sociedade desigual e excludente.

Para autores tais como Lígia Costa Coelho, os termos referendam um sentido coletivo quando se pensa em dinâmica de uma sociedade e "cidadão-indivíduo" move-se no social; o "cidadão-coletivo" participa do social. "Alcançar, pois, a cidadania, não é possuir um status como o diz Marshall: **é avançar no estado de consciência social que é o cerne do coletivo**" (COELHO, 1990, p. 24).

A análise das condições histórico-políticas nas quais se dá essa consciência social entre nós mostra-se, portanto, não só importante como necessária para que se compreenda com mais propriedade o contexto institucional da atual sociedade brasileira, esclarecendo seu pano de fundo e seus desdobramentos específicos.

Referências Bibliográficas

ARISTÓTELES. *Política*. Tradução de Mário Kury. Brasília: UnB, 1985. 317p.

CARVALHO, José Murilo de. *A Construção da Ordem: A Elite Política Imperial. Teatro de Sombras: A Política Imperial*. Rio de Janeiro: Civilização Brasileira, 2003. 459p.

_____. *Desenvolvimiento de la Ciudadanía en Brasil*. Traducción de José Esteban Calderón. México: Fondo de Cultura Económica, 1995, 174p.

COELHO, Lígia M. C. da Costa. Sobre o conceito de cidadania: uma crítica a Marshall, uma atitude antropofágica. *Revista TB*, Rio de Janeiro, nº 100, jan.-mar., 1990.

FAORO, Raymundo. *Os Donos do Poder. Formação do Patronato Político Brasileiro*. 6ª ed. Porto Alegre: Globo, 1985.

LOEWENSTEIN, Karl. *Teoria de la Constitución*. Barcelona: Ariel, 1964.

MARSHALL, Thomas H. *Cidadania, Classe Social e Status*. Tradução de M. Porto Gadelha. Rio de Janeiro: Zahar, 1967.

MARX, Karl. *A Ideologia Alemã*. Tradução de C. Bruni e M. A. Nogueira, 10ª ed. São Paulo: Hucitec, 1999.

PÉREZ LUÑO, A. E. Ciudadanía y definiciones. *Doxa, Cuadernos de Filosofía*, Alicante, nº 25, p. 177-210, 2002.

SANTOS, W. G. dos. *Cidadania e Justiça. A Política Social na Ordem Brasileira*. Rio de Janeiro: Campus, 1987.

VITALE, Ermanno. Ciudadanía, ?ultimo privilegio? Traducción de Pedro Salazar. *In*: CARBONELL, Miguel: SALAZAR, Pedro (orgs.). *Garantismo: Estudios en Homenaje a Luigi Ferrajoli*. Madrid: Trotta, 2005, p. 463-480.

Sugestão de Leitura

MANUAL DA PROVA PERICIAL

A perícia, a legislação processual e a peritagem constituem a base do *Manual da Prova Pericial*, uma obra que tem como objetivo atualizar conhecimentos e suprir a carência de literatura atual sobre a matéria no Brasil.

O livro trata-se de um minucioso trabalho de pesquisa que se tornou referência no mundo acadêmico. Depois de revisado, ampliado e atualizado, aumenta consideravelmente seu poder de influência na consolidação da difusão da metodologia pericial.

Por meio de um texto de profundo conhecimento, Alberto Franqueira Cabral reúne toda a legislação pertinente a prova pericial com comentários e apresenta modelos de petições e laudos periciais extremamente pertinentes. Além disso, o autor também demonstra preocupação enfática com a legislação processual atualizada, aumentando sobremaneira a utilidade do livro para todos aqueles que necessitam compreender o mister da perícia judicial.

Todos esses elementos fazem de *Manual da Prova Pericial* um trabalho completo e que ressalta não só os deveres e obrigações dos Peritos, mas principalmente os norteia para cumprir as formalidades legais.

Autor:
Alberto Franqueira Cabral
Formato: 16 x 23 cm
ISBN: 978-85-7303-896-5
Nº de Páginas: 360

Sugestão de Leitura

CONSTITUIÇÃO, ESTADO E DIREITO

Só a partir dos alicerces de uma ampla e sólida formação jurídica será possível responder os desafios do Direito na sociedade contemporânea de forma lúcida, crítica e criativa. Esse é princípio que motiva professores e alunos do Curso de Direito da Faculdade de Ciências Sociais e Aplicadas do Ibmec-RJ e os levou a pesquisar e escrever diversos artigos sob a temática do papel da constituição na sociedade brasileira.

Para levar a discussão do tema além do instituto, o trabalho foi reunido na coletânea *Constituição, Estado e Direito: reflexões contemporâneas*, composta por uma série de artigos inéditos produzidos por docentes e acadêmicos do curso de Direito do Ibmec-RJ, além de profissionais de destaque em diferentes áreas jurídicas. Organizada por Celso Martins Azar e Maria Guadalupe Piragibe, mestres e pesquisadores da fundação, o livro compila textos, elaborados entre os anos de 2006 e 2007, que dão ao leitor a oportunidade de conhecer opiniões variadas sobre os melhores caminhos para se instituir a reforma do Estado brasileiro.

Constituição, Estado e Direito: reflexões contemporâneas é um livro preciso e atual, porque abrange diversas especificidades de nossa realidade social como as questões relacionadas à liberdade de expressão e à gestão pública do meio ambiente, entre outras. Uma leitura fascinante, de fácil compreensão e instigante, direcionada a pessoas que desejam fazer do Brasil um país mais justo.

Organizadores:
Celso Martins Azar e
Maria Guadalupe Piragibe

Formato: 16 × 23cm

ISBN: 85-7303-831-6

Nº de páginas: 256

Sugestão de Leitura

DIREITO SOCIETÁRIO
Estudos e Pareceres

Os alicerces de uma nação justa são compostos por cidadãos que possuem um amplo conhecimento e sólida formação jurídica. Só assim é possível responder aos desafios que o país exige de forma crítica e criativa. Esse é o princípio que levou professores e alunos do Curso de Direito da Faculdade de Ciências Sociais e Aplicadas do Ibmec-RJ a pesquisar e escrever diversos artigos sob a temática do Direito na sociedade contemporânea.

Para levar a discussão do tema além das salas de aula, o trabalho foi reunido na coletânea *Direito Societário – Estudos e Pareceres*, composta por uma gama de artigos inéditos produzidos por docentes e acadêmicos do curso de Direito do Ibmec-RJ, além de profissionais de destaque em diferentes áreas jurídicas. Organizado por Maria Guadalupe Piragibe, mestre e pesquisadora da fundação, o livro compila textos que dão ao leitor a oportunidade de refletir sobre opiniões diversificadas e conhecer as múltiplas nuances das organizações societárias da atualidade.

Direito Societário – Estudos e Pareceres é um livro objetivo e atual, porque abrange diversas especificidades de nossa realidade social em questões que integram as áreas de Direito e Negócios. Por meio de uma leitura instigante, a obra toca profundamente os cidadãos que desejam transformar o Brasil em um país de referência mundial.

Organizadora:
Maria Guadalupe Piragibe

Carla Marshall
Formato: 16 × 23cm
ISBN: 978-85-7303-906-1
Nº de páginas: 264

QUALITYMARK EDITORA

Entre em sintonia com o mundo

QualityPhone:

0800-0263311

Ligação gratuita

Qualitymark Editora
Rua Teixeira Júnior, 441 – São Cristóvão
20921-405 – Rio de Janeiro – RJ
Tels.: (21) 3094-8400/3295-9800
Fax: (21) 3295-9824
www.qualitymark.com.br
e-mail: quality@qualitymark.com.br

Dados Técnicos:

• **Formato:**	16×23cm
• **Mancha:**	12×19cm
• **Fontes Títulos:**	Humnst BT Bold
• **Fontes:**	Caslon 224 Bk BT
• **Corpo:**	11
• **Entrelinha:**	13,2
• **Total de Páginas:**	288
• **1ª Edição:**	Abril de 2011
• **Gráfica:**	Vozes